高校德育成果文库

GaoXiao DeYu
ChengGuo WenKu

高校大学生思想政治教育
创新案例研究

姚上海　等　著

光明日报出版社

图书在版编目（CIP）数据

高校大学生思想政治教育创新案例研究 / 姚上海等
著 .-- 北京：光明日报出版社，2020.6（2022.4 重印）
（高校德育成果文库）

ISBN 978-7-5194-5831-7

Ⅰ.①高… Ⅱ.①姚… Ⅲ.①大学生—思想政治教育
—研究—中国 Ⅳ.① G641

中国版本图书馆 CIP 数据核字（2020）第 107540 号

高校大学生思想政治教育创新案例研究

GAOXIAO DAXUESHENG SIXIANGZHENGZHI JIAOYU CHUANGXIN ANLI YANJIU

著　　者：姚上海　等

责任编辑：曹美娜　黄　莺　　　　责任校对：李　荣
封面设计：中联学林　　　　　　　责任印制：曹　净

出版发行：光明日报出版社
地　　址：北京市西城区永安路 106 号，100050
电　　话：010-63139890（咨询），63131930(邮购)
传　　真：010-63131930
网　　址：http://book.gmw.cn
E - mail：gmrbcbs@gmw.cn
法律顾问：北京市兰台律师事务所龚柳方律师

印　　刷：三河市华东印刷有限公司
装　　订：三河市华东印刷有限公司
本书如有破损、缺页、装订错误，请与本社联系调换，电话：010-63131930

开　　本：170mm×240mm
字　　数：305 千字　　　　　　印　　张：17.5
版　　次：2020 年 6 月第 1 版　　印　　次：2022 年 4 月第 2 次印刷
书　　号：ISBN 978-7-5194-5831-7

定　　价：98.00 元

序 言

    随着改革开放和中国经济社会的飞速发展，我国高等教育由精英化向大众化、普及化深度发展，高校思想政治教育不仅在教育对象、教育环境等方面发生了巨大变化，在思想政治教育任务使命、教育理念、方法路径、队伍构成等方面也发生了巨大变化。这给高校大学生思想政治教育工作带来了空前的挑战。

    时代是创变之母。党的十九大作出的一个重大政治判断就是中国特色社会主义进入了新时代，并作出了优先发展教育事业、加快教育现代化、建设教育强国等重大部署。这是时代之变，也是高等教育之变，是民族院校之变，也是思想政治教育之变，为高校大学生思想政治教育创新提供了新机遇。

    习近平总书记在全国教育工作会议上强调教育工作的根本任务与教育现代化的方向目标是"把培养社会主义建设者和接班人作为根本任务，培养一代又一代拥护中国共产党领导和我国社会主义制度、立志为中国特色社会主义奋斗终身的有用人才"。这为高等教育内涵发展与高校思想政治工作明确了根本方向。习近平总书记在高校思想政治工作会议上提出，"做好高校思想政治工作，要因事而化、因时而进、因势而新"。教育部党组发布了《高校思想政治工作质量提升工程实施纲要》，要求"在学校层面，以《实施纲要》所涵盖的'十大育人体系'为基础，推动全体教职员工把工作的重点和目标落在育人成效上，切实打通'三全育人'的最后一公里，形成可转化、可推广的一体化育人制度和模式"，为高校大学生思想政治教育创新提供了方法论指导。

    如何贯彻习近平新时代中国特色社会主义思想理论，如何立德树人写好高等教育奋进之笔，如何找准新时期高校大学生思想政治教育的痛点，本书从民族高校视角对大学生思想政治主题教育、事务管理、成长服务等方面做了很多前沿探索，形成了一些可转化、可推广的育人模式。

一是大学生主题教育的空间化思路转向。以往高校思想政治教育的理论与实践有鲜明的历时性特征，强调教育主体威权（教师）、教育空间相对固定（教室）、教育内容略显单一（教材），由此造成了教育实践效果不佳的后果。后现代的情境中哲学社会科学普遍面临空间转向问题，思想政治教育同样如此，需要以更广阔的社会空间视野、更多元的教育空间资源、更多样的教育场景设计来推动思想政治教育的空间化转型。这本案例集中的"两学一做"主题教育实践活动把实践空间延伸到民族地区，"导航杯"把思想政治理论教育空间拓展到第二课堂，"中国梦"主题教育与"十一同"民族团结进步创建教育空间延伸到了学生寝室，以少数民族学生骨干为主体创设了骨干训练营的社群空间，以辅导员为主体创设了辅导员工作室的社群空间，以专业课教师为主体创设了生命教育的社群空间，这些新空间的再造，实质上是对传统的科层化、矩阵化思想政治教育模式的再造，是节点化、网络化思想政治教育模式的拓新。

二是大学生事务管理的信息化思维转型。受学生规模扩大的影响，高校的思想政治工作辅导员队伍、学生成长指导服务等思想政治教育资源相对不足，依赖传统的层级化、行政化、粗放式的事务管理模式，无法充分、迅速地满足学生日常管理需求，探索流程化、标准化、扁平化的学生事务管理模式势在必行。中南民族大学学生工作团队坚持信息化思维，充分应用现代信息技术，运用校园多元数据，探索了网格信息化行为管理模式，建立了学生行为管理预警平台，并进一步根据综合素质测评数据探索建立学生发展指数，为学生思想政治教育拓展了新的实践路径。不仅如此，还综合运用心理危机干预、风险管理、应急处置等理论，总结实践经验，重构处置流程，建立了规范化、信息化、科学化的危机处置机制。这些探索和创新，为一线高校学生思想政治工作辅导员延展了视线、减轻了压力，也可供其他高校借鉴。

三是大学生成长服务的人本化思想贯穿。我国高校大学生思想政治教育长期存在以本为本和以人为本的两种趋向，一种是固守教师、教室、教学三纲的以本为本倾向，一种是以学生为本、以教师为本、以师生互动为本的人本趋向。随着时代的发展与改革开放的深入，人本的趋向转变日趋主流，以本为本的服务取向也在不断吸收人本的思想中得以持续改进，在大学生日常教育管理中的行政化思维也日益为成长服务思维所革新。中南民族大学探索的学业预警与精准帮扶、学习与发展追踪调查、全功能发展型资助模式、新生成长训练营、微信公众号网络思想政治教育、创新实践能力训练等，其内核均体现了以学生成长需求为根本、促进全面发展、鼓励个性发展的学生主体性思维，是把思想政治教育与学生成长服务融合的经典案例。

四是民族院校思想政治教育校本化实践。民族高等院校既有一般大学的共性，其思想政治教育需要遵循思想政治教育的一般规律，但也因其办学定位特殊、生源结构多元以及校园文化特色的差异性，使得其大学生思想政治教育有其资源优势。中南民族大学结合其特殊办学宗旨，发挥其民族团结进步创建的资源与文化优势，在大学生中华民族共同体意识培育、少数民族大学生教育管理服务创新、"三个特别"各民族优秀人才培养等方面形成了自己鲜明的特色。这为高校探索适合自身特点的大学生思想政治教育校本特色提供了经验借鉴。

值得一提的是，这些大学生思想政治教育创新案例，在研究方法与实践层面也有自己的创新。一是坚持理论审视。本案例研究没有理论嵌套的空乏演绎，也不是工作经验的泛泛而谈，而是始终将坚持理论与实践融合于具体案例之中。二是坚持项目设计。本研究中所有案例实践不是凭空想象，也不是随意而行，而是立足大学生思想政治工作规律、成长成才规律，始终坚持项目论证、项目立项、项目实践、项目总结、项目反馈的闭环流程，做到有的放矢、务求实效。三是坚持管理革新。本案例研究努力探索学校与学院、教师与学生、一课堂与二课堂等扁平、互动、高效的二级思想政治教育管理新模式，充分调动多层级优势、多方面资源、多群体积极性，着力提升思想政治教育实效。四是坚持方法创新。本案例研究力求改进传统定性研究、经验主导的工作方法，同时探索运用大数据分析、融媒体网络思想政治教育、生命教育等新理念，探索大学生思想政治教育新的生长点。

　　新时代民族高等教育的目标更高了，任务更重了，需求更加迫切了，对象更为复杂了，立德树人的使命愈加艰巨，民族院校大学生思想政治教育必须创新发展。中南民族大学学生工作战线紧跟时代主题，以民族院校大学生教育管理实践为主要对象，根据民族院校大学生的思想特征、行为特性、心理特点以及成长成才规律，系统梳理和全面总结民族院校大学生思想政治教育一系列创新举措、实际成效与基本经验，形成系统的新时代民族院校大学生思想政治教育的案例体系，推出《高校大学生思想政治教育创新案例研究》，固化经验，打造品牌，形成特色，对新时代高校大学生思想政治工作创新发展具有极强的借鉴作用，是一本值得向广大高校学生教育管理工作者和理论研究者推荐的好书。

　　值《高校大学生思想政治教育创新案例研究》付梓之际，作为民族高等教育管理队伍的一员，我欣然应允为之作序。

边境

二〇一八年十月十日

目 录
CONTENTS

第一篇　主题教育创新案例

主题教育就是高校在全体青年大学生中广泛开展的主题思想政治教育实践活动的简称，是高校大学生思想政治教育的主阵地，是高校意识形态建设的主战场。主题思想政治教育实践活动必须深入贯彻高校"立德树人"根本任务，结合时代特征，以理想信念教育为核心，以爱国主义教育为重点，以思想道德建设为基础，以大学生全面发展为目标，坚持以学生为本，以学生发展为中心，贴近学生思想实际、贴近学生生活现实、贴近学生成长需求，因事而化、因时而进、因势而新，努力提高思想政治教育的针对性、实效性和吸引力、感染力。新时代高校大学生主题思想政治教育实践活动，必须以习近平新时代中国特色社会主义思想的教育学习为核心，以习近平总书记关于教育工作的一系列具体要求而形成的习近平新时代教育思想的贯彻学习为主线，以学思践悟习近平总书记围绕青少年成长发表的一系列重要论述为重点，把握新内涵，构建新模式，落实新要求，在"四梁八柱"构建中有所作为，在"内部精装修"中精准施策，促进高校学生思想政治工作创新发展。

"两学一做"主题教育实践活动

"两学一做"是指"学党章党规、学系列讲话，做合格党员"。2016 年 2 月，中共中央办公厅印发《关于在全体党员中开展"学党章党规、学系列讲话，做合格党员"学习教育方案》，要求在全党开展"学党章党规、学系列讲话，做合格党员"学习教育（简称"'两学一做'学习教育"）。这是中共十八大以后在深入开展"群众路线教育活动"基础上，面向全体党员进一步深化党内教育的重要实践，是推动党内教育从"关键少数"向广大党员拓展、从集中性教育向经常性教育延伸的重要举措。2017 年 3 月 28 日，中共中央办公厅又向全党印发《关于推进"两学一做"学习教育常态化制度化的意见》，要求进一步深入推进"两学一做"学习教育常态化制度化，坚持全覆盖、重创新、求实效，学做结合。"两学一做"主题教育活动的根本目的，是要求全党切实把思想建设放在首位，教育广大党员尊崇党章、遵守党规，以习近平系列重要讲话新理念新思想新战略武装头脑、指导实践、推动工作，引导广大党员学思践悟、知行合一，不断增强政治意识、大局意识、核心意识、看齐意识，做到政治合格、执行纪律合格、品德合格、发挥作用合格，确保党的组织充分履行职能、发挥核心作用，确保党员领导干部忠诚干净担当、发挥表率作用，确保广大党员党性坚强、发挥先锋模范作用。

一、案例综述

近 3 年来，学校党委紧紧围绕习近平总书记对高校人才培养的深切"发问"，牢记民族院校的政治责任和历史使命，创新"两学一做"常态化教育方式与教育内容，在全体大学生中持续开展了"两学一做"五践行、"四回答"和"三融入"主题教育实践活动。

学校先后组成师生社会实践队伍深入新疆、西藏、内蒙古、广西、宁夏、云南、贵州、青海、陕西等边远民族地区和革命老区，开展了校友走访、学生家访、实践调研和体验实习等专题实践活动。活动走访扎根边疆基层优秀校友 30 余人，家访经济困难学生家庭 200 余个，走访民族团结进步创建先进集体 40 余个，开展与学生家庭、地方政府相关部门、用人单位、先进集体和个人的座谈、访谈 200 余场，行程跨越 13 万余千米。广大师生在主题实践教育中学思践悟，深入了解了学生家庭背景和成长环境，深切感受了学生家长对学校人才培养的要求和期盼，积极宣传了党的民族理论和政策，激发了对人民的感情、对社会的责任和对国家的忠诚，为学校提升边疆地区学生的教育管理和成长服务工作奠定了更加坚实的基础。

二、育人理念

实践育人是高校思想政治工作质量提升的重要任务，高校在人才培养过程中，要遵循青年大学生成长成才规律，将思想理论教育和实践养成有机结合，培养具有社会责任感、创新精神和实践能力的人才。主题教育实践活动作为高校丰富实践育人的重要载体，相比其他管理、文化和大众传播载体而言，具有教育内容丰富生动、教育主题体验性强和教育效果明显（容易激发教育对象能动性、积极性和创造性的自我转化和自我教育）的显著特点，因此越来越受到各个高校的关注。然而，在形形色色的主题教育"热"背后，主题实践活动"一个样""一头热"和"一阵风"现象突出，教育者和受教育者往往对活动的形式和内容均不尽满意。"一个样"指主题实践教育形式雷同，内容重复，缺乏吸引力；"一头热"指教育过程中教育者或受教育者往往"高高在上"，远离思想实际，融入生活不够，活动反应平淡；"一阵风"是指教育效果长效性差，缺乏深入持久的育人影响力。因此，要彻底改变实践育人活动难以吸引人的被动局面，只有直面实践育人中的新现象、新问题，不断丰富育人理念，深入探索实践育人的本质内涵，不断发掘教育者和受教育者在实践育人过程中的主体性和互动性，方能取得良好成效。

（一）坚持实践是学生思想教育的最好课堂

实践是主观见之于客观的活动，是检验真理的唯一标准。实践也是传导思想道德观念，培养道德情感和信念，引导行为转化，从而培养受教育者良好道德行为和习惯最直接、最根本的途径，因此是学生成长成才的最好课堂。习近平总书记在全国高校思想政治工作会议上指出："青年要成长为国家栋梁之材，既要读万卷书，又要行万里路。高校学生支教、送知识下乡、志愿行动等活动，都展现了学生的风貌和服务社会、报效祖国的情怀。许多学生正是在这样的社会实践和社会活动中树立了对人民的感情、对社会的责任、对国家的忠诚。"[①] 中国特色社会主义的伟大实践特别是改革开放以来党领导下的民族地区经济、政治、文化、社会和生态事业全面发展进步的历程，是高校特别是民族院校开展实践育人的"生动教科书"，是宝贵的思想教育资源，也理应是各族青年学生奉献智慧力量、书写别样人生的时代舞台。因此，民族院校相比其他类型院校，不仅要重视理论教育的作用，更应高度重视实践教育在高校思想政治工作中的作用，把言传身教和实践养成作为促进各族学生成长成才的重要渠道。

（二）坚持向人民群众学习

民族地区人民群众是民族院校实践育人最好的老师，民族地区政治、经济、社会、文化以及生态建设实践和发展成效，是民族院校实践育人最好的教材。以往的主题实践教育，往往只有少数师生，没有社会大众，常常陷入"自我陶醉"；往往只见古人旧物而无视现代新人，没有有效观照现实。归根到底，

---

① 习近平. 在全国高校思想政治工作会议上的讲话 [N]. 人民日报，2016-12-09.

"象牙塔"里的很多主题教育实践,缺乏向人民群众学习的虚心,缺少融入社会参与伟大变革的勇气。因此,民族院校要高度重视实践育人的重要作用,要真正培养"三个特别"的各族青年学子成长成才,就要统筹利用各种社会育人资源,综合运用育人手段,旗帜鲜明地鼓励和引导各族青年学生既要学好理论知识,更要主动走出校门,置身和融入民族地区社会实践的具体情境之中,把校内所学和实践运用相结合,主动参与到丰富的社会生活,去了解和亲近各民族人民群众,亲身去感触、感知和感悟民族地区跨越发展的伟大时代力量。只有这样,各民族青年学生才能培养扎根基层、服务基层和奉献基层的事业情怀,才能在实践中淬炼信仰、锻炼能力、提升素质和实现价值,才能真正树立"五个认同",增强"四个自信"。

（三）坚持以人为本和科学设计

科学设计是主题教育实践极为重要的一环,其与以人为本在教育目标上是一致的。主题实践教育科学设计是指在开展主题实践教育过程中,从教育者和受教育者共同的思想品德发展的实际需要出发,双方共同制定实施的有目的、有组织和有计划的实践活动。民族院校的主题实践活动设计,要把党和国家对民族院校的政治期待、高等教育对人才培养的内在规定、各民族青年大学生成长规律特点有机结合,从教育者和受教育者的思想实际出发,增强教育双方的体验感、获得感和幸福感,从而促成受教育者认识的自觉与行动的外化。中南民族大学大学生"两学一做"系列主题教育活动,最初雏形是 2014 年、2015 年辅导员边疆行,最初形式只是对边远地区极其困难学生家庭的走访。随着活动的持续深入,逐渐形成了"五践行""四回答"和"三融入"等新的形式,内容也从贫困学生家庭的走访变为师生走访、同城互访、校友寻访和体验实习等多种教育方式。实施 5 年以来,经过活动方案不断的科学设定,活动过程科学评估和育人效果的总结提升,逐步形成了较为完整并丰富发展的系列主题教育实践活动。整个实践教育遵循"实践—认识—再实践—再认识"的认识辩证发展规律,通过理论教育和实践养成不断检验教育认知,坚持在实践中去丰富、深化和发展认识。教育活动以增强师生体验感为核心,不断强化教育内容的动态发展性、教育设计的科学性、教育主体的互动性和活动实施的规范性。

三、实施过程

中南民族大学"两学一做"系列主题教育实践活动通过学校党委学生工

作部统一组织实施，发布主题教育活动总方案，由师生自主申报，择优遴选实践团队，团队组建完成后，由师生设计小组实践方案和开展主题教育实践活动。具体实施过程如下图：

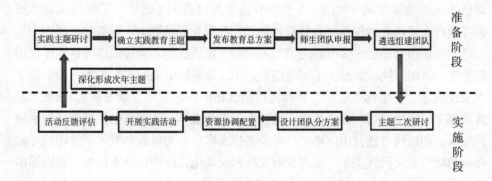

2016 年学校围绕习近平总书记在中央民族工作会议上的讲话精神，以民族团结进步创建为主线，开展"两学一做"五践行主题教育实践活动。2017 年学校结合习近平总书记在全国高校思想政治工作会议上的高校人才培养"在哪用力、对谁用情、如何用心、做什么样的人"四个发问的论断，以追寻民族高等教育的"初心"为主线，开展"两学一做"四回答主题教育实践活动。2018 年遵循习近平总书记在北京大学的"5·2"讲话中对广大青年提出的"爱国、励志、求真、力行"四点希望，以民族高校努力"培养担当民族复兴大任的时代新人"为主线，开展"两学一做"三融入主题教育实践活动。3 年来，学校开展的"两学一做"系列主题教育实践活动，始终遵循习近平总书记对民族工作、高校思想政治工作、大学生成长希望等重要讲话精神要求，紧紧围绕民族院校人才培养这一中心命题和核心使命，分别从政治责任、工作目标和实现方式三个视角，组织开展主题教育实践活动，对习近平总书记的重要讲话要求给予了庄严的响应和应答。

（一）"两学一做"五践行主题教育实践

2016 年"两学一做"五践行主题教育实践活动，由学校思想政治工作干部、专业教师和学生骨干 30 余人，组成 5 支队伍开展主题教育实践活动，分别是"行走边疆·家校同心"家访行动（橙队）、"扎根基层·最美校友"寻访行动（黄队）、"重回母校·圆梦同行"回访行动（蓝队）、"信仰之旅·长征足迹"重走行动（红队）和"民族团结·能量传递"访谈行动（绿队）。五支队伍分赴西藏、内蒙古、广西、云南和湖北 5 个省、自治区，途经十余县市，走访了 40 余个学生家庭，完成各类访谈 40 余次，总行程 3 万余千米。

（二）"两学一做"四回答主题教育实践

2017 年"两学一做"四回答主题教育实践活动，分别为：一是"寻访基层校友·明青年之志"民族地区调研活动，通过走进民族地区调研"一带一路"倡议背景下民族地区经济、政治、文化和社会发展以及人才需求，了解民族地区对高等教育人才培养的预期，为教育教学和管理服务提供咨询，回答"在哪用力"。二是"走访边疆学生·熔引路之情"困难学生家访活动，通过走访民族地区、边疆地区经济困难同学家庭，了解他们最急切、最期盼解决的实际困难，为学校学生成长成才"一个都不能少"目标提供精准靶向，回答"对谁用情"。三是"发展成果·思民生之需"调研活动，通过调研走访近年来认真贯彻执行党和国家民族政策，积极投身建设中国特色社会主义伟大实践，为巩固和发展平等团结互助和谐的社会主义民族关系，促进少数民族和民族地区经济社会文化生态发展做出重要贡献的模范集体、模范个人，为学生提供榜样引领，回答"如何用心"。四是"走近先进集体·养务实之行"实习体验活动，通过对先进集体和优秀校友，特别是扎根边远地区、民族地区基层的优秀校友的走访和实习，分享成长足迹、青春梦想和事业初心，引导广大同学胸怀远大理想又能脚踏实地，回答"做什么样的人"。实践活动从广袤草原到天府之国，走访了新疆南北疆、西藏山南、内蒙古锡林郭勒、四川汶川、贵州黔东南等 30 县市及地区的学生家庭近 100 个。"四回答"主题教育实践活动切实把解决思想问题与解决实际问题结合起来，在生动的现实中激发师生对人民的感情、对社会的责任、对国家的忠诚。

（三）"两学一做"三融入主题教育实践

2018 年"两学一做"三融入主题教育实践活动，分别为：一是家校用心、奋斗同向，将"立德树人"根本任务融入"辅导员边疆行"家访行动；二是师生用力、求真同行，将民族团结进步教育融入体验式教育活动；三是实干用情、知行同声，将民族高等教育使命融入优秀校友寻访活动。师生共组成 7 支队伍，分赴新疆、甘肃、青海、云南、广西、贵州、海南等 7 个省，对 69 个经济困难学生家庭进行了家访，同时走访优秀校友 14 人，面向基层先进集体和个人开展各类座谈会和访谈 25 场。

四、实施成效

（一）师生同受教育，更加坚定了自觉维护民族团结进步的信心和决心

实践教育活动中师生们通过持续走访长期扎根边疆民族地区的校友，共同分享青春梦想、成长足迹和事业初心，更加明确了青年奋斗的事业"支点"。

通过走访基层民族团结先进集体，广泛与当地部门、用人单位、毕业生和在校师生交互访谈，围绕民族地区基层干部作风、民族高等教育人才需求和"民大人精神"展开了热烈的讨论交流。通过主题教育，参加活动的师生纷纷表示深受感动。民族地区经济困难的优秀学生是大学生中克难求学精神体现得最明显的群体，民族地区特别是艰苦边远地区扎根基层就业的优秀校友，是民族高等教育最宝贵的财富和成果。民族院校的教育工作，根本上是培养人的工作，是为民族地区发展稳定、维护国家安定统一的一项极具重要意义的工作。通过主题教育，师生们纷纷表示要学习先进典型认真贯彻执行党和国家民族政策，在平凡的工作岗位上务实工作、勇于实践，为边疆地区各民族安定团结和社会的长治久安默默奉献的宝贵精神，进一步坚定自觉维护民族团结进步的信心和决心。在校友回访活动中，由2006届新闻专业毕业、只身远赴内蒙古自治区工作的校友张丽娜撰写的网络文章《寒门实苦，贵在久久为功》，被国家民委微信公众号、搜狐网、凤凰网资讯等多家媒体转载，获得了10W+的阅读和转载点击量，引起了强烈的社会反响，也成了学校56个民族27000余名在校学生学习和追求的榜样。

（二）服务地区群众，为民族地区经济社会发展提供了智力支持

一方面通过家庭经济困难学生特别是边远地区经济困难学生的家访，进一步促进了家校联系，熔铸了师生情谊。家访过程中，来自当地政府部门和学生家庭的三句话让人感触至深。一句是来自当地政府部门的"我们把最优秀的孩子送到你们那里，拜托了！"；一句是来自学生家长的"孩子在那么远的地方读书，请老师多关心！"；一句是来自部分受访学生的"毕业之后一定要为国家做贡献！"。实践活动队通过实地走访边远地区学生，带去党和国家关爱的同时，师生们普遍表示对边疆少数民族学生的家庭背景、成长环境和成才期待有了更直观的了解和更真切的感受，对国家的民族政策和教育方针有了深刻的认识。另一方面通过调研民族地区发展，思考民生之所需，形成调研成果，为当地经济社会发展提供了智力支持。主题实践教育活动开展民族地区调研，围绕"一带一路"倡议背景下民族地区经济、政治、文化、社会发展与民生以及人才需求，调研民族地区精准扶贫成效，了解民族地区对高等教育人才培养的预期，为提升民族高等教育教学和管理服务品质提供咨询。主题实践活动还通过发放问卷、个别访谈和座谈等方式，形成《西部少数民族地区社会公共服务人才队伍建设的困境与出路》《东西部县市人才队伍建设激励政策比较》《"一带一路"背景下内蒙古地区电子商务行业人才需求情况调查》等民族地区调研报告12篇，为当地政府部门提供了决策参考。

（三）促进协同育人，有效推动了分层分类人才培养

在中南民族大学，学生来自 31 个省市自治区的 56 个民族，少数民族学生占近 60%，在他们身上呈现出成长背景多元、学习能力多元、文化样态多元、价值诉求多元、发展愿景多元等五大典型特征。"两学一做"系列主题教育实践活动的持续开展，走访了所有民族地区，对边远民族地区家庭经济特殊困难学生实现了全覆盖，持续采集了学生发展立体指数，建立了人才培养的校地共同体，对学生实施分段、分级、分层、分类、分群培养提供了决策支撑，为贯彻"尊重差异、柔性管理、因材施教、社群导学、科学评价"的教育原则打下了坚实的基础，形成了多部门通力合作，政工干部和任课教师共同参与，合力关注学生成长成才的良好协同育人工作氛围。

五、发展愿景

一是进一步深刻领悟习近平新时代中国特色社会主义思想精髓，凝练和深化主题，彰显实践教育的时代性和政治性，特别是将民族院校的实践育人融入民族地区"两个一百年"奋斗目标实现的历史进程之中，丰富和完善民族院校实践育人的内涵和外延，探索实践育人的长效机制，推进理想信念教育与"中国梦"教育、中华民族共同体意识教育、"五个认同"教育相融合，形成具有民族院校特色的实践育人品牌。

二是进一步丰富实践育人教育目标上思想引领与现实关照的关系、教育效果上现时教育与长效育人的关系、教育方式上单向传导与多向互动的关系，把解决思想问题和解决现实问题相结合，力争实现"两学一做"系列主题实践教育对民族学生生源区域的全覆盖，尤其是对边远民族地区经济困难学生、学业困难学生和心理困惑学生的全覆盖。

"导航杯"思想政治理论教育实践育人

大学生思想政治素质的培养是新时代高校教育教学的重要内容。中南民族大学历来高度重视学生思想政治素质的培养与提升，积极创新搭建各类思想政治理论实践教育平台。过去，由于学生人数众多，思想政治理论教育实践教学资源分散且总量不足，思想政治理论教育的实践教学环节存在面小、重复率高、影响力小等问题。为了弥补以往思想政治素质教育平台的不足，

中南民族大学马克思主义学院、党委宣传部、学生工作部（处）、教务处、创新创业学院，共同发起了中南民族大学"导航杯"主题思想政治教育实践育人活动（简称"导航杯"），希望通过"导航杯"这一实践教育活动，将中南民族大学已有的各类思想政治教育实践教学资源进行有机整合，以"提高大学生思想政治理论素质"为基本出发点，以"提升学生的创新实践能力和就业能力、传承优秀民族文化和促进民族团结"为目的，力求为各民族大学生搭建一个全新的大学生思想政治教育主渠道与主阵地有机融合的思想政治教育实践育人平台。

一、理论支持

（一）思想政治教育学理论支持

思想政治教育是指社会或社会群体用一定的思想观念、政治观点、道德规范对其成员施加有目的、有计划、有组织的影响，使他们形成符合一定社会、一定阶级所需要的思想品德的社会实践活动。思想政治教育的对象是人，实施思想政治教育，就是要使人们形成符合社会发展要求的思想品德，进而推动社会向前发展。当今中国，大学生作为实现中华民族伟大复兴"中国梦"的生力军，加强大学生思想政治教育显得尤为重要。思想政治教育过程是思想政治教育者通过某些形式、手段向教育对象传导符合我国社会发展所要求的思想观念、政治观点、道德规范等内容，这一过程中，教育者要选定合适的载体和形式开展教育，实践活动便是其中一种重要的载体形式，它能较好地使思想政治教育内容"活化"，从而为人们潜移默化地接受，促进受教育者的自我教育，并能较好地实现教育和自我教育的统一。同时，思想政治教育实践活动在一定意义上还使思想政治教育的客体主体化，有助于扩大思想政治教育面。

（二）教育学理论支持

教育是培养人的活动，是根据一定社会的要求，传递社会生产和生活经验，促进人的发展，培养社会所需要的人才。学校教育主要分为理论教学和实践教学两种方式。实践教学是根据认识的本质和规律、实践的特点和作用、教学的目的和要求而开展的实践活动。从工具理性的角度来看，实践教学是高校实现人才培养的重要组成部分，是培养学生创新精神、实践能力和创新创业能力的重要教学环节，是促进学生知识、能力、素质协调发展的重要途径和手段。

（三）心理学理论支持

心理学中的建构主义学习理论认为，学习是学生自己建构知识的过程，学生不是简单被动地接受信息，而是主动地建构知识。建构主义的教学观提倡情境性教学，通过情境性教学，让学生在实践中学习，在真实任务情境中，尝试着发现问题、分析问题、解决问题。建构主义的学习观和教学观共同作用于学生的实践活动，教师的"教"和学生的"学"相辅相成，让学生在实践中实现知识的建构。

二、理念、目标及意义

（一）活动理念

凸显"一个主体"：学生的主体地位；融合"两个课堂"：思想政治教育第一课堂与第二课堂相融合；推进"三个结合"：课本内容与时代特质相结合、理论教学与实践育人相结合、显性教育与隐性教育相结合；增强"四个自信"：中国特色社会主义道路、理论、制度、文化自信；强化"五个认同"：对伟大祖国、中华民族、中华文化、中国共产党、中国特色社会主义道路的"五个认同"意识。

（二）活动目标

深化大学生思想政治理论教育教学"供给侧"改革，创新大学生思想政治教育方法，优化大学生思想政治教育内容，强化大学生理想信念，增强中国特色社会主义"四个自信"与"五个认同"意识，促进各民族大学生全面发展，引导各民族大学生明晰价值方向，在思想政治理论实践教育活动中提升实践创新能力。

（三）活动意义

1. 开展"导航杯"实践育人活动是弘扬中华民族优秀传统文化，践行社会主义核心价值观，培育中国特色社会主义文化自信的积极探索

文化是民族的血脉，是人民的精神家园。实现中华民族伟大复兴"中国梦"，不仅要坚持中国道路，凝聚中国力量，还要弘扬中国精神，继承优秀传统，践行社会主义核心价值观，增强文化自信。习近平总书记指出，宣传思想工作要"讲清楚中华文化积淀着中华民族最深沉的精神追求，是中华民族生生不息、发展壮大的丰厚滋养；讲清楚中华优秀传统文化是中华民族的突出优势，是我们最深厚的文化软实力；讲清楚中国特色社会主义根植于中华文化沃土、反映中国人民意愿、适应中国和时代发展进步要求，有着深厚历史渊

源和广泛现实基础。"① "导航杯"思想政治理论实践教育活动既是对大学生政治素养的塑造，也是对青年一代精神家园的建设；既是思想政治教育课的重要内容，同时也是高校校园文化建设的重要内容。比如实践教育活动中"纪念雷锋同志逝世50周年的主题演讲比赛"的主题：感动在你我身边（2012年），社会实践策划大赛"弘扬核心价值·践行社会公德"（2013—2016年），故事会比赛"伟人情·中国梦"（2014年），摄影比赛"寻找历史记忆"（2015年）、"大城·小事·温暖"（2016年）、"今天的话讲好昨天的故事"（2017年）、"不忘初心跟党走·青年言说新时代"教学设计大赛（2018年）等。都是以广大青年学生喜闻乐见、广泛参与的形式推广开来，把充满正能量的中华民族文化精神弘扬起来，把中国特色社会主义主流价值观念传播出去。

2. "导航杯"实践育人活动是思想政治理论课丰富教学内容、创新教学方法和增强教学效果的题中之义

"导航杯"思想政治理论实践教育活动由多部门联合主办，由马克思主义学院承办。马克思主义学院肩负着增强大学生思想政治素质进而实现大学立德树人根本任务的重要使命，多年来由于思想政治理论课教学方法简单化、教学理念单一化、评价考核泛化等因素的影响，一些学生对思想政治理论课的重视程度不够，学习积极性不高，对主流价值观念认同不强，这些现象都给思想政治理论课的改革和创新带来了前所未有的压力。

"导航杯"实践教育活动紧紧围绕思想政治理论课教学内容展开，从内容到形式，探索与推进思想政治理论课教学改革，同时又紧密呼应时政热点、现实焦点难点问题，倾力延展课堂外延，将理想信念教育、校园精神教育和生活道德教育等内容积极扩展至课程内外、教室内外、校园内外，使第一课堂和第二课堂深度对接，逐步克服了思想政治理论教育平台覆盖面小、重复率高、衔接性差等问题，逐渐打造出了民族高校思想政治理论教育的民族特色和校本特色。

3. "导航杯"实践育人活动是培育中华民族共同体意识的重要方式

民族平等、民族团结和各民族共同繁荣是中国共产党一贯坚持的处理民族问题的基本原则。党的十八大以来，习近平总书记更是将搞好民族工作、促进民族团结以及铸牢中华民族共同体意识作为治国理政的重要方面。他曾将民族团结视为"发展进步的基石"和"各族人民的生命线"，更深刻地指出民族工作"最关键的是搞好民族团结，最管用的是争取人心"，提出"各民族

---

① 习近平. 在全国宣传思想工作会议上的讲话 [N]. 人民日报，2013-08-21.

要相互了解、相互尊重、相互包容、相互欣赏、相互学习、相互帮助，像石榴籽那样紧紧抱在一起""中华民族一家亲，同心共筑中国梦"[1]等倡议和要求。民族高校如何根据党的民族工作和社会发展需求，把民族工作规律与高等教育办学规律有机结合起来，把各民族学生培养成能够肩负起中国特色社会主义建设大业的合格人才，是学校的政治责任和历史使命。"导航杯"思想政治理论实践教育活动，致力于通过红色文化领航来培养、塑造、影响学生的世界观、人生观和价值观，从而树立起对伟大祖国、对中华民族、对中华文化、对中国共产党和对中国特色社会主义道路的认同。比如主题征文比赛"感受祖国新变化，喜迎党的十八大"（2012 年），PPT 制作大赛"新起点·新风貌"（2012 年），演讲比赛"我与美丽中国"（2013 年）、"我看法治中国"（2015 年）以及影像创意比赛"中国梦·我的梦"（2013 年）、"今天的话讲好昨天的故事"（2017 年）、"不忘初心跟党走·青年言说新时代"教学设计大赛（2018 年）等活动，使各族青年大学生较好地展现了各民族优秀传统文化以及新时代民族地区经济社会发展状况，热切关注民族地区社会经济文化发展新面貌，深刻认识和领会习近平总书记所强调的"我国各民族在分布上的交错杂居、文化上的兼收并蓄、经济上的相互依存、情感上的相互亲近，形成了你中有我、我中有你，谁也离不开谁的多元一体格局"的核心要义。

三、实施方案

中南民族大学"导航杯"思想政治理论教育实践育人活动从 2012 年开始，每年的 3—6 月在全校学生中开展，并根据当年思想政治教育主题选定实践教育活动主题。2012 年的主题是"放飞青春梦想·繁荣校园文化"，2013 年的主题是"共话梦想·爱我中华"，2014 年的主题是"青春·价值·责任"，2015 年的主题是"见证改革·青春我行"，2016 年度主题是"思想引领·分享成长"，2017 年的主题是"紧贴时代脉搏·凝聚青春力量"，2018 年的主题是"新时代·新青年·新使命"。实践教育活动已经连续举办了七届，并在全校各民族学生中形成了广泛影响。

---

① 中央民族工作会议暨国务院第六次全国民族团结进步表彰大会在京举行 [EB/OL]. 新华网，2014–09–29.

表 1-1 "导航杯"实践教育活动历届主题及具体活动内容

历届导航杯主题	导航杯具体活动内容
第一届（2012年）"放飞青春梦想·繁荣校园文化"	"感受祖国新变化，喜迎党的十八大"主题征文比赛
	"感动在你我身边"纪念雷锋逝世50周年主题演讲比赛
	社会调查报告大赛
	"走进社会"PPT制作大赛
	聆听世界："中国特色社会主义建设成就"系列讲座
第二届（2013年）"共话梦想·爱我中华"	"我与美丽中国"主题演讲比赛
	"中国梦·我的梦"影像创意大赛
	"我看时事·激扬文字"案例分析大赛
	"弘扬核心价值·践行社会公德"社会实践策划大赛
	"悦读经典·读善其身"主题读书演讲比赛
	"历史盛会·谱写新篇"——学习十八大精神系列讲座
第三届（2014年）"青春·价值·责任"	"两会观察"案例分析大赛
	"价值或事实？——大学生谈公平正义"主题演讲比赛
	"致青春·我的大学"主题影像创作大赛
	"弘扬核心价值·践行社会公德"社会实践策划大赛
	"伟人情·中国梦"邓小平经典故事会大赛
	"学习贯彻党的十八届三中全会精神"系列讲座
第四届（2015年）"见证改革·青春我行"	"两会观察"案例分析大赛
	"践行社会公德·请从我做起"社会实践策划大赛
	"寻找历史记忆"主题摄影大赛
	"创新与新常态——大学生谈深化改革"征文大赛
	"我看法治中国"主题演讲大赛
	学习贯彻"四个全面"重要精神系列讲座
第五届（2016年）"思想引领·分享成长"	"绿色理念·美丽中国"主题演讲比赛
	红色诗文赏析
	"践行社会公德·请从我做起"社会实践策划大赛
	"大城·小事·温暖"主题摄影比赛
	"时事我来讲"大赛
	"两会观察"案例分析大赛
	培育和践行社会主义核心价值观系列讲座

续表

历届导航杯主题	导航杯具体活动内容
第六届（2017年）"紧贴时代脉搏·凝聚青春力量"	"两会观察"案例分析大赛
	时事知识大会
	民大朗读者
	"弘扬核心价值·绽放青春光彩"践行社会公德大赛
	"今天的话讲好昨天的故事"大赛
	"信念的确立·职业的选择"手抄报创意大赛
第七届（2018年）"新时代·新青年·新使命"	"两会观察"案例分析大赛
	时事知识大会
	"不忘初心跟党走·青年言说新时代"教学设计大赛
	"新时代·新青年"微电影大赛
	"我是最美大学生"践行社会公德大赛

　　成立了"导航杯"思想政治理论实践教育活动组委会，由三位校领导担任活动顾问，五位职能部门负责人担任组委会主任，各团队指导老师深入学生"面对面、点对点"指导。

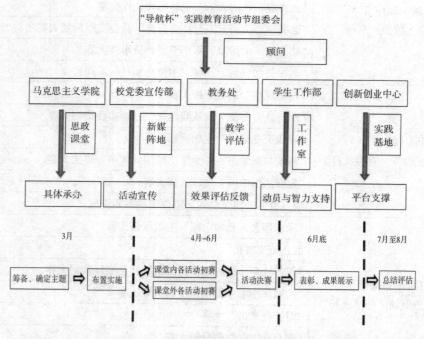

图1-1　"导航杯"实践教育活动节组委会结构及活动流程

四、实施成效

"导航杯"思想政治理论实践教育活动按照"时代特色鲜明，活动内容丰富，学生喜闻乐见"的总体要求，整合思想政治理论课教学资源与学生思想政治工作资源，推进思想政治教育第一课堂与第二课堂融合，探索提升大学生思想政治教育时效性的长效机制，全力打造了一项协同育人的主旋律教育实践活动——"导航杯"思想政治理论教育实践育人活动。从 2012 年春天武汉南湖边首届"导航杯"扬帆起航，每年的 3—6 月，连续举办了七届，共吸引了全校四万多名各族青年学生积极参与，已经成为学校思想政治理论教育实践育人工作的一次有意义、有价值、有成效的有益探索，也逐渐成为学校学生思想政治理论教育教学实践的一个品牌。

（一）把握时代脉搏，打造精品，唱响主旋律

活动主题富于时代性。2012 年第一届活动主题为"感受祖国新变化·喜迎党的十八大"，为 56 个民族大学生喜迎党的十八大这一盛会营造了浓厚的校园氛围；2013 年活动主题"共话梦想·爱我中华"，紧扣中华民族伟大复兴"中国梦"，为实现"中国梦"汇聚力量，传递能量；2014 年活动主题为"青春·价值·责任"，引导各族青年大学生践行社会主义核心价值观，坚持"四个自信"结伴同行；2015 年活动主题为"见证改革·青春我行"，引导各族青年大学生积极投身改革事业，勇于开拓成就自我；2016 年活动主题"思想引领·分享成长"，帮助各族青年大学生深刻理解习近平新时代中国特色社会主义思想。把社会主义核心价值观的根在各族青年大学生中心扎牢植正；2017 年活动主题"紧贴时代脉搏·凝聚青春力量"，帮助当代各民族青年大学生把青春的梦想与中国梦紧紧相融，把青春的脚步与时代的脉搏紧紧相贴；2018 年活动主题为"新时代·新青年·新使命"，帮助当代各民族青年大学生正确认识时代责任和历史使命，在新时代奋发新作为，勇担新使命。历届主题均高声唱响主旋律，鲜活传送正能量。

活动形式设计有创意。历届"导航杯"实践育人活动均有青年大学生喜爱的实践教育形式，如"两会"案例分析、DV 摄影大赛、创意主题社会实践大赛、故事会、时事知识大会、朗读者、微电影等。2018 年"导航杯"更以"新时代·新青年·新使命"——三个"新"为鲜明主题，设计了五大版块的活动形式："两会观察"案例分析大赛、"时事知识大会""不忘初心跟党走·青年言说新时代"教学设计大赛、"新时代·新青年"微电影大赛、"我是最美大学生"践行社会公德大赛五项赛事。这些活动都首先听取学生的意见，在广泛收集学生建议的基础上，经过联合主办部门的精心设计，汇集了不同学科专业教师学生的共同智慧，聚焦当前社会时事热点。学生普遍反映"调高但是有趣"，参与的积极性很高。

活动参与面扩大。七年来，"导航杯"参加的学生人数逐年增加，由 2012 年最初参赛的 4000 多人，逐步增长到 2018 年的 8000 多人，覆盖了全校所有 21 个学院和专业，学生们形象地将参加"导航杯"实践活动比喻为"过大节"。以 2018 年第七届"导航杯"为例，活动以"新时代·新青年·新使命"为主题，历时 3 个月，191 名学生获得个人奖项 32 项，团体奖项 37 项。在中南民族大学这所具有浓郁民族特色的校园内，各民族学子聚焦国情、社情和校情，各民族青年大学生以鲜明的特色与时代共舞。

（二）整合育人资源，挖掘内涵，实现知行合一

整合育人资源"有合力"。"导航杯"思想政治理论实践教育活动有效整合育人资源，成立活动组委会。校领导直接主抓，由三位校领导担任活动顾问。各相关部门分头负责，五位职能部门负责人担任组委会主任。马克思主义学院发挥思想政治理论课主渠道作用，承担活动的具体组织及实施。学校党委宣传部利用报纸、官方网站、学校官微等媒体阵地为活动鼓劲造势，教务处利用课堂教学监督平台对教育实效性进行实时评估和反馈，学生工作部依托"学业发展中心"、教练技术工作室等为活动提供智力支持，创新创业学院提供"导航杯"创新实践基地环境支持，各团队指导老师深入学生"面对面、点对点、心对心"指导，形成了实践育人合力，实现了活动"八有"："有计划、有经费、有课时、有组织、有基地、有活动、有考核、有总结"，有效保证活动质量。

凝聚育人共识"接地气"。"导航杯"思想政治理论实践教育活动平台以学生身边事为聚焦点，充分满足学生的价值需求，做到"接地气"。如在主题影像创作大赛展示的"创作心得"环节，参赛学生对创作历程进行了总结和反思，多视角、深层次地记录了各民族大学生的真情实感和成长过程，引发青年一代对青春、对梦想、对人生的认知与思考，引起广泛共鸣；案例分析比赛的主题不仅内容丰富、涉及面广，而且贴近现实生活，极具代表性，参赛作品诸如网络安全类的"网络安全保卫战"、经济类的"亚投行·中国能行"、环保类的"破霾"、社会保障类的"退休制度改革"、法律类的"子女未满十岁该不该离婚"等，都是新媒体和自媒体热点议题，通过学生比赛中案例展示，解答了疑问，驱散了迷惑，达成了共识。

　　注重知行合一"见行动"。一是创新活动形式，让活动富有青春气息。比如在故事会大赛中，参赛学生不仅可以展示邓小平同志伟大的一面，也可以从邓小平同志生活的点点滴滴中展现其平凡的一面，采取了诸如列车报务员、动漫、广播播报等形式，让与会的学生观众更形象理解故事的内容。各活动参赛团队在展示实践活动成果时，广泛运用小品剧、微电影、主持采访、访谈等青年大学生喜闻乐见、生动活泼的形式，十分恰当地突出了主题，使实践教育活动庄重又不失活泼、意义深远又趣味盎然。二是丰富活动支持，扩大活动社会影响。在"践行社会公德·弘扬核心价值"主题实践活动中，学生依托创新创业教育基地项目，选择社会弱势群体作为开展社会实践的对象，对农村老人、留守儿童的生活状况进行深入调查，并通过制作明信片义卖等方式给予力所能及的帮助。

　　（三）实现"三个结合"，求变创新，绘出校园文化新图景

　　推动教学改革，实现了育人过程的"三个结合"。一是理论教学与实践育人相结合，变"惟师""惟书"单纯说教式教育为实践体验式教育。二是第一课堂与第二课堂相结合，丰富的实践教育系列开放性活动，对第一课堂起到了很好的补充和延续作用，共同构成完整的教育整体。三是课本内容与时代特质相结合，在动态发展的时代变革中，把理论教学的主导性与学生实践能动结合起来。

　　促进民族团结，"五个认同"教育效果突出。在"导航杯"实践教育活动中，各民族学生走出课堂，走出校园，凝聚、提升了认同感。56个民族的青年学生以青春的姿态，以社会责任感和时代使命感参与实践，展现了"爱国、爱党、爱人民、有情、有梦、有信念"的良好精神风貌，培养了各民族青年为实现中华民族伟大复兴而刻苦学习、锐意进取的成长理想。活动的开展收到了良好的社会反响，国家民委网站、中国民族宗教网等媒体对活动进行了多次报道，"导航杯"开办的经验多次在省内外研讨会上进行交流。

　　提升了育人品质，开拓了新的育人空间。"导航杯"活动的开展，通过实践方式将大学教育向社会教育和个人自我教育过渡，各民族学子在校园和社会的双重影响下，总结、分享和深化实践活动成果，形成正确的世界观、人生观和价值观，树立起为人民、为社会、为国家服务的崇高信念，是当前高校校园文化活动中实践育人的一种建设性的尝试。

五、发展愿景

"导航杯"主题思想政治教育实践育人活动对于推进思想政治理论教育教学改革、提高大学生社会实践能力、繁荣校园文化起到了积极的促进作用。明者因时而变，知者随事而制。思想政治理论教育创新发展的"导航杯"实践育人活动，还将继续肩负"立德树人"使命，继续打造"红色领航"品牌。

（一）利用校内和校外两种资源、两个平台，把理想信念教育转化为奉献社会的行动

七年来，"导航杯"实践教育活动主要以校园为中心，大部分活动集中在校园内部开展，而且随着每年的开展，部分活动形式存在重复，这说明在活动的设置上亟须创新突破，才能给学生更大的新鲜感，激发学生的创造力。纸上得来终觉浅，绝知此事要躬行。梦想只有走出校园，到社会中仔细观察和深入研究现实的社会问题才更具光彩，无论是武汉城市发展中的问题，还是民族地区的现实困惑，都给学生提供了挑战自我的更加广阔的平台。创新精神、创客意识都是在实践中深刻理解和培育出来的，爱国情怀和民族认同也需要通过参与和实践得以深刻，核心价值更是需要在点滴的践行中实现内化。其实，"导航杯"活动中的摄影比赛、践行社会公德大赛等已经基本达成走进社会、观察社会的要求了，在今后活动中还需多探索，鼓励学生走出校园、走向社会、走进民族地区，将比赛主题与社情、民意更多地结合起来，与地方政府、社会组织联通起来，打造校外平台，让"导航杯"主题思想政治教育实践育人活动行稳致远。

（二）加强活动的理论研究，扩大红色文化的影响力

"导航杯"主题思想政治教育实践育人活动不同于一般的学科竞赛类活动，各类比赛仅仅是它的表现形式，它更追求的是思想政治教育效果的提升。因此，一方面是加强活动的创新创意，增强活动的吸引力，另一方面也要通过活动来推动和促进思想政治教育理论研究的发展。思想政治教育的教师和相关工作者应该在活动中思考、探索教育的创新发展，积极开展相关的教学研究，拓展"导航杯"的影响力和作用范围，使"导航杯"的实践经验更具普遍效用。七年来，"导航杯"活动每一届都形成了策划书、总结等文本，一些报纸和网站也对活动的内容进行了介绍，但仍缺乏从思想政治教育教学改革的方面进行学理性分析成果，尤其是缺乏一些高质量的教学研究论文和活动成效分析报告，需要着力加强。

"小空间·大理想"："中国梦"主题学生宿舍文化创建活动

高校是培养社会主义合格建设者和可靠接班人的重要园地，学生宿舍作为大学生日常学习和生活的主要场所，是学生成长成才的"第一社会，第二家庭，第三课堂"①，是落实全国高校思想政治工作会议"围绕学生、关照学生、服务学生"要求的重要阵地、是提高思想政治教育实效性和素质教育针对性的时代召唤和有效渠道，也是大学生接受理想信念教育、学会做人、学会人际互动，推动实现"中国梦"的实践基地。② 因此，加强学生宿舍文化建设，要以"中国梦"为引领，将"中国梦"融入大学生宿舍文化创建中，引导广大青年学生把远大抱负落实到实际行动中，汇聚起实现"中国梦"的磅礴力量，在实现"中国梦"中绽放青春光芒。中南民族大学注重从办学宗旨、知识创新、以人为本、服务社会、文化叙事的内在逻辑方面创新校园文化建设理路，③确定 2017 年为学校学生寝室文明建设年，在全校广泛开展学生文明寝室创建活动。生物医学工程学院积极响应学校号召，于 2017 年举办了"小空间与大理想"——"中国梦"主题学生宿舍文化创建活动。该活动以学生宿舍的"小空间"为输入敲击点，以学生成长成才、实现"中国梦"生动实践的"大理想"为输出回声点，围绕寝室文化上墙、社会主义核心价值观进宿舍、党建进宿舍等工作，以"中国梦"引领宿舍文化创建，在"小空间"培育"大理想"，让"小空间"成就"大理想"，着力将宿舍打造成学生"自我教育、自我管理、自我服务、自我监督、自我成就"的场所，激励学生做到"自觉、自律、自信、自强"，做全面发展的新时代青年。

一、现实依据

"中国梦"对于学生宿舍文化建设的引领创建作用，主要体现在"中国梦"的核心要义和本质内涵对宿舍文化建设的引领价值和指导功能。作为高校学

---

① 王国义，何春岐.人学理论视阈下大学生寝室文化的反思与重构[J].黑龙江高教研究，2012，30（08）：85-87.

② 梁玉玺，张艳伟.中国梦引领下的高校寝室文化传承与创新[J].沈阳师范大学学报（社会科学版），2015，39（03）：148-150.

③ 魏大江.民族院校校园文化建设的创新维度及其整合策略[J].民族教育研究，2016，27（04）：48-52.

生基本生活单元、学生成长和发展的场所，学生宿舍文化建设是校园文化建设的重要组成部分。[①] 学生宿舍对于学生的大学生活具有特殊的作用和意义，是学生走入社会前的一个重要的"前社会化"场域，也是高校学生思想政治教育的"最后一公里"。

（一）现代高校的大学生宿舍里几乎包涵了高校的全部育人要素，良好的寝室文化具有思想政治教育、学风建设促进、安全稳定保障、微观意识形态和价值观的凝聚、民族团结共同体意识培育的功能。[②] 抓好学生宿舍文化建设是形成优良学风的重要保障，建设健康向上的学生宿舍文化有利于培养全面发展、素质过硬的大学生。[③] 民族高校学生来自全国各地，民族地区生源学生占比较大，一般在 60% 以上，地域差异、文化多样、习俗差别等表现得更为明显，加强学生宿舍文化建设尤显重要。

（二）当今高校校园里大部分是 95 后，以及一部分 00 后，他们具有鲜明的群体成长和教育经历，形成了这一代青年独有的价值观念和生活模式。其中，特别强调幸福感、追求体验性、标秉个性，是当代大学生追求的重要价值目标，学生宿舍文化建设情况将在很大程度上影响大学生的主观幸福感。所以，新时代的大学生宿舍文化的建设，需要坚持"以生为本是理念，硬件设施是基础，明确责任是前提，养成教育是关键，齐抓共管是保障，文化自觉是灵魂"。[④]

（三）新时代高校学生宿舍文化构建模式，包括：充实学生宿舍文化的建设主体，加强对学生群体进行分类指导，加强对学生宿舍楼栋管理人员的培训指导，创新学生寝室文化的载体建设平台。[⑤] 强调"教育为基、学生为本、和谐有爱"的教育理念和管理模式；抓好氛围营造、抓好制度建设、抓好队伍保障、抓好文化活动的坚持"四抓好"模式；[⑥] 以学生党建工作推动学生宿舍建设，将学生宿舍真正打造成思想教育的主阵地。[⑦] 内容全面、形式丰富、特

---

① 甘霖 . 切实发挥寝室文化的育人功效 [J]. 中国高等教育，2014（07）：46–47.

② 杜杰，管祥兵 . 大学生良好寝室文化的教育功能及其构建 [J]. 学校党建与思想教育，2009，（05）：61–62.

③ 李静，王东方，汪志华，熊鸿 . 寝室文化建设与学风建设的相关性及对策研究 [J]. 学校党建与思想教育，2007（01）：68–70.

④ 马倩 . 人学视域下大学生寝室场域文化研究 [D]. 哈尔滨师范大学，2017.

⑤ 甘霖 . 切实发挥寝室文化的育人功效 [J]. 中国高等教育，2014（07）：46–47.

⑥ 甘霖 . 坚持"四抓好"扎实推进寝室文化建设 [J]. 思想教育研究，2013（03）：42–43.

⑦ 隆娟，吴卉，张海蛟 . 以学生党建工作促进学生寝室文化建设刍议 [J]. 学校党建与思想教育，2016（06）：24–26.

色鲜明，形成了比较成熟的做法，具有较高的借鉴意义。

"小空间与大理想"："中国梦"学生宿舍文化创建主题教育活动以相关教育理论和育人理念为基础，结合新形势下民族院校大学生思想政治教育、校园文化建设新特点，探索"中国梦"融入民族院校大学生思想政治教育的有效途径，引导民族院校大学生在实现"中国梦"的生动实践中加强学生宿舍精神文化、物质文化和行为文化的有机融合。

二、政策支持

2013 年 2 月，中共教育部党组印发《关于在全国各级各类学校深入开展"我的中国梦"主题教育活动的通知》，强调要大力推进"我的中国梦"主题校园文化建设。

2014 年 9 月，习近平总书记在中央民族工作会议暨国务院第六次全国民族团结进步表彰大会上指出，"要正确认识我国民族关系的主流，善于团结群众、争取人心，加强各民族交往交流交融，创新载体和方式，用法律来保障民族团结，坚决反对大汉族主义和狭隘民族主义，让各民族在中华民族大家庭中手足相亲、守望相助。"①

2015 年 8 月，国务院印发《关于加快发展民族教育的决定》（国发〔2015〕46 号），强调要进一步打牢各族师生中华民族共同体思想基础：积极培育和践行社会主义核心价值观、建立民族团结教育常态化机制、促进各族学生交往交流交融、促进各民族文化交融创新。

2016 年 12 月，习近平总书记在全国高校思想政治教育会议上强调，要教育引导学生正确认识世界和中国发展大势；正确认识中国特色和国际比较；正确认识时代责任和历史使命；正确认识远大抱负和脚踏实地。为新时代高校学生思想政治工作指明了着力点。

2017 年 2 月，《中南民族大学 2017 年学生工作要点》指出，2017 年是学校学生工作寝室文明建设年，要继续加强生活辅导员队伍建设，不断完善学生社区网格化管理，深入推进学生寝室文化建设。

---

① 中央民族工作会议暨国务院第六次全国民族团结进步表彰大会在京举行 [EB/OL]. 新华网，2014-09-29.

三、实施过程

（一）组织机构

"小空间与大理想"："中国梦"学生宿舍文化创建主题教育活动组委会由院党委领导担任，院团委、学生会各部门具体相互配合，形成了包含主题设计、活动宣传、过程管理、效果评估"四位一体"的组织体系。

（二）内容设计

"小空间与大理想"："中国梦"学生宿舍文化创建主题教育活动共分为三个模板：寝室文化上墙：以文化上墙为载体，发挥隐性教育的作用。社会主义核心价值观进寝室：以实践活动为载体，发挥显性教育的作用。党建进寝室：以学生党员为主题，发挥基层党支部的战斗堡垒作用和辐射作用。

1. 寝室文化上墙

宿舍是学生生活的主要场所，其作为客观物质空间而存在的属性是明显的，其承担的休息功能也是被广泛认可的。然而，学生宿舍的功能不能仅仅局限于休息功能，它还承担谋划学生发展需求的思想政治教育功能，蕴含着个体丰富的观念建构和实践意义。由于学生们对休息之外功能的普遍认识不足，片面地将学生宿舍看成私人空间，导致高校学生在宿舍生活中安全意识淡薄、生活习惯不佳、学习动力不足、人际关系不和谐等问题。

正是在这个层面上，实现"让学校的墙壁会说话"这一具有深刻内涵的隐性教育才变得更加迫切和有意义。生物医学工程学院实施寝室文化上墙活动，通过中华优秀传统文化、革命文化、社会主义先进文化和学科文化渲染与熏陶，让学生了解党史党情、国史国情、专业内涵，对学生进行思想政治教育、开展民族团结教育、加强人文素质培育、强化专业认同感，真正让"寝室的墙壁会说话"，让学生充分认识到宿舍的教育功能，让寝室文化墙成为引导青年学生树立中国梦远大理想的重要阵地。

寝室文化上墙工作从 2016 年年底开始构思，先后经过两轮论证和多次修改，最终围绕"学院宣传、服务宣传、思想宣传、专业宣传、典型宣传"等 5 个主题，设计了包括学院介绍、办事指南、习近平总书记寄语、生物医学工程学介绍、学科竞赛等 19 类、600 余块宣传板。

寝室文化上墙工作于 2018 年 5 月全部完成，此后定期进行更新与补充，将持续作为学院"以文化人、以文育人"的重要平台和主要窗口。

2. 社会主义核心价值观进寝室系列活动

党的十九大报告强调要"发挥社会主义核心价值观对国民教育、精神文明创建、精神文化产品创作生产传播的引领作用，把社会主义核心价值观融入社会发展各方面，转化为人们的情感认同和行为习惯。"① 早在 2013 年，中共中央办公厅在《关于培育和践行社会主义核心价值观的意见》中就要求把培育和践行社会主义核心价值观融入国民教育全过程，强调注重发挥校园文化的熏陶作用。

为了与寝室文化上墙所彰显的隐性教育与静态教育相互补，发挥显性教育与动态教育的作用，生物医学工程学院实施了"社会主义核心价值观进寝室系列活动"。该活动以培育和践行社会主义核心价值观为主线，对社会主义核心价值观进行生活化培育整合，通过开展"爱国·敬业"系列活动、"富强·文明"新媒体寝室风采大赛、"和谐·友善"寝室公约大赛、"民主·自由"趣味辩论赛、"公正·诚信"红色电影配音大赛、"法治·平等"专题教育等系列活动，以学生宿舍生活为视角，大力培育和践行社会主义核心价值观，不断推动中华优秀传统文化和校园文化创造性转化、创新性发展，不断构筑中国精神、中国价值、中国力量，为青年学子提供"中国梦"精神指引。

（1）"爱国·敬业"系列活动。实施党员寝室挂牌制度、深入开展"两访两创"工作、实施党员结对帮扶计划、组织寝室文明征集大赛，启动"标兵寝室""优良学风寝室"评比工作，传递"寝室是大学里的最小国，学习是大学生第一职业"的爱国、敬业理念。

（2）"富强·文明"新媒体寝室风采大赛。以新媒体的形式，结合学院文化内涵、育人工作平台、专业学科特点、学业课程设置，展现"富强而文明"的寝室风采。

（3）"和谐·友善"寝室公约征集大赛。通过个人创造、集体协商制定寝室公约，增进寝室成员的关系，引导寝室成员相互理解、相互尊重、相互帮助、共同进步，营造"和谐而友善"的寝室氛围。

（4）"民主·自由"趣味辩论赛。以"学校检查学生寝室利大于弊还是弊大于利""大学寝室按时断网利大于弊还是弊大于利"等学生宿舍生活最为常见的议题为辩题，开展以宿舍为单位的趣味辩论赛，将学生平日私下议论的话题摆到台面上，通过适当把握舆论导向，引导学生正确认识学校管理制度的重要性、必要性、科学性和合理性，全面认识寝室生活的"民主与自由"。

（5）"公正·诚信"红色电影配音大赛。以抗战时期红色电影和新时代主

---

① 习近平. 决胜全面建成小康社会夺取新时代中国特色社会主义伟大胜利 [J]. 党的十九大报告辅导读本 [M]. 北京：人民出版社，2017：41-42.

旋律电影为素材，通过还原电影中的场景，倡导学生在选择与诱惑多元化的当下，坚守"公正与诚信"的底线。

（6）"法制·平等"专题教育。重点面向毕业生和在校外兼职的学生开展。部分大学生法律意识淡薄，维权意识不足，在社会中很容易上当受骗。本项活动通过以学生宿舍为单位，开展法治宣传知识竞赛，举办法治与平等专题讲座，强化学生的法律意识与法治思维，强化学生的人人平等观念，学会用法律去维护自己的权益。

3. 党建进寝室

2016年2月，中共中央印发《关于在全体党员中开展"学党章党规、学系列讲话，做合格党员"学习教育方案》，部署深入开展"两学一做"学习教育，提出把思想教育放在首位，抓住"关键少数"，抓实基层支部，突出日常教育，把"四个合格"党员标尺立起来，领导干部骨干带头作用、基层党组织战斗堡垒作用、党员先锋模范作用进一步发挥。2017年3月，中共中央办公厅又印发《关于推进"两学一做"学习教育常态化制度化的意见》，强调各级党组织要教育引导广大党员按照"四讲四有"标准，做到政治合格、执行纪律合格、品德合格、发挥作用合格，爱岗敬业、履职尽责，服务群众、奉献社会，敢担当、敢负责、敢作为，在促进改革发展稳定中做表率、当先锋。

为充分发挥学生宿舍教育管理中"关键少数"（学生党员）的作用，生物医学工程学院实施"党建进寝室"工作，以党建工作为抓手，以学生宿舍为切入点，拓展拓宽拓深党建和思想政治教育工作范围，推动党组织成为学生工作主心骨，党员成为学生学习生活带头人，育人成为寝室党建主题词，构建"全员、全程、全心、全媒、全域"立体全覆盖和过程全贯通的"五全"育人工作体系，不断强化党支部的战斗堡垒作用，不断提高学生党员的身份意识、责任意识、服务意识和表率意识，不断促进对青年学生的思想引领、学风引领和行为引领，以党员为核心，辐射引导广大青年学生自觉践行"中国梦"。

（1）党组织成为学生工作主心骨。一是楼栋党小组成为学院学生工作的前沿阵地。以学生党支部为依托，根据党员专业特点、住宿结构，分别在学院集中居住的宿舍楼栋建立党小组，并出台《生物医学工程学院党建进寝室工作方案》《生物医学工程学院学生寝室党小组工作条例》等制度，理清工作思路，明确实施职责、考核评估、奖惩激励，推进纵深发展，增强楼栋党组织的统筹能力，将党建工作有机融入学生自我管理、自我教育中。二是党员教育发展成为学生理想信念教育的重要平台。每名入党积极分子都有一名同楼栋学生党员担任入党培养考察联系人，实现从过去主要侧重思想、行动的考察转变为生活上和寝室中的带头作用全方位的考察培养，有效落实学生党员发展"控制总量、优化结构、提高质量、发挥作用"十六字方针，使这一做法成为创新培养党组织后备力量的有效方法。三是寝室学生工作成为提升学生工作能力的实践场景。学院党委结合寝室工作实际和党小组工作职责，为党员购置了充足的党建读物和学习资料；组织党员开展与学生宿舍教育管理工作密切联系的消防疏散、医疗急救、心理干预、舆情引导等方面培训，帮助学生党员骨干完善知识结构，增强实践能力，提高工作水平。

（2）党员成为学生学习生活带头人。一是完善楼栋党员网格体系。基于学校实行的片区三级网格管理机制，学院建立起与之相对应的"楼栋长—楼层长—寝室长"三级网格管理机制，以楼栋、楼层、寝室为口径，以党小组、学生党员联络员为主体，构建多层次、立体式党组织模式。楼栋长、楼层长和联络员均由（预备）党员、党员发展对象、入党积极分子担任。二是树立党员榜样示范形象。实施学生党员寝室挂牌制度，在党员寝室门口挂牌"党员示范寝室"，强化党员寝室的示范作用；明确党员在安全稳定、文明卫生、学风室风营造、民族团结进步创建等方面的工作职责，实行党员包干，寝室全覆盖；支持协助学院及生活辅导员的工作，全面参与寝室日常管理与文化建设。三是开展民族团结帮扶活动。全体学生党员每人联系 2 名同楼栋边疆少数民族地区学生，通过开展融"思想引导、学业辅导、生涯指导"为一体的传帮带帮扶活动，不断加强民族团结教育。2016 年和 2017 年，学院边疆少数民族地区学生共荣获 10 余项校级奖励、30 余项院级奖励。

（3）育人成为学生宿舍党建主题词。一是党建引领学生宿舍学风建设。除常规的日常教育活动外，学院重点组织开展学生宿舍文化设计大赛，根据学院文化内涵、育人工作平台、专业学科特点、学业课程设置，将学生共同体意识培育教育融入丰富的寝室文化中。二是党建引领寝室文明创先争优。围绕"自我教育、自我管理、自我服务、自我监督、自我成就"体系，学院出台了《生物医学工程学院寝室文明检查及评优评先办法（试行）》，将文明寝室评比常态化制度化，实行"党员带头"制度，采取"集中＋随机"模式，组织开展"寝室互访互评"创优、"星级寝室"评选等活动，设置专项经费，奖励在民族团结、优良学风室风、文明卫生等方面表现优秀的宿舍，授予相关荣誉称号并挂牌，激发学生集体荣誉感，营造良好学生宿舍文化氛围。三是党建引领寝室特色与个性发展。在党员宿舍挂牌的"专属名片"基础上，学院党委进一步扩大标语覆盖面，为每一间宿舍准备了内容不同、具有人文气息和生活情怀的"通识标语"作为宿舍名片，在潜移默化中、举手投足间引领同宿舍同学个性发展、特色发展。

四、实施成效

（一）转变了思想认知，宿舍文化创建走向自觉

"小空间与大理想"："中国梦"学生宿舍文化创建主题教育活动，坚持隐性教育与显性教育相结合，坚持学生党员"关键少数"和广大青年学生相结合，实现了全员参与、全员覆盖、全程贯通，有力提高了学生参与宿舍文化创建的主观能动性，有力拓宽了学生对宿舍文化创建的理解，从传统局限的安全隐患排查与内务装饰美化转变为真正的文化氛围营造。

（二）提高了专业认同，学风建设成效明显

学生宿舍生活中个体的行为很容易受到其他个体的影响，学生宿舍作为学习生活互动场所，为学生提供了行为参考和群体压力。良好的宿舍学习氛围可以形成示范、引导和激励，因此，通过加强学生宿舍文化建设促进良好学风的形成，也是我国各高校教育管理者的普遍共识。"小空间·大理想"："中国梦"学生宿舍文化创建主题教育活动，注重在宿舍文化建设中宣传学院、宣传学科、宣传典型，使得新生在入校之初，就能够了解到学科发展趋势和动向，能够提高专业认同感，继而进一步促进宿舍的学风建设，带动第一课堂的学风建设，成效显著。以 2017 年为例，在课堂考勤方面，2017 年共抽查学生课堂 947 次，课堂平均出勤率为 98.06%。在升学深造方面，2017 届和 2018 届毕业生中，均有 40 余人考取包括浙江大学、华中科技大学、北京航空航天大学、电子科技大学、中山大学等著名高校的硕士研究生，考研录取率均在 20% 以上。在创新实践活动方面，2017 年有 54 人次荣获国家级及以上奖励 12 项，省级奖励 22 项，获奖数量同比增长 22 人次，获奖质量再创新高。

（三）促进了民族团结，深化"五个认同"教育

生物医学工程学院少数民族学生比例高达 70% 以上，来自边远地区、民族地区学生多。"小空间与大理想"："中国梦"学生宿舍文化创建主题教育活动引导各民族学生在宿舍相互理解、相互支持、相互帮扶、友好相处，促进各民族同学交往交流交融，有效完善了"五个认同"教育体系。

（四）拓宽了育人空间，开拓新的育人空间

"小空间与大理想"："中国梦"学生宿舍文化建设主题教育活动的持续有效开展，以学生宿舍为全新阵地与视角，引导各民族青年学生在寝室生活中

树立正确的世界观、人生观和价值观，进而将育人效果辐射到大学生活各个方面，引导青年学生坚定理想信念，志存高远，脚踏实地，勇做时代的弄潮儿，在实现中国梦的生动实践中放飞青春梦想，在为人民利益的不懈奋斗中书写人生华章。

五、应用价值及发展愿景

"小空间·大理想"："中国梦"学生宿舍文化创建主题教育活动深入探索新形势下思想政治教育新思路，按照"小空间培育大理想，小空间成就大理想"的总体创意，整合隐性教育和显性教育功能，推动动态教育和静态教育相融合，探索以学生宿舍基点，开展"中国梦"文化育人活动，已经打造成为生物医学工程学院"五全"育人的重要平台和载体。

（一）进一步探索宿舍教育管理新理念

学生宿舍管理处于学校安全保障的末端位置，学生宿舍的安全稳定保障功能是其他各项功能的基础，民族院校学生宿舍管理还需要引导具有不同民族风俗习惯的学生加强交往交流交融。在传统的学生宿舍管理中，往往比较注重以制度规定约束学生行为，通过检查或抽查学生宿舍，杜绝在宿舍使用违规电器、养宠物等违纪行为；通过反复宣传强调，来加强宿舍内务卫生。学生对宿舍文化创建的主观能动性不高，创建效果也较为局限。"小空间与大理想"："中国梦"学生宿舍文化创建主题教育活动着力推进"重管理轻服务"理念向"管理服务并重"理念转变，切实"围绕学生、关照学生、服务学生"，从"检查学生寝室"向"了解寝室需求"转变，从负向的"警告学生不能做什么"向正向的"鼓励学生关注什么"转变，从"刚性的制度"向"刚性的制度和柔性的管理相结合"转变，不断探索学生宿舍教育管理新模式。

（二）进一步创新校园文化建设新维度

民族院校的校园文化是各族师生共享文化背景、融入个体情感、构建共同记忆、塑造共同愿景的超级"文本"。无论在主观上还是客观上，学生宿舍文化创建都是校园文化的重要组成部分，也是参与学生数量最多、范围最广的文化建设部分。传统的宿舍文化建设活动主要集中在宿舍卫生评比，宿舍空间装扮和宿舍视频设计大赛等方面，宿舍文化建设层次和内涵难以推向更高层次。"小空间·大理想"："中国梦"学生宿舍文化创建主题教育活动以"中国梦"为指引，引领广大青年学生践行"中国梦"，突破了传统的宿舍文化建设活动的局限性。

（三）进一步丰富学生党建工作新阵地

党建进学生宿舍是高校推进"两学一做"学习教育常态化制度化的有效措施，是高校对思想政治工作和学生党建工作全覆盖的一次有力拓展，也是对学生党建工作和宿舍管理工作的一次有益尝试。"小空间·大理想"："中国梦"学生宿舍文化创建主题教育活动充分发挥学生党员的能动作用，引导学生党员开展工作，将宿舍建设成文化认同、生活交流、情感交融、行动互助、成长共进场所，在激励学生"自觉、自律、自信、自强"和宿舍优良室风、学风的形成等方面发挥了重要作用。

"十一同"民族团结进步创建进寝室育人实践

民族团结是民族院校的生命线。习近平总书记在 2014 年中央民族工作会议上重要讲话中指出，"加强各民族交往交流交融，尊重差异、包容多样，让各民族在中华民族大家庭中手足相亲、守望相助"。[①] 民族团结进步创建活动的目标就是要实现各民族学生相互尊重、理解、信任、友好相处、共同发展。寝室是大学生学习、生活、交流最基础单元，在寝室，大学生表现自我最真实、最充分、最自由，人际交往最频繁、最直接、最深入。寝室已成为大学生成长和行为习惯养成的重要场所，被誉为"学生的第一个家，第二个社会，第三个课堂"。因此，民族团结进步创建的目标和寝室的功能在本质上是一致的。

一、案例综述

我校一贯坚持大学生思想政治教育改革创新，积极推进大学生思想政治教育的理念思路、内容形式、方法手段创新，增强工作的时代感和实效性。学校深刻认识到学生寝室的育人功能，通过开展以寝室为载体的民族团结进步创建活动，将寝室文明创建与民族团结进步创建活动互嵌起来，使大学生增进交往交流交融，相互了解、尊重各民族的文化习俗，增强文化认同，培育互帮互助精神，强化集体生活理念和技能，营造健康、活泼、文明的生活文化氛围，提升寝室文化内涵，提高学生文明修养，实现寝室文明建设与学

---

① 中央民族工作会议暨国务院第六次全国民族团结进步表彰大会在京举行 [EB/OL]. 新华网，2014-09-29.

风建设的良性循环，推进社会主义核心价值观教育大众化、日常化、具体化、生活化，真正使社会主义核心价值观内化于心、外化于行。

从 2016 年开始，学校深入开展了《民族团结进步创建进学生寝室系列活动》（以下简称"系列活动"），推进"十一同"（团结同心、生活同行、困难同渡、节日同庆、学习同步、语言同学、民俗同尊、娱乐同享、校园同护、纪律同守、和谐同建）寝室文化建设，将大学生寝室的文明建设与民族团结进步创建活动有机结合起来，着力在社会主义核心价值观培育与育人实践的结合融入上下功夫，将寝室建设成为各族学生相互学习、相互激励、相互帮扶的场所，努力营造各民族学生共居、共学、共事、共乐的校园氛围，增强各民族学生对伟大祖国、中华民族、中华文化、中国共产党、中国特色社会主义的认同，实现各民族学生就寝上同舍、文化间认同、生活中交流、情感上交融、行动上互助、成长中共进。

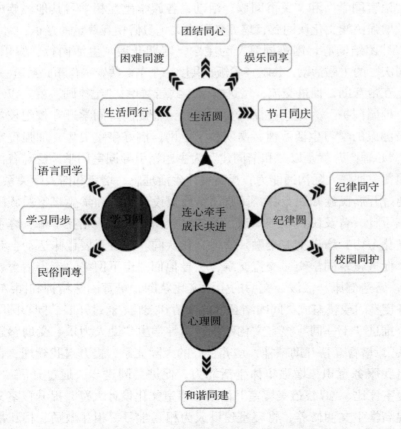

图 1-2　"同心圆"结构图

二、案例理念与思路

"系列活动"包括"同心圆"帮扶活动、"寝室杯"民族知识竞赛、"寝室杯"趣味运动会、"寝室杯"民族团结海报设计大赛、"寝室杯"征文比赛（校级）、"同心圆杯"寝室文化设计大赛、"宽和杯"寝室风采大赛暨寻找最美寝室活动、学生寝室民族团结文化氛围设计等活动。八个活动都是围绕"同心圆"、立足加强"十一同"寝室文化建设来开展的，各个活动主题不同，但相互配合、相互支撑。

"系列活动"以"同心圆"为核心，以推进"十一同"寝室文化建设为根本。"同心圆"以"连心牵手、成长共进"为圆心，分为"学习圆""生活圆""纪律圆""心理圆"四个"圆"。"学习圆"就是以"学习同步"为目标，开展"一对一""多帮一"的学习帮扶活动，不让一个人掉队。同时，定期组织各寝室开展"语言同学"和"民俗同尊"活动，各族学生互相学习其他民族的语言文化，增强民族文化认同感，培养各民族文化习俗相互尊重的意识；"生活圆"就是以"团结同心、困难同渡"为主题，定期开展"生活同行、娱乐同享、节日同庆"的主题活动，共吃一餐饭，共度一个节，共娱一件事，互送一件礼，生活上互帮互助，促进交流，增进友谊，共居共融；"纪律圆"就是以"纪律同守、校园同护"为理念，深入交心谈心，督促同室同学遵守校纪校规，养成积极健康的学习生活习惯，文明科学上网，搞好寝室卫生，加强寝室文明建设；"心理圆"就是以"和谐同建"为主题，引导同室同学广泛与各民族学生交朋友，加强人际沟通能力，提高集体生活理念，培育和谐人际关系。

通过开展民族知识竞赛、民族团结海报设计大赛和学生寝室民族团结文化氛围设计，普及民族团结知识，营造民族团结氛围，相互了解、尊重各民族的文化习俗，增进交流交融，增强文化认同。通过开展趣味运动会和征文比赛，促进寝室同学交往交流交融，引导他们"走下网络、走出宿舍、走向操场"，营造健康、活泼、文明的生活文化氛围，培育团队精神和团结意识，增进各寝室间或寝室成员间团结互助的亲情和友情；通过开展"同心圆"帮扶活动，推进"十一同"寝室文化建设，引导学生"助人为乐、受助感恩、美美与共"，培育互帮互助精神，培养良好的人际关系，提升自我管理、自我教育、自我服务意识，增强集体生活能力，促进共同进步。通过开展"七彩"文明寝室评比、"寻找最美寝室"活动、寝室文化设计大赛，提升寝室文化内涵，提高学生文明修养，将寝室建设成为相互学习、相互激励、相互帮扶的场所，努力实现寝室风气与学风建设良性循环。

三、案例设计与实施

（一）时间安排

"系列活动"从每年 4 月开始，到 12 月结束，贯穿全学年。民族知识竞赛、民族团结海报设计大赛、民族团结趣味运动会、征文比赛在 4—5 月举办；寝室风采大赛暨寻找最美寝室活动从 4 月开始宣传征集创建，12 月评选；学生寝室民族团结文化氛围设计每年 5—6 月进行；寝室文化设计大赛每年 10—11 月举行。

（二）组织机构

"系列活动"由国家民委民族团结进步创建活动研究中心、学校党委宣传部、学生工作部（处）、团委、经济学院主办，经济学院主要承办。领导小组组长由 2 名校领导担任，成员由主办单位主要负责人组成。

（三）宣传保障

为营造创建活动的浓厚氛围，建立了"一日、一周、一月"民族团结进步宣传教育创建活动平台，把每年 11 月 29 日（校庆日）定为学校"民族团结日"；把每年 4 月第四周定为学校"民族团结进步创建活动宣传周"；每年 5 月定为学校"民族团结进步创建活动月"。

（四）设计与实施

1. "同心圆"帮扶活动

帮扶活动结合学业帮扶、志愿者服务活动来开展。选拔学习成绩好、工作能力突出、交流沟通能力较强的帮扶志愿者，采取主动出击、对结交友的方式，走进寝室，重点帮助成绩后进型、家庭贫困型、交往困难型和纪律松散型的学生，切实帮助他们解决学习基础薄弱导致的学习困难、语言能力不足导致的交往交流交融困难、集体生活理念与技能不足导致的宿舍人际关系紧张、自信心和行动力不足导致的学业规划与生涯发展欠缺等实际问题，营造互帮互助、共居共融、共学共进的氛围。

2. "寝室杯"民族知识竞赛

2016 年，参赛的同学必须以寝室为单位进行报名，不接受个人报名，比赛分初赛和决赛。初赛以笔试的形式进行，比赛试题均出自大赛组委会提供的题库，一个寝室一台电脑，寝室成员共同作答。决赛共分为 3 轮："团结就是力量""狭路相逢勇者胜""巅峰对决"。入围决赛的队伍需要在各环节内通过轮流答题、举板答题、抢答等方式赢得更多的分数，争夺冠军席位；2017 年，民族知识竞赛形式进一步创新，要求在规定时间段以在线考试的形式进行，并以寝室为单位统一答题，寝室成员原则上在自己寝室通过访问校园网答题，本次在线考试分别组织模拟考试与正式考试。

3. "寝室杯" 趣味运动会

2016 年比赛分初赛和决赛。初赛以寝室为单位，比赛内容为定点投篮、集体跳绳、单人毽球。以上三项成绩总和作为最终成绩，男女生寝室排名各前十名进入决赛。进入决赛的寝室中，一男生寝室和一女生寝室抽签组成一个小组，组队进行比赛。决赛共分为 "横行天下" "昂首阔步" "乒乓接力" "投壶冶心" "探墨得金" "勇往直前" 6 个项目，参赛队伍用时最少者为冠军。2017 年，参赛者以寝室为单位，4 人（多于 4 人的派 4 人参加）一组进行比赛。比赛还增设了男子趣味上篮接力、男女集体跳绳、女子趣味毽球、班级 "不倒森林" 四个项目。

4. "寝室杯" 民族团结海报设计大赛

参赛作品形式多样，纸质档（手绘、剪纸等）、电子档均可。要求所有参赛作品内容必须为原创，以 "民族团结" 为主题，内容积极向上。在作品评比环节，采用微信投票方式，加强宣传。优秀作品张贴到学生寝室楼道中，积极营造民族团结氛围。

5. "寝室杯" 征文比赛

比赛以寝室为单位进行，参赛作品体现寝室文化生活，反映各寝室间或寝室成员间团结互助的亲情、友情，记述身边乐事、趣事等，展现我校学生积极向上的精神风貌。语言流畅，内容充实，文字精炼，要有真情实感。

6. 学生寝室民族团结寝室文化氛围设计

在各学生寝室楼梯口、大厅及走廊等处，设置民族团结宣传板，宣传板内容为：党和国家历届领导人关于民族团结的讲话内容；各民族风俗习惯和传统文化基本介绍；民族团结知识、标语和图片；民族团结模范集体和先进个人相关事迹；"寝室杯" 民族团结海报设计大赛优秀作品。

7. "宽和杯" 寝室风采大赛暨寻找最美寝室活动

"七彩" 文明寝室分为好学红、活力橙、阳光黄、自然绿、文艺青、柔水蓝、高贵紫等七类文明寝室。"最美寝室" 分为 "团结友爱" "文明卫生" "热心公益" "笃信好学" "助人为乐" "文化特色" 等六类最美寝室。

8. "同心圆杯" 寝室文化设计大赛

参赛寝室紧扣寝室文化内涵和 "十一同" 寝室文化，设计内容为 "七个一"：一份寝室公约、一组寝室风采照片、一张全体成员合影、一张寝室成员民族成份的手抄报、一副寝室文化作品、一段寝室生活微视频、一项由成员共同完成的特色项目（活动）成果展。

四、案例实施成效

（一）学业帮扶成效显著

在 201—2016 学年度第一学期期末考试中，经济学院有 105 名同学挂科 2 门以上。经过一个学期"同心圆"帮扶，2015—2016 学年度第二学期，学生中有 49 人挂科门数明显减少，占比 47%；64 人加权平均分有明显提高，占比 61%，其中提高 10 分以上的有 25 人，占比 25.7%，有 1 名同学提高了 40 分。2016—2017 学年度第一学期期末考试中，经济学院学业预警人数为 174 人，经过一个学期"同心圆"帮扶，2016—2017 学年度第二学期，学院学业预警人数为 157 人，解除预警 45 人，预警级别降低 18 人。

（二）活动满意度高

活动结束后，对参与"系列活动"的同学随机发放《民族团结进步创建进学生寝室系列活动满意度调查问卷》。2016 年共计发放 200 份，回收有效问卷 184 份（其中，少数民族学生 109 人，汉族学生 75 人），具体数据如下：

	非常满意（%）	比较满意（%）
"寝室杯"民族知识竞赛	26	61
"寝室杯"趣味运动会	42	51
"寝室杯"民族团结海报设计大赛	47	31
"同心圆"帮扶活动	53	38
"宽和杯"寝室风采大赛暨寻找最美寝室活动	62	28
"同心圆杯"寝室文化设计大赛	75	18

2017 年"系列活动"后，对参与活动的同学进行了随机分类调查。每项活动分别向参赛学生发放问卷 200 份，具体数据如下：

	非常满意（%）	比较满意（%）
"寝室杯"民族知识竞赛	42	48
"寝室杯"趣味运动会	47	48
"寝室杯"征文比赛	45	44

续表

	非常满意（%）	比较满意（%）
"寝室杯"寝室文化设计大赛	49	48
"同心圆"帮扶活动	55	36
"宽和杯"寝室风采大赛暨寻找最美寝室活动	66	27

（三）活动效果突出

通过本案例系列活动，在增进各民族同学文化认同、情感交流、互帮互助、文明卫生等方面效果突出。参与调查的 184 人中，认为参加本案例活动后对宿舍人际关系非常有改善及比较有改善的占比为 87%；具体在哪些方面得到有效改善的多选题中，文明卫生占比 64.7%，安全纪律占比 43.5%，学习态度占比 40.8%，精神状态占比 40.8%，文化认同占比 37.5%，团结友爱占比 52.7%。在活动过程中，经济学院涌现出很多典型的帮扶案例：经济学院金融学 1303 班男生宿舍 4B117 寝室就是最好的帮扶典型。四个男生互帮互助，相互关爱，共同参加课外活动，学习上互相帮助。四人共同参加"寝室杯"民族知识竞赛获第一名，趣味运动会获得第一名，寝室文化设计大赛获得二等奖。四人曾荣获国家励志奖学金、专业奖学金，多次被评为"校三好学生"。最终四个男生分别被康涅狄格大学、英国伯明翰大学、华中师范大学、中南财经政法大学录取攻读硕士研究生。2013 级学生党员何山志愿帮扶藏族学生尼玛多吉，他每天督查尼玛多吉坚持上课，并在课后帮助他完成作业以及预习好课程内容。经过一年多的帮扶，多吉的精神风貌改变了很多，端正了学习态度，并坚持上课。同时，何山还帮多吉准备公务员考试资料、下载学习视频，最后多吉考取了西藏自治区的大学生村官。新疆籍同学沙拉依丁·阿力木江原是 2013 级同学，因为学业困难留级到 2014 级金融学专业。2014 级金融学专业同学石玥每周对他进行两个多小时的辅导，平时也会用及时提醒他选课、补考、考试等。经过长时间的帮扶，沙拉依丁同学的不及格门数逐步减少，成绩有明显提高，最后达到了提前毕业（与 2013 级同学一起毕业）的条件。

（四）社会影响广泛

中国民族报、中国民族宗教网、国家民委官网、中国教师人才网、民族团结进步创建活动中心网等媒体对"系列活动"进行了报道，并在全国民族团结进步创建活动理论与实践创新暨武陵山片区示范区建设学术研讨会上进行了交流发言，产生了广泛的社会影响。

（五）理论与实践相结合

"系列活动"得到校党委宣传部和学工部的大力支持，是校党委宣传部"一院一品"活动重点项目，是校学工部（处）学生工作精品项目重点资助项目，被立项为 2016 年湖北省学生工作精品重点资助项目——"民族团结进步创建活动进学生寝室（2016XGJPF2008）"和国家民委民族团结进步创建活动研究中心资助课题，并被学校推荐参加 2017 年教育部践行社会主义核心价值观典型案例评选以及 2017 年省教育厅关于学习贯彻党的十九大精神、开展"国情教育"大调研典型工作案例等评选。

五、案例思考与展望

（一）案例典型特征

1. 互嵌性与融合性相协调

学生寝室文明创建一直是高校的重点和难点，各高校出了不少的硬招、实招和绝招，但高校学生寝室时不时发生像"XX 大学杀人案"之类的案件，引起了社会的高度关注。本案例注重把大学生寝室文明创建与民族团结进步创建互嵌起来，把社会主义核心价值观培育与育人实践融合起来，通过开展以"同心圆"为核心内容的系列活动，推进"十一同"价值观进寝室，引导各民族学生相互了解、相互尊重、相互包容、相互欣赏、相互学习、相互帮助，营造互帮互助、共居共融、共学共进的氛围。

2. 民族性与文化性相融合

民族高校半数以上学生为少数民族，民族团结教育是学校工作的主旋律。由于各民族学生在语言、生活习惯、民族风俗、思想文化和价值观等方面存在差异，给各民族学生相互适应、相互理解和相互接受带来一定的困难。为此，"十一同"教育根据各民族学生的心理特点，以大学生可以接受、乐于接受的方法来开展，注重引导学生了解、尊重其他民族的历史文化、风俗习惯和价值观念，降低排他性，提升包容度。在对少数民族习俗加深了解的同时，与各民族学生增加来往、增进感情、促进交融。同时，本案例注重寝室文化内涵建设，积极推进"十一同"健康文化和集体文化建设，引导各民族大学生相互学习、相互欣赏、取长补短，不断增强各民族学生对少数民族优秀传统文化和中华文化的认同感和自豪感。

3. 生活化与具体化相结合

社会主义核心价值观的培育和践行不能用"漫灌式"教育方式，必须针对大学生的特点，多做"滴灌式"式的教育，在培育内容、形式、载体和方法上创新，将践行工作重心下移，融入生活，突出生活化和实体化，增强渗透性。本案例通过民族团结进步创建活动走进大学生寝室，以寝室为培育的载体，具体践行落实到"十一同"，使社会主义核心价值观培育和践行与大学生寝室生活、文化认同、学风营造、纪律教育、心理健康教育等对接起来，多类教育方式相互交叉融合，切实增强社会主义核心价值观培育和民族团结进步创建活动的针对性、实效性。

（二）案例推广价值

本案例成果可以在民族院校、湖北省高校以及其他普通高校推广应用。同时在以下三个方面进行改进。

一是在活动的形式和内容上进行调整。调查显示，8.6%的同学认为系列活动耗时间和精力，没时间参加。因此，可以适当降低活动难度，减少活动数量，改变活动方式，树立品牌意识。

二是在组织宣传上要更加细致深入。系列活动中大多数活动都是以寝室为单位来报名参赛的，有些同学想参赛，但得不到同寝室其他同学的响应，这样就造成了想参赛的同学无法参赛。因此，今后需要在宣传动员组织上更加创新，深入细致地开展思想工作，动员寝室同学分类参赛。

三是培育和践行社会主义核心价值观还需要多方配合。本案例单靠学工队伍显得力量单薄，还需要民族理论专家和思想政治教育专家的支持和参与，提升活动的文化内涵，充实鲜活内容，抓好贯穿融入，推动实践养成。

"五色年华　美美与共"：少数民族大学生骨干训练营
——少数民族大学生骨干培养的实践与探索

习近平总书记在全国高校思想政治工作会议上指出，高校思想政治工作关系高校培养什么样的人、如何培养人以及为谁培养人这个根本问题。为培养一批思想红、三观正、能力强、素质过硬的少数民族学生骨干，在服务和促进民族地区、祖国边疆繁荣发展中贡献民大智慧及力量，为我国民族地区经济社会发展培养和输送一批少数民族优秀干部，学校党委学生工作部选拔了一批政治可靠、能力较强、发展意愿强烈、在学生中有影响力的少数民族学生，创办了少数民族学生骨干训练营。

一、理论依据

以"精致育人"理念作为理论依据。"精致育人"理念是对大学教育主体的确认与回归，将人的全面发展作为终极目标，将师生共同置于主体地位。马克思在《1844 经济学哲学手稿》中论证了人的全面发展并指出，教育是造就人的全面发展的唯一方法。人的全面发展包括人的需要的全面发展、人的素质的全面发展和人的本质的全面发展，归根到底是由人的本质的全面发展所决定的。马克思认为，人的本质"在其现实性上，它是一切社会关系的总和"[①]。个人全面发展的核心内涵是实现个体的全面发展，对大学而言，这就要求思想政治教育要提升引导和服务意识，弱化训导式教育模式，激发学生成长发展的主体性，既要把握大学生群体的共性，又要高度关注不同个体独特的个性，既要发挥整体教育的优势，又要做到因材施教。

"精致育人"理念是现代管理学中的精细化管理理论在学生思想政治教育中的应用。现代管理学认为，科学化管理有三个层次：第一个层次是规范化，第二个层次是精细化，第三个层次是个性化。"精致育人"以"精、准、细、严"为基本原则，要求管理工作做到制度化、规范化、标准化、流程化，强调执行力和绩效评估。大学生思想政治教育作为一项育人的工程，教育对象的个体差异决定了思想政治教育工作的层次性、多样性、复杂性和长期性。因此，少数民族学生骨干训练营，作为关照少数民族学生骨干四年成长的服务性、指导性范本，更要体现出精益求精的精细化工作理念和教育要求。依据特征差异对少数民族学生骨干进行分类指导，以达到精心育人的目的，突出了以学生的精英培养采取不同的引导方式，具体问题具体分析，更有助于深化大学生思想政治教育的内在要求，探索大学生成长成才的内在规律。

二、育人理念

（一）费孝通先生"各美其美、美人之美，美美与共、天下大同"的人类共同体理念的构建

著名社会学家、人类学家、民族学家费孝通先生关注人类命运，认为包容和协作应当是 21 世纪人类社会发展的主题。从而提出"各美其美、美人之美，美美与共、天下大同"的美好愿景。费孝通先生曾"在孔林里反复地思

---

① 马克思恩格斯文集：第 1 卷 [M]. 北京：人民出版社，2009：501.

考"："看来当前人类正需要一个新时代的孔子了。新的孔子必须是不仅懂得本民族的人，同时又懂得其他民族、宗教的人。他要从高一层的心态关系去理解民族与民族、宗教与宗教和国与国之间的关系。"① 我国是一个统一的多民族国家，我校是一所拥有 56 个民族的综合性大学，各民族之间文化交汇贯通、相互尊重，建立少数民族骨干训练营，就是要加强不同民族文化之间的对话与交流，使各民族相互了解、相互尊重、相互包容、相互欣赏、相互学习、相互帮助，像石榴籽那样紧紧抱在一起。充分发挥中华优秀文化的浸润作用，推动人类跨文明理念的构建。

（二）习近平总书记关于"铸牢中华民族共同体意识"的系列重要论述

党的十八大以来，习近平总书记多次强调，"解决好民族问题，物质方面的问题要解决好，精神方面的问题也要解决好"。"加强中华民族大团结，长远和根本的是增强文化认同，建设各民族共有精神家园，积极培养中华民族共同体意识"。② 在党的十九大报告中，习近平总书记再次强调，"全面贯彻党的民族政策，深化民族团结进步教育，铸牢中华民族共同体意识，加强各民族交往交流交融，促进各民族像石榴籽一样紧紧抱在一起，共同团结奋斗、共同繁荣发展。"③ 少数民族骨干训练营紧紧围绕民族团结这条生命线，牢固树立"三个离不开"的思想观念，促进各民族相互尊重、相互学习、相互合作，团结带领各民族同学心往一处想、劲往一处使，在校园里汇聚起维护国家统一、民族团结的正能量。

三、实施过程

（一）培养宗旨

少数民族学生骨干训练营紧紧围绕我校"三个面向、三个服务"的办学宗旨，从增强政治素质、提升思想境界、优化领导能力、拓宽格局视野等方面着手，以促进各民族学生成长进步、造就服务民族地区发展的精英人才为宗旨，创新培养模式，打造培养载体，培养具有高度自觉的少数民族政治精英，具有高度社会责任感的民族工作精英，促进各民族团结奋斗、共同繁荣、共同进步。

---

① 张颂之. 时代在呼唤着新的孔子 [J]. 中国文化研究，2002（2）.
② 习近平总书记在中央民族工作会议上的重要讲话 [N]. 人民网，2014–09–30.
③ 习近平. 决胜全面建成小康社会夺取新时代中国特色社会主义伟大胜利 [J]. 党的十九大报告辅导读本 [M]. 北京：人民出版社，2017.

（二）培养方式

1. 理论学习体系

坚持把青年大学生成长的一般规律与精英成长的特殊要求相结合。既要尊重青年大学生成长需要历经长期过程的一般规律，科学设计培养内容和方式，系统规划和推进各项工作；又要格外注重作为少数民族大学生骨干，需要具备较强的政治素质这一特定要求，着重加强理想信念教育、信仰立场、理论素养等方面的培养。

少数民族大学生骨干训练营创建于 2013 年，旨在把培育和践行社会主义核心价值观与加强对少数民族大学生骨干的思想政治教育结合起来，构建价值观、领导力、执行力、创新力四大理论素养课程模块，强化"五个认同"，引领学生成长；着重领导力培养，注重综合素质提升；强化自主管理，丰富未来选择；训练批判思维，培育创新精神。

2. 实践锻炼体系

坚持体验式教育与能力结构训练相结合。通过多种形式的社会实践等有效方式，对少数民族大学生骨干进行反分裂斗争教育、爱国主义教育、民族团结教育、党情党史教育、感恩励志教育及学生骨干工作技能与技巧等多方面内容的训练，传授观察、思考、分析问题的理论框架和基本方法；同时着重将体验式教育作为少数民族大学生骨干成长之路，通过素质拓展、志愿活动、岗位模拟、时事专题调研等方式，形势与政策讲座、座谈会、专题学习报告会等形式，培养和提升少数民族大学生骨干的学习研究、组织协调、人事工作能力以及大局观念和领导才能。

3. 成长发展体系

坚持组织培养与自我教育相结合。成长发展体系包含队伍建设、制度保障和信息共享三个方面，既要在培养期内有计划、分阶段地培养少数民族大学生骨干各方面的能力素质；又要充分调动少数民族大学生骨干的内在积极性与主观能动性，通过定期座谈会，交流成员成长中遇到的问题，及时排忧解难，为少数民族大学生骨干的个人全面发展提供持续关注与全面支持。同时，通过少数民族大学生骨干训练营这个平台，使他们相互了解，建立联系，在培养期结束后，为学校边疆少数民族地区校友工作的开展奠定基础。

四、实施成效

经过训练营的培训，强化成员自我教育、自我管理和自我服务能力。在加强教育培养的同时，注重培养成员的责任意识和服务意识，积极发挥少数民族大学生精英在本民族学生中的影响力和带头作用。引导少数民族大学生骨干训练营在学校的教育管理工作中，发挥积极作用。

（一）推动各民族青年之间的交往交流交融，营造各民族学生团结进步、积极向上的良好氛围，促进各民族青年学生团结友爱、和睦共进

一方面，利用寒暑假，组织各民族大学生骨干前往新疆、西藏、宁夏、广西、内蒙古等民族地区进行实践走访，先后组织学生党员骨干开展了"五践行"、家庭经济困难学生"同城互访·筑梦飞翔""爱在同城·携手远航"等社会实践活动，激励了少数民族大学生骨干奋发自强、感恩奉献，也增强了学生骨干的社会责任意识与实践能力，同时坚定了民族骨干学生"建设伟大祖国、建设美丽家乡"的宏伟志向。另一方面，发挥少数民族学生骨干训练营的特殊优势，搭建民族文化交流平台。学校组织开展由训练营自主组织的特色校园文化活动，如藏历新年晚会、诺鲁兹节、首届民族美食文化节、第二届民族风情文化展、第三届茶马古道民族缘、第四届丝路情缘文化节及第五届"五色华年"少数民族文化交流节等，活动由少数民族大学生骨干自主策划方案、组织实施，从海报设计、舞台布置到歌舞编排，鼓励他们带领各民族学生共同完成，使成员们的综合素质尤其是领导能力得到了极大锻炼，促进了各民族学生之间交往交流交融。相关活动受到本校各族师生及武汉市高校师生、群众的一致好评，受到《中国民族报》《长江日报》《楚天都市报》《武汉晨报》等媒体的关注，产生了较好的社会反响。

（二）及时准确掌握少数民族大学生的思想、行为动态与发展意愿，及时消除不和谐因素，维护安定团结的教育教学秩序

目前少数民族大学生骨干训练营已培养 7 名维吾尔族学生骨干、1 名藏族学生骨干、1 名彝族学生骨干留校；并先后向华中农业大学、武汉理工大学、中国地质大学、华中师范大学、武汉工程大学、河南师范大学等高校输送了 9 名新疆籍骨干毕业生，担任少数民族学生专职辅导员；向湖北省基层公务员单位输送了 7 名新疆籍优秀毕业生。少数民族大学生骨干培养方式得到了中央新疆办、教育部民族教育司、国家民委、湖北省教育厅的高度评价。北京市教委组织 60 所在京高校前来我校学习少数民族学生教育管理经验，武汉市公安局组织省内相关高校在我校召开少数民族学生教育管理经验交流现场会。

五、发展愿景

（一）进一步实现跨学校、跨学科、跨地区联合培养，突出"三个特别"民族人才培养目标

将培训框架深化拓展，重视人文素质教育，培育跨学科视野；整合武汉优质高教资源，搭建能力培训平台；瞄准民族地区人才需求，推动社会实践与民族工作无缝对接。注重培养少数民族学生组织管理能力、人际交往能力、创新能力以及应变能力，为加强民族团结和学校的稳定工作积攒中坚力量，努力将他们培养成为"明辨大是大非立场特别清醒"的践行者、"维护民族团结行动特别坚定"的建设者、"热爱各族群众的感情特别真诚"的带头人，为促进民族团结进步、实现共同繁荣发展做出应有贡献。

（二）进一步培养少数民族大学生骨干跨文化交流能力，深化"美美与共、天下大同"的理念

培养少数民族大学生骨干跨文化交际能力不仅是我国国情的需要，同时也是国际交往的需要。目前很多少数民族有识之士将传承本民族文化传统与积极学习其他民族的优秀文化相结合，努力探索国家一体化与民族文化多元化的和谐共进方案。少数民族大学生骨干训练营成员生源地广泛，每一位少数民族大学生骨干作为自己民族文化的代言人或民族文化的继承者，在多元文化场域发挥着文化传播的作用，为少数民族大学生骨干培养跨文化交流能力提供了客观的多元的人文环境。少数民族大学生骨干大部分还懂得本民族语言，部分学生接受过双语教育，具备了用少数民族语言进行书写交流的能力，这为他们跨语言跨文化交流提供了语言环境。

对于少数民族大学生骨干训练营成员来说，无论是出于自身发展还是民族和谐共处的需要，要促进国内各民族文化之间的交流与学习，从深层次上相互理解、宽容、彼此接纳，必须先要培养跨文化交流能力。在如此迅猛的全球化势态之下，少数民族地区也被整合进了全球化的政治经济体系之中，少数民族大学生骨干训练营成员都是民族地区经济社会的中坚力量，要使民族地区融入全球分工体系，必须具备国际化视野的跨文化交际能力。

"好巴郎"民族团结教育辅导员特色工作室建设实践

"好巴郎"民族团结教育辅导员特色工作室(以下简称"好巴郎"工作室)是学校学生学业发展中心以生命科学学院为依托开展大学生民族团结梦、祖国复兴梦宣传教育活动,引导各民族大学生共同学习、共同进步的成长平台。"巴郎",在维吾尔语中是指年轻的小伙子,而"好巴郎"工作室是生命科学学院创建"美美与共·中国梦"校园文化,促进边疆少数民族大学生的学业成绩提升与"五个认同"(对伟大祖国、中华民族、中华文化、中国共产党、中国特色社会主义的认同)教育的实践育人平台。

一、理论依据

工作室实践教育平台创建是基于人本主义教育理论在思想政治教育学科领域的重要作用,运用相关研究方法,立足于民族团结创建工作的实际,结合民族院校人才培养的根本任务,就做好边疆和人口较少民族大学生思想教育和学业发展所进行的实践与探索。

人本主义教育理论认为,人的发展是建立在自我认识、自我实现、自我超越基础之上的。人并不是被动地受到环境的制约,人具有创造性、主动性并能对自己的未来做出能动选择;人的本性为经验、无意识和情感所滋育。因此,人本主义教育理论对于民族院校大学生思想政治教育有着较强的应用借鉴价值。一是既要建立学生培养的相应制度,统一标准规范化管理,又要注重因材施教,强化成长的过程指导,尊重各民族学生的多元化、差异化、个性化的选择和需要,为各族学生提供多元化、个性化的成长帮扶。二是既要为学生的进步搭建成长平台,又要注重团结互助,建立相互嵌入式的互学氛围和互助环境,为各民族学生提供充分展现自我和共同进步的成长环境。

二、政策支持

党的十八大以来,以习近平同志为核心的党中央深入研究党和国家事业发展对民族工作提出的时代新命题,深邃思考并提出了一系列关于"五个认同"的重要论述。2014年5月在第二次中央新疆工作座谈会上,习近平总书记指出"要增强各族群众对伟大祖国的认同、对中华民族的认同、对中华文化的认同、对中国特色社会主义道路的认同"①。同年 9 月,中央民族工作会议上,习近平总书记再次明确指出"让各族人民增强对伟大祖国的认同、对中华民族的认同、对中华文化的认同、对中国特色社会主义道路的认同"②。2015年 8 月,习近平总书记在中央第六次西藏工作座谈会上指出:"不断增进各族群众对伟大祖国、中华民族、中华文化、中国共产党、中国特色社会主义的认同。"③2017 年 3 月 10 日,习近平总书记参加十二届全国人大五次会议新疆代表团审议并发表重要讲话,"要全面贯彻党的民族政策,高举各民族大团结旗帜,引导各族群众增强对伟大祖国、中华民族、中华文化、中国共产党、中国特色社会主义的认同,像爱护自己的眼睛一样爱护民族团结,像珍视自己的生命一样珍视民族团结,像石榴籽那样紧紧抱在一起"④。从"四个认同"的提出,到"五个认同"的论述,充分体现了习近平新时代中国特色社会主义思想对民族工作新规律的理论指导作用,是新时代民族团结创建工作的行动指南,具有丰富的教育内涵和政治使命,对于民族院校铸牢中华民族共同体意识,开展新时代大学生思想政治教育意义重大。党的十九大又进一步明确把"铸牢中华民族共同体意识"写入党代会报告,并写入随后新修订的《党章》之中,更是赋予新时代民族工作新的内涵和重大历史使命,这是民族院校大学生思想政治工作的新指引。

三、实施方法与过程

(一)实施方法

结合边疆少数民族学生的特点,通过探索建立非线性教育、触控式关爱、点阵型覆盖多维联动的运行机制,立足于各民族学生成长、成才、成人的实际需要,创新思想教育方法,在"三全育人"整体要求中构筑各民族师生共有精神家园。

1.实施非线性教育,做到因材施教

充分尊重边疆少数民族学生的多样性、差异性实际,采取多样化、个性化的非线性教育方式,因材施教,把"五个认同"教育融入学生学业质量提

---

① 习近平.在第二次中央新疆工作座谈会上发表重要讲话 [N].人民日报,2014-05-30.
② 中央民族工作会议暨国务院第六次全国民族团结进步表彰大会在北京召开 [J].中国民族,2014(10).
③ 习近平在中央第六次西藏工作座谈会上发表重要讲话 [EB/OL].新华网,2015-08-26.
④ 习近平部署"总目标"下的新疆发展 [EB/OL].新华网,2017-03-11.

升的动态发展过程。一是打造互嵌、融合的学习和生活环境，促进各民族同学相互尊重、相互交流和相互融合。通过各民族同学混合编寝、混合编班、混合编组，创造各民族学生共同学习、共同生活的环境，让同学们意识到差异是客观存在的，融合才能更好地学习和生活，在日常的生活和学习实践中实现认同。二是分类教学，因材施教。根据不同民族地区的基础教育情况，针对重难点课程分类开设针对不同基础学生的教学班级，调整授课内容，合理设置授课进度，不让一个学生学业掉队。除此之外，针对当前少数民族地区发展急需的人才类型，开设特色班级，有针对性地培养专业人才。三是一对一辅导，专门教育。为了让边疆少数民族学生能够更好地理解领悟"五个认同"的精神内涵，通过"好巴郎"工作室开展一系列主题活动，各位辅导员走访课堂、深入宿舍、走进运动场、走进社团，开展有针对性的一对一辅导和点对点教育，引导学生，尤其是增进少数民族学生对"五个认同"的理解。

2. 坚持触控式关爱，做到暖心润情

加强边疆少数民族学生"五个认同"教育，弘扬"美美与共中国梦"的校园文化，贵在人心的争取和力量的凝聚，在学生学业发展最需要的时候，迅速而直接的触控式关爱是最有温度的校园精神。一是开展教师结对帮扶，保证每位少数民族学生都有一个指导老师，将"五个认同"教育贯穿于学业指导中。学生在学习中遇到困难，第一时间就可以找到老师，老师经常性地关心学生的学习与生活，让学生感觉到来自老师的关心和帮助，提升学习动力和信心，从而通过学业指导建立老师与学生之间的紧密联系，在这样的互动与交流中，将民族团结"五个认同"教育贯穿始终。二是设置寝室网格管理员，在生活关怀中实践"五个认同"。寝室网格管理员包括生活辅导员、学生助管、寝室长，这样学生在生活中遇到困难有处可说、有法可解，感受到来自老师、来自不同民族同学的关心和关爱，在相互关心和关怀中自觉感悟"五个认同"。三是针对少数民族学生建立一生一档，动态了解学生的思想状况，为学生成长成才保驾导航。自新生入校始，辅导员为每位少数民族学生建立成长档案，经常性地谈心谈话，倾听他们的需求，了解他们的动态。这样学生有思想上的困惑可以第一时间找到辅导员，辅导员也可以迅速而有针对性地开展教育和疏导。

3. 推动点阵型覆盖，实现典型带动

倡导边疆少数民族学生"共居、共学、共乐、共进"，点阵型覆盖以点带面，培养一个成熟一个，成熟一个带动一片，最终实现"美美与共·中国梦"的校园文化。一是着力培养先进典型。在学生中挖掘思想政治素质过硬、学习能力较强、有一定的组织管理能力、具有可挖掘潜力的学生进行重点培养。从思想引领、学业帮扶上给予重点帮助，打造先进典型。二是通过先进典型，激励和带动周围的人。打造民族团结教育辅导员特色工作室，创建交流互动平台，让先进典型参与工作室的建设与管理，在专业学习和帮扶中加深不同民族同学之间的交流和了解。三是积极开展丰富多彩的党团建设活动。以"五个认同"为主要内容的社会主义核心价值观为思想引领，开设微型党课课堂、团课课堂，组织党团员认真开展"两学一做"主题学习教育实践活动，进一步提升党性修养，争做合格党员、优秀团员。

（二）实施过程

通过"家校互联共同体、师生互动共同体、学生互学共同体"的特色校园共同体精神建设，从组织策划、宣传推广、精准执行、过程控制等方面推进"美美与共·中国梦"校园文化建设的规范化、常态化、精准化。

1. 创建家校互联共同体，深化家校交往

学校、家庭、社会是三位一体的教育体系，"好巴郎"工作室结合民族院校的实际，不断探索家校互联机制，并通过通讯联络、网络平台、实地家访等形式深化与学生家庭的交往，形成了以学校教育为本的家校共同体。一是以电话和书信的形式沟通学校和家庭的常态交往。我们制作了学生家庭联系卡片，经常性通报学生在校表现和学习情况，尤其是对存在学业困难、身心欠佳、家庭困难、思想迷茫的学生，定期跟踪并与家长保持持续联系。二是以网络新媒体为信息渠道的适时交往。我们通过家校微信公众平台、学生活动 qq 群、家长会 qq 群等网络交流平台，了解和掌握学生家庭教育中出现的新情况、新问题，定期举办网上"家长会"，深化家校交往。三是以"好巴郎"工作室走边疆为活动载体的实地交往。工作室针对边疆及人口较少民族学生的学业情况，利用寒暑假，组织师生专程前往学生家庭进行家访，沟通交流学生情况、了解学生家庭状况，把家校交往落到实处。

2. 创建师生互动共同体，促进实践交流

大学不仅是大楼、大树，而且更是大爱和大师。这大爱就孕育在大师和学生的互动之中，大师自觉走近学生，学生自愿向大师请教。"好巴郎"工作室围绕教与学，在实践交流中形成了以教师为主导、师生互动的教学共同体。一是以学业帮扶为主要形式，开展师生学习交流。尊重各民族学生的多元化、差异化、个性化的选择与需要，按照因材施教的差异性教学为学生提供多元化、个性化的学业帮扶。从大一开始就边疆及人口较少民族学生，专门组织教师团队，进行有针对性的专业学习辅导，保证这些学生不因语言障碍和学习基础不同而掉队。二是以创新实践为载体，鼓励师生学术交流。营造良好学术氛围，浓厚学生专业学习风气，以学生创新发展为目标，组织学生参与教师学术团队，进行深入学术交流，并形成以教师课题或实验室为依托的学生学术创新团队，开展创新实践活动。三是以文化育人为渠道，促进师生文化交流。以凸显学院学科特色的"生命之光——科技文化节"为载体，倡导"科技引领未来、文化创造生活"的学院特色文化育人氛围，突出专业特点，建立分级指导、分类培育、分层管理的学科文化创新机制，并将学科文化融入学生培养全过程。

3. 创建学生互学共同体，践行民族交融

学业是大学生的立身之本，而影响学生学业发展最重要的因素，是学生的学习目的和学习动力的问题。我们以"共居、共学、共乐、共进"为目标，广泛开展"互学思想、互学知识、互学文化"三个互学活动，形成了促进学生学习进步、和谐共融的精神共同体。一是以社会主义核心价值观引领思想交融。切实抓好爱国主义和民族团结教育，以"生如夏花——五月的绽放""生如夏花——七月的绚烂"校园文化活动为载体，坚持立德树人、教书育人，把社会主义核心价值观教育融入人才培养全过程，构建各民族师生的共有精神家园。二是以专业学习不断促进知识交融。通过专业学习中结对帮扶，推动建立相互嵌入式的互学氛围和互学环境，从学生宿舍、教室、实验室、图书馆等学习生活环境入手，使各民族学生在加深了解、增进感情中，自觉实现知识交融。三是以和谐共融倡导"共同学习、共同进步，共度大学好时光"的文化。"好巴郎"工作室通过开展"同在蓝天下——56个民族56支花"的主题活动，促进各民族学生相互了解、相互尊重、相互包容、相互欣赏、相互学习、相互帮助、共同进步。

四、工作成效

"好巴郎"工作室自2014年创立以来，已经累计帮助600多名边疆民族学生解决了学业、生活、心理、情感等多方面的问题，成为各民族学生学习成长进步的"温暖之家"。

（一）育人效果不断增强，彰显特色

在弘扬"美美与共·中国梦"的校园文化中，吸引广大教师积极加入"好巴郎"工作室的志愿者行列，对边疆少数民族学生开展了多种多样的帮扶和指导，他们中间不仅有经验丰富的资深教授，还有国家民委、湖北省突出贡

献专家、楚天学者和全国巾帼示范岗优秀教师。不仅如此，"好巴郎"工作室还培养出了湖北省"五四青年奖章"和"全国民族团结进步先进个人"玛丽亚老师，培养了更吉卓玛、胡俊杰、付婧等一批优秀少数民族毕业生，促进了阿依佐合热·图尔贡、苏比努尔·木合塔等一批在读本科生的卓越成长。

（二）社会影响不断扩大，广受好评

"好巴郎"工作室建设成效受到人民网、新华网、荆楚网等权威主流媒体的持续关注，《中国民族》《中国民族报》上多次予以宣传报道，肯定了"好巴郎"工作室成立以来对边疆学子成长成才所做的探索和努力。新浪网、凤凰资讯、搜狐教育等媒体对"好巴郎"工作室开展的主题教育活动进行了报道或者转载。

五、应用价值及发展愿景

"好巴郎"工作室突出了少数民族大学生政治认同教育的特殊要求，并且立足于"五个认同"民族团结教育，科学分析少数民族大学生培育和实践社会主义核心价值观的现状和趋势，厘清"五个认同"与社会主义核心价值观的内在逻辑，深入探讨少数民族大学生政治认同教育的主要影响因素，从理论层面为民族院校大学生社会主义核心价值观的培育和实践明确了实现路径，必将进一步提高少数民族大学生培育和践行社会主义核心价值观的实效性和有效性。下一步，我们将进一步探索"互联互访的家校共同体、互动互通的教学共同体、互学互助的精神共同体"的思想政治教育载体建设，把民族团结"五个认同"教育贯穿到社会主义核心价值观培育与践行的全过程，在培育和践行社会主义核心价值观中促进各族师生在交往交流交融中团结向上，在互联互动互学中共同进步。

"古丽·鼓励"生命教育大课堂

"古丽·鼓励"生命教育大课堂立足于生命科学学科优势，开展面向全校学生的生命知识科普和心理健康教育活动，并以此为基础，辐射当代大学生生命教育的探索与实践。通过深入推进"生如夏花"品牌策略，开设"古丽·鼓励"生命教育大讲堂，弘扬"生生不息·止于至善"的科学精神和人文情怀，全方位、全过程、全媒体促进学生热爱生活、敬畏生命、健康快乐地成长。

一、理论依据

"古丽·鼓励"生命教育大课堂以马克思主义关于人的全面发展理论、生命教育理论为支撑，把鲜活的生命个体作为思想政治教育的起点，同时在提升个体对生命价值的理性认知中实现思想政治教育的价值诉求，彰显高校思想政治教育张力的突破口、生命线，实现生命教育的人本主义情怀。

"以人为本"是思想政治教育的本质要求，思想政治教育从根上说，就是做人的工作。人的生命存在、人的素质提高以及人的全面发展成为思想政治教育的起始点和归宿。然而思想政治教育想要真正做到"以人为本"，就必须提高大学生个体生命的存在价值。有了生命价值教育作为支撑，高校思想政治教育的人本主义价值便可以更好地得以彰显。"古丽·鼓励"生命教育大课堂从人才培养的总任务出发，将思想政治教育置身于教育教学的人文环境和时代主题中，从创新人才培养模式的目标任务与人性化的方向要求相整合的角度进入，探索生命教育教学与思想政治教育的内在逻辑。

生命是教育的原点。教育的对象是人，教育是对人的教育，而生命性是人的本质特性。人的生命的未完成性或者说可塑性是人区别于其他生物的特性。相较于其他动物与生俱来的各项生存本能，"人类婴儿的本能，按它们原来的状态，大部分没有什么用处"[①]。人类需要在出生之后用很长的时间甚至是一生的时间来不断地吸取前人的经验、教训，从而塑造自己、完善自己。为了世代繁衍，人类开始总结前人的经验、教训，创造了文化，让我们的生命具有了文化性。生命的未完成性及其文化性，使教育成为可能，才使教育产生并得以继续。生命教育必须使学生认识生命的多面性，思想上能够尊重生命，并建立起积极的人生价值观，从行动中坚持并贯彻践行，以追求和实现人生的价值和意义。生命教育就是对学生进行更加系统的人格统整与情绪教育，引导学生注重生命目标的确立与价值观的内化，做到"知"与"行"的统一，避免个人人格的分裂，追求人与人之间的和谐关系。

二、政策支持

我国的生命教育起步较晚，但是发展迅速。通常我们把心理健康教育视为生命教育的一个部分，关于心理健康教育的最早的文件政策可以追溯到

---

① 约翰·杜威.民主主义与教育[M].王承绪，译.北京：人民教育出版社，2015：52-53.

1994 年颁布的《中共中央关于进一步加强和改进学校德育工作的若干意见》，文件中明确提出"要积极开展青春期卫生教育，通过多种方式对不同年龄层次的学生进行心理健康教育和指导，帮助学生提高心理素质，健全人格，增强承受挫折、适应环境的能力。"2001 年 4 月，教育部颁布了《关于加强普通高等学校大学生心理健康教育工作的意见》，2002 年 4 月，又颁布了《普通高等学校大学生心理健康教育工作实施纲要（试行）》，这一系列文件对开展大学生心理健康教育的重要性、主要任务和内容、工作原则、途径和方法、师资队伍以及组织领导和管理等，都做了原则性的规定，并提出了具体实施意见。2003 年 12 月，教育部办公厅下发《关于进一步加强高校学生管理工作和心理健康教育工作的通知》，要求各高校把大学生心理健康教育工作纳入学校重要的议事日程。为各高校大学生心理健康教育的开展提供了明确的政策导向，极大地推动了高校的心理健康教育工作的发展。

2010 年《国家中长期教育改革和发展规划纲要（2010—2020）》中明确提出了要"重视安全教育、国防教育、生命教育、可持续发展教育"，该文件第一次明确提出要重视"生命教育"的理念。2016 年 12 月习近平总书记在全国高校思政工作会议上强调"要坚持把立德树人作为中心环节，把思想政治工作贯穿教育教学全过程，实现全程育人、全方位育人，努力开创我国高等教育事业发展新局面"[1]，充分体现了马克思的人学思想。2018 年 1 月，教育部印发了《高校思想政治工作质量提升工程实施纲要》，《纲要》提出了"十大育人体系"，"心理育人质量提升体系"就包含其中，为进一步促进育心与育德相结合，着力培育大学生理性平和、积极向上的健康心态，促进大学生心理健康素质与思想道德素质、科学文化素质协调发展提供了行动方向和实践指南。

三、实施方法与过程

"古丽·鼓励"生命教育大课堂秉承中南民族大学"生命之光"科技文化节的生命元素，以"古丽·鼓励"生命教育大讲堂为活动载体，整合"大学生心智健康讲座""生命科普文化长廊""生命教育公选课""生命之光创新文化训练营"等四大平台开展系统的以"生命教育"为主题的第二课堂思想政

---

① 习近平总书记在全国高校思想政治工作会议上的重要讲话 [N]. 人民日报，2016-12-09（03）.

治教育活动。

（一）主题探讨引思考

结合新时代大学生心智发展与生命价值观培育的特点，"古丽·鼓励"生命教育大课堂共设立如下三大主题：一是邀请校内外专家开展生命教育讲座，利用新生入学、期末考前、"5·25"心理健康日等契机，开展主题讲座，引导学生走进生命教育。二是开展主题演讲，拟定生命教育主题，通过演讲的形式，引导大学生共同探讨和分享生命的意义与价值；三是创建生命教育科普长廊，宣传生命教育科普知识，搭建师生互动、院系互动、校级交流、共同学习的教育平台。探讨在生活中遇到的难题，萌发生命中的感悟和感想，引入社会主义核心价值观，促进学生理解生命、敬畏生命、促进身心健康成长。

（二）专业渗透促融合

一是充分发挥生命科学学科优势，将生命科学专业教育与大学生心智健康教育相融合。将学院 LED 宣传屏、科普展板、公共实验平台、学院文化墙等场所，以生命教育为中心连接起来，形成带有专业特色的学生生命教育平台，真正实现师生资源共享，有效地将大学生思想政治教育贯穿于教育教学全过程，实现了全员育人、全过程、全方位育人。二是进一步推动学院专业课教师开设生命教育公选课。2016 年生命科学学院教师成功开设了 11 门生命教育公选课，引起校内外媒体广泛关注，课程开设以来也受到了同学们的广泛好评。我们将继续推动生命科学学院教师从专业角度开设生命教育公选课，真正实现学科专业优势与学生生命教育的有机链接，教师教书育人与立德树人无缝对接。

（三）实践活动强行动

创办生命科学学院"生命之光"创新文化工作室，开展创新文化训练营，促进创新文化训练营，是对生命教育的进一步升华。在"生命之光"创新文化训练中，学生由被动接受生命教育的客体，变为生命教育的主体，成为直接参与者和受益者。训练营通过倡导"科技引领未来、文化创造生活"文化育人氛围，以多种形式建立学生创业实习、孵化基地和校内创新实验室，组建师生学术团队和学生科研社团，积极促进教师和学生的互动与合作，促进科研成果、科技发明、专利等转化为创新创业项目。通过在创新训练营中专利成果的开放、科研项目的研讨，学生有了更多和老师互动交流的机会，有了更深入了解生命科学、生命教育的资源平台，扩展了学生的专业视野，促进他们树立远大志向，升华人生价值。

四、主要成效及经验

通过把学科专业优势与学生生命教育主题的结合，把教书育人与立德树人结合，引导学生尊重生命，理解生命的意义，学会生存，健康生活。

（一）倡导多元共生理念，尊重少数民族学生多元化、差异化的选择和需要，促进民族融合

我们的学生大部分来自边远少数民族地区，成长生态差异大，生活习俗差异大，文化传统差异大，要做好他们的思想政治工作，让他们尽快适应大学生活，首要的是要尊重和适应这种差异。一是做好摸排调查工作。通过经常性地深入到各民族学生宿舍、召开座谈会、个别谈话、开展生命教育问卷调查等活动，详细了解和掌握各民族学生的基本情况。目前我们已经完成了"珍爱生命，健康成长"的问卷调查及分析报，该分析报告结论已被学校心理健康教育中心采纳。二是寻找民族文化共同点。各民族在长期的发展过程中、形成过程中都有着对生命的向往和敬畏，充分利用这一共同点，开展生命教育。三是加强思想政治教育。在培育和践行社会主义核心价值观活动中，为了让边疆少数民族学生能够更好地理解领悟二十四字方针，学院开展了一系列主题活动，将社会主义核心价值观改编成民谣；各位辅导员走访课堂，询问学生尤其是少数民族学生对价值观的理解。我们针对不同情况，与一些人口较少民族学生深入谈心谈话，让学生更好地理解并自觉践行社会主义核心价值观。

（二）学科专业优势与生命教育相结合，实现全员育人、全过程育人和全方位育人

一是积极推进学院教师开设生命教育公选课。目前我院教师已开设了"如何保护大学生心智健康""生命的担当"等多门公选课，开设课程累计近30门次，为全校近3000名学生授课。同时，生命教育公选课的开设也得到校内外新媒体的关注，新浪网、凤凰资讯、湖北高校思政网等媒体多次对此宣传和报道。二是积极搭建生命教育科普平台，邀请全校生命科学和心理学专家、学生共同开发建设生命教育长廊，目前生命教育长廊已经开设"生命的起源""植物世界""动物世界""微生物世界""武陵山区珍稀野生兰科植物"等多个版块。生命教育长廊开办以来，已经接待了来自校内外师生近2000人次，还承办了"全国实验室开放日"等大型活动，将生命科学专业教育与大学生心智健康教育相融合，真正实现教育教学资源共享。三是开展"生如夏花·五彩纷呈"系列生命教育主题活动，评选了最美新生、学习之星、民族团结之星、科技创新实践之星、文艺之星等。四是开展国际教育。充分发挥生命科学学院的外籍专家资源，邀请外籍专家开展"卫生的前世和今生"科普讲座、"外国留学注意事项"专题报告会。邀请我院出国考察调研归国的老师开展经验分享会，与同学们一起分享国外专业进修与学术研究见闻。通过国际教育，培养具有国际视野、家国情怀、民族大义的社会主义现代化建设人才。

五、应用价值及发展愿景

（一）应用价值

大学生生命教育是一个新课题，又是一个热点问题，目前国内的研究虽起步晚，但发展较快，研究涉及的面较广，对于进一步加强我国大学生生命教育的研究打下了基础。但是现有的研究大部分是针对具体问题进行研究，对于生命教育的定义、内涵等缺乏一致认识，对大学生生命观的内化、生命教育的教学模式等鲜有涉及，研究的完整性、系统性和中国特色还有待加强，对将生命教育与大学生思想政治教育相结合的研究不足。当前绝大多数以生命教育为标识的生命教育理论和生命教育实践都是基于生命病理问题而忽视了思想政治教育的思想引领、习惯养成和人格塑造的作用。事实上，生命教育与思想政治教育在教育理念的本质上一致，即教育的出发点和归宿都是个体生命及生命的完善和发展。

"古丽·鼓励"生命教育大课堂注重"学科专业优势与学生生命教育主题的结合，教师教书育人与立德树人的结合"，"教育引导学生尊重生命、理解生命的意义以及生命与天人物我之间的关系，学会生存、健康生活与独立发展"。通过第一课堂和第二课堂的结合，实现教育教学模式上的创新。一是主题探讨模式，为教育教学内容设立一个确定的主题，通过演讲、讲座、讨论、互动教学、体会交流等形式展开学习，探讨在生活中遇到的难题，萌发生命中的感悟和感想，引入社会主义核心价值观。二是学科渗透模式，不同学科从不同的视角讲述生命观的教育，使学生在潜移默化中理解生命的意义，从而形成正确的生命观、价值观。三是实践活动模式，以生命教育为主题开展校园文化活动，学生通过参加系列校园文化实践活动，理解生命观，或者学生参与各式各样的学科科技创新项目、专业实践活动，在项目研究、创新实践活动中，深刻体会生命的意义和专业的价值。

（二）发展愿景

关于大学生的生命教育研究，"古丽·鼓励"生命教育大课堂在引导和教育学生认识生命、理解生命、敬畏生命中取得了一定的成效，但还存在一些不足，需要在新的机遇和挑战下进一步加强和改进。

1. 建立系统规范课程体系

生命教育对于当代大学生的健康成长十分重要，应该长期坚持，但是目前我们所做的工作大多局限于比较零散的活动，缺乏系统性和规范性，需要加强制度和体制建设，进一步规范大课堂的建设和发展。

2. 惠及社区与师生

目前我们的做法已经取得了一定的成效，但是影响范围比较有限，从我们开展活动后的调查问卷反馈情况来看，活动参加的主要对象还是集中在生命科学学院和本校学生，对于周边的社区和高校虽然也有一定的辐射作用，但是影响范围有限。后续我们将充分发挥实践交流平台的作用，促进交流与学习，共享建设经验，增强"古丽·鼓励"生命教育大课堂的影响力，惠及更多师生和社区群众。

3. 厚植多学科合作土壤

除了充分发挥生命科学学院的专业特色和学科优势外，还要进一步加强与民族学、心理学、教育学、思想政治教育学等专业的合作与共建。进一步促进专业教育与生命教育的科学、有效融合，构建新时代课程育人新模式。

第二篇　事务管理创新案例

学生事务管理与主题思想政治教育是"一枚硬币的两面",共同构成高校学生教育管理的主要任务。进入新时代,我国高等教育发展步入"新常态"。从人才培养的中心任务看,高校主导的供给驱动逐渐向社会主导的需求驱动转变,高校人才培养模式亟待调整;从社会服务的大学功能看,高校从支持服务角色向服务引领同步转变,高校日益走向社会的中心;从高校发展方式看,高校外延发展让位于内涵发展与特色发展,精准定位、差异发展已成不二选择;从高校学生管理工作看,从单一强调学生管理向学生教育、服务和管理并重转变,提升大学生思想政治教育质量成为核心焦点。民族院校学生民族多样、地域差别、家庭分层、文化多元、心理差异、兴趣不同,民族院校学生管理工作面对来自学生多元需求、社会多样期待的内外双重压力,必须牢固确立"立德树人"根本理念,遵循普通高等教育与民族高等教育学生工作规律,按照"底线保公平、高压线保稳定、冲刺线促发展"的原则,充分发挥学生工作部门"趋势把握、政策制定、资源调配、工作指导、过程监控、重点督办、规律凝练、经验提升"的职能,聚焦学生成长、回应现实关切、关注管理难点,深入开展民族院校学生管理发展趋势与特殊规律研究,为学生管理工作有效开展提供理论支持。

高校大学生网格信息化行为管理模式

随着高等教育大众化时代的来临以及向普及化阶段的快速推进,高校办学规模不断扩大,不仅学生人数急剧扩张,学生结构也发生重大变化。学生成长背景多元、行为习惯多元、价值观念多元、成长需求多元、发展愿景多元,如何充分关照学生个体需求差异,满足学生个性成长需求,精细精准地加强过程管理,成为现行学生教育管理面临的巨大挑战。在大数据背景下,推进学生网格化管理成为促进高校创建和谐平安校园,提升校园治理体系与治理能力现代化的一种新的有效途径。党的第十八届第三次全体会议通过的《中共中央关于全面深化改革的若干重大问题的决定》文件指出："要以网格化管理、社会化服务为方向，健全基层综合服务管理平台，及时反映和协调人民群众各方面各层次的利益诉求。"[1] 网格化管理是落实党中央全面深化改革战略决策的需要，符合现代社会管理模式的价值选择基础，是学生管理运行机制的重要变革。实施以"网格化"为主要形式、以信息化为主要载体的高校网格化管理特色模式，通过对学生宿舍区进行网格划分，将学生编入基本单元网格中，利用现代信息技术，整合高校各类学生信息数据资源，实现学生行为的精准定位与成长过程的精细分析，创建高校学生行为管理网格信息化新模式。

一、高校网格化管理概念

随着我国高等教育大众化时代的来临，高校办学规模不断扩大，学生人数急剧增加，并伴随着学生群体特征的发展变化，造成了高等教育大众化与分众化，学生发展圈层化与个性化，作为"网生代"的95后、00后，生活学习行为多元、多样与多变，学生发展旧的支持体系瓦解，新的支持体系还未完全建立，导致现实中学生管理的痛点和盲点存在，例如管理风险（失联、失踪、失恋、失窃、失眠）、资源错配（贫困认定、资助公平、奖励绩效）、教育失效（理想信念缺失、社会责任缺失、诚信意识缺失、集体意识缺失）等。

网格（Grid）来源于信息领域，是近年来新兴的一种信息技术，其信息共享和问题协同处理机制很快被社会公共管理领域所关注，社会学界和政府都进行了相关理论研究和实践创新，越来越多的理论被应用于城市社区治理。高校网格化管理源于城市社会网格治理概念，因高校特殊的组织形态，高校网格化管理有着不同于社会网格化的特殊性，高校网格化管理的目的在于提升学校管理能力与服务水平，提高管理效率，降低安全事故风险，坚守安全底线，但管理不是最终目的，育人才是根本任务。因此高校网格化目标应定位于人才培养，服务于学生成长成才，这也是高校学生网格化管理最为显著的特征。

二、学生社区网格信息化管理概念及政策演进

（一）学生社区网格信息化管理概念

高校网格化管理是运用网格技术和网格管理模式实施高校治理的一种新

---

① 中共中央关于全面深化改革若干重大问题的决定 [EB/OL]. 新华网，2013-11-16.

型管理模式,有别于传统的"学校——学院——年级——班级"层级管理模式,是高校传统管理模式借鉴成功的社会网格化治理新模式,引入社区网格管理理念,以网格化管理模式推动高校学生管理创新发展的一种有益尝试。高校学生社区是随着高等教育大众化和后勤服务保障化的全面推进而产生的,是由青年大学生群体集聚而形成的一种特殊形态社区[①]。

中南民族大学确立了"以信息化推进网格化"的总体战略,结合学校信息化建设"十三五"规划,将网格化与学校智慧校园建设、学生工作信息化建设相结合,确定了"关注学生过程管理,服务学生成长成才"的网格信息化管理理念和"一体两翼"的网格化管理格局。一体即网格化管理体系,包括虚拟网格和实体网格,两翼是指"网格数据分析与预警系统"和"一键式网上事务大厅"。基本建设内容与主要建设目标包括如下五个方面。

1. 建成学生社区网格化体系。建立"情满家园"学生网格员、楼栋生活网格员、片区督导网格员、网格管理中心四级网格体系,推动安全稳定、生活服务、主题教育、党建团建等进宿舍。

2. 实施学生风险预警与精准干预。对学生校园生活场域基础设施进行信息化改造,扩大学生行为信息源,建立"失联、身心健康、消费、学业"四大预警机制,对晚归、不归等非正常行为动态掌握,及时干预。

2. 开展学生行为轨迹分析。建立学生校园行为大数据分析模型,为学生成长"画像"。加强过程管理,实现突发事件还原与追溯,进行学生行为与学业表现等关联性分析。

4. 开展学生学习投入与成长绩效评估。实现时间长度与空间监测,综合学业表现与行为轨迹分析,实现学生成长过程实时分析、绩效评估与榜样引导,支持就业引导。

5. 为教育管理行为提供决策支持。推动"学生事务网上一键式"服务模式建设,定期推出学生成长大数据分析报告,为学校决策、学生成长对策提供大数据支持与策略咨询。

(二)学生社区网格化管理政策演进

2010年,宜昌市开始着手"网格化"管理的探索工作,经过四年努力宜昌已经成为全国社会网格化管理的样板。

2012年11月,《湖北省城市社区网格化服务管理建设标准》发布。

2014年2月,《湖北省农村网格化管理建设标准》发布。

---

① 张孝永.高校学生社区网格化管理实践探索[J].浙江万里学院学报,2015,28(1).

2013年3月，湖北省委、省政府出台了《关于深化平安湖北建设的意见》（鄂发〔2013〕8号），对深化平安湖北建设进行了部署，统筹推进全省城乡网格化管理的总体部署。

2013年11月，中共共产党第十八届第三次全体会议《中共中央关于全面深化改革的若干重大问题的决定》文件提出：要以网格化管理、社会化服务为方向，健全基层综合服务管理平台，及时反映和协调人民群众各方面各层次的利益诉求。

2014年8月，湖北省委高校工委、省教育厅出台了《关于推进高校学生网格化管理工作的通知》（鄂高工委〔2014〕20号），将华中师范大学、华中农业大学、三峡大学、湖北大学等五所高校作为试点建设高校开展试点建设。

2014年9月，中南民族大学形成初步方案《中南民族大学学生教育管理网格化工作方案》，开展调研交流、方案论证等。

2016年3月，印发《中南民族大学校园网格化管理工作总体方案》（校发〔2016〕15号）。

三、高校学生社区网格信息化管理实践

（一）高度重视，全面统筹，系统做好顶层设计

以学生为中心，遵循"信息化、专业化、团队化"工作原则，构建学校学生网格信息化管理工作体系。

1. 开展调研，学习先进经验做法

对城市网格化、社区网格化、乡镇村网格化工作相关文献进行研究，赴华中农业大学、华中师范大学、三峡大学、中国地质大学（武汉）等试点高校进行专题调研、座谈讨论，学习网格技术和先进经验。召开学生代表座谈会，征求学生事务网上办事大厅的建设需求，并对校内各部门多次深入调研，广泛收集学生事务网上办事大厅的服务需求，汇编《学生事务流程再造图》。赴武汉大学、华中农业大学调研学生宿舍门禁系统建设情况，并协同现代教育技术中心、后勤保障处等单位研究制定学校学生宿舍门禁系统建设方案。

2. 成立专班，统筹推进各项工作

2015年6月成立学校学生网格化管理工作领导小组，包含组长、副组长、成员等负责人和办公室，自上而下由校党委书记、校长，相关职能部门负责人组成，拨付网格化管理建设专项经费，确保网格化管理工作顺利实施。领导小组下设校园网格化管理中心、教职工社区网格化管理中心、学生宿舍社区网格

化管理中心，全面统筹学校网格化管理工作，负责规划、部署、统筹、协调、管理、督促、考核校园网格化工作，将校园内所有的人员和服务纳入网格化管理平台，实现"总平台统筹指挥、分平台业务管理、分类别跟进服务、事件过程可追溯、行为管理数据分析研判"，领导小组办公室设在学生工作部，负责与上级部门、当地政府、公安部门及社区的信息沟通和工作对接，负责校园网格数据的采集、规范、分析与研判。

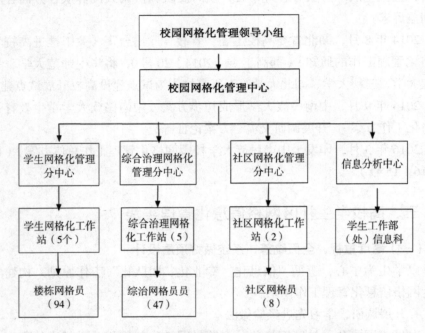

图 2-1 中南民族大学校园网格化管理组织体系示意图

3. 建章立制，制定网格化建设总体方案

在前期调研、讨论、研究的基础上，学校结合实际，确定了以大数据分析精准定位学生群体行为特征，以科学研判建立学生教育管理预警机制，以主动引领支持学生成长成才需求的网格信息化建设思路，制定《中南民族大学校园网格化管理工作总体方案》《中南民族大学校园网格化建设工作实施方案》（校发〔2016〕15号）、《中南民族大学学生网格化管理办法》《学生网格数据分析与预警系统运行管理办法》等文件，全面部署网格化建设各项工作，整合校内资源，协调各方力量①

---

① 中共湖北省委高等学校工作委员会、湖北省教育厅.省委高校工委省教育厅关于推进高校学生网格化管理工作的通知 [Z].2014-8-22.

4.明晰权责，明确网格管理五项机制

研究建立科学有效地网格化管理五项机制：第一，部门联动机制。建立完善网络化管理工作"统一指挥、分级负责、协调运转、责任落实、反应快速"的校内网格化各部门联动运行机制。第二，排查报送机制。明确网格员职能分工，一级网格员主要为学生自我教育与自我管理组织；二级网格员为主要排查人员，负责区内动态监控，异常情况处置及上报；三级网格员负责登记备案，督促协调相关部门并报告学生网格管理监管中心；四级网格员主要负责协调、督办、反馈、评价等工作。第三，学习培训机制。建立了分层次、分类别地学习培训机制，系统提升网格化工作人员的综合素质。第四，信息公开机制。建立了网格管理服务与信息公开制度，实行网格区域地图、服务指示牌、网格员工作职责等基本信息公开，事件处置结果等网格管理信息公开。第五，监督考核机制。建立网格化管理部门和网格员考核评价机制，加强过程监督，依考核结果进行奖惩。

（二）群策群力，科学论证，谋划网格信息化管理长效机制

理顺学生管理机制，按照"标准化、流程化、便利化"思路，推进网格管理与学生教育管理服务相融合。

1.召开宿舍管理专题研讨会，落实学生宿舍管理网格化

根据学校网格化建设总体规划，2016年学校召开宿舍网格化管理专题研讨会，就学生宿舍片区划分、设立网格管理中心、建立片区网格服务站与楼栋网格功能房等问题开展专题研讨。以标准化管理为目标，借鉴居民社区网格化管理经验，建立统一指挥，分级负责，分格区划，责任落实的学生社区管理机制。按照校内区域和学生规模将学生宿舍划分为6个网格片区，每个片区建立1个服务站，每个服务站提供3间工作用房，设立网格监控室和学生事务服务室、党团活动室。每栋楼设立网格功能房1间，配备电脑、打印机、电视、冰箱、微波炉、电吹风、小会议桌、椅子等。

2.召开学生管理专题研讨会，明确学生工作改进思路

面对"新常态"下民族高校学生管理工作中出现的新矛盾、新问题和新挑战，学校召开由多名校内专家、领导、一线工作人员参加的学生管理专题研讨会。会议就学生日常管理、学生管理工作重点、难点等微观方面与学生管理工作的起点、短期和长期目标、学生管理工作的底线、面临的风险及如何提高风险预警、防范和处置能力以及学生管理工作现代化进程中的大数据运用和两级管理模式改革等宏观问题进行深入研讨。会议明确了"制度设计要以育人为中心，机制运行要以落实为中心，重点工作常态化，创新工作实

效化"的学生管理工作改进总要求，并着重对网格化管理、两级管理模式改革中的难点、风险点及效果进行了分析和预估。

（三）整合资源，同步推进，构建网格管理信息系统

依托学校智慧校园资源，坚持"大平台、中系统、微服务"建设思路，协同推进网格管理信息系统建设。

1. 建设学生在校情况预警系统

将学生在校行为纳入网格化管理，建立学生在校情况预警系统。2016年4月立项学生网格数据分析与预警系统建设，2016年11月完成系统验收，交付使用，同步建设了手机端，通过微信企业号实现了移动端的功能使用。系统涵盖学生信息综合查询、失联预警、消费预警、身心健康预警、学业预警、晚归不归预警以及学生校内行为轨迹分析、网格化管理等八大功能。目前，已经实现对所有网格内学生的晚归未归、大功率电器收缴、消费异常、在校轨迹定位、上网轨迹定位、假期留校记录、心理压力异常、学业发展滞阻等情形进行预警分析，网格化监管部门和网格员可通过此系统查询到网格内所有学生从入校到毕业的具体信息和校园活动轨迹，同步实现舆情监控与危机研判功能。部分预警信息会推送至学生所在学院、学生家长。

2. 建设学生行为大数据分析系统

建立学生行为大数据分析系统，对学生的学业表现及学业预警数据、一卡通（食堂、超市等）及网购消费数据、图书文献使用数据、宿舍教室图书馆等行为轨迹数据、网络使用及内容数据、奖惩数据、资助数据、心理情况、请假情况、创新创业情况等进行综合分析，用大数据为学生成长"画像"，科学分析学生个体特征、群体特征，既为学生自我教育提供参考，也为制定教育策略提供科学依据。目前，学校在进行的十个学生群体特征大数据分析项目，由信息分析中心的信息分析团队负责，用数据说话，研究探索破解学生成长的"黑匣子"。

3. 完善网上"一键式"学生事务服务大厅

2016年4月启动学生管理信息系统与学校网格化系统对接工作，并在原系统基础上，将现教中心升级改造成信息门户，学工部提出"一键式综合服务门户"需求，搭建学生网格化信息系统网上"一键式"学生办事大厅，将学生学业、保修、校园活动、奖助学金、就业指导、素质课堂等服务项目集中呈现，为全校学生提供及时、便捷、全面的服务。平台还将提供办事流程图和手机客户端，配合我校已经建成的实体学生事务大厅，简化行政手续，让学生事务管理更加透明化、高效化、移动化。各片区可分设自助设备终端，进一步发挥网格信息化管理的全覆盖作用。

4. 建设网格监控中心与第三期视频监控系统

为完善校园网格内视频监控，2016年学校启动网格监控中心和学校视频监控系统三期建设工程。学校设立网格监控中心和网格监控室，升级现有视频监控系统，配备电脑、监控显示器等信息化设备，覆盖学校楼栋、道路、出入通道、师生宿舍、公共场所等，宿舍覆盖楼栋入口、楼梯、走廊等，实现全校所有网格视频监控零死角、全天候、全覆盖。网格监控中心大屏实时能够动态演示，进行学生行为事件跟踪与过程还原。

（四）合理分工，明确职能，建立四支网格队伍

按照"守好一段渠、种好责任田"的思路，协同推进网格员队伍专业化、职业化、团队化建设。

1. 建立学生宿舍网格员队伍

建立由片区站长与片区安保网格员、楼栋网格员（生活辅导员）为核心的两支网格员队伍体系。同时，实现学院辅导员负责思想教育，生活辅导员负责网格管理，楼栋管理员负责物业管理，安保网格员负责安全保卫，片区站长负责片区协调督导的联动机制。学校2016年以来招收本科学历以上生活辅导员30余人担任网格员，[①] 该部分生活辅导员具有高学历、爱创新、年龄低的优势，与学生接触良好，很好地契合了宿舍网格管理与服务的职能。同时，学校于2016年下半年成立"情满家园"学生宿舍网格员团队，协助生活辅导员、片区网格员开展日常管理服务、事件上报处置、校园安全稳定、新生进校入住、寝室文明建设等方面的工作，起到了不可替代的作用，也是学生实现自我教育自我管理自我服务的重要平台。

2. 建立居民社区网格员队伍

学校建立了居民社区网格员队伍，在学校东家属区、西家属区各设置网格化工作站1个，站长各1名，居委会工作人员按照职责划片管理，共设8名社区网格员，全面负责学校家属区的网格化管理和服务。

3. 建立安全保卫网格员队伍

由综合治理网格化管理分中心建立安全保卫网格员队伍，分中心设立网格化工作站5个，工作站站长5名，设立安保网格员47人，全面负责校园消防、交通、安全保卫等综合治理工作的网格化。

4. 建立学生网格员志愿者队伍

建立由学生工作部统筹的迎新志愿者队伍和校团委统筹的楼栋学生自律

① 截至2018年6月，中南民族大学共有本科学历以上生活辅导员22人。

委员会队伍,作为学生安全教育管理网格化的重要辅助力量。迎新志愿者主要负责新生一对一迎新服务和入校后的学生事务协助处理工作,帮助新生顺利入住学生宿舍。学生自律委员会以每个楼栋为单位设立分会,负责楼栋内自我管理,分会由楼栋长与楼层长、寝室长组成,各楼楼栋长组成学校学生自律委员会,负责全校学生宿舍自我管理与寝室文明建设。

(五)倡导生活德育,开展立项建设,构建网格思想政治工作体系

开展民族团结进步创建进寝室、学生党团建设进寝室、社会主义核心价值观培育与践行进寝室、学科专业以及优秀传统文化进寝室等系列活动,打通学生思想政治教育"最后一公里",努力将学生宿舍建设成为学生成长的"第三课题"。

1. 推进民族团结进步教育进社区进寝室

大学生寝室是学生生活的最基础单元,被誉为"学生的第一个家,第二个社会,第三个课堂",也是最基础的"网格神经"。因此,以践行社会主义核心价值观为主线,以增进民族文化认同和互帮互助精神培育为关键,推进民族团结进步教育进寝室具有多方面的重要意义。基于此,学校开展了以国家民委民族团结进步创建活动研究中心、学校相关职能部门为领导机构,校领导为组长,相关职能部门负责人、学院院长书记为成员的"民族团结进寝室系列活动",聚焦学生成长最重要的"空间"——寝室。

开展"十一同"寝室文化建设。做到就寝同舍、学习同步、语言同学、民俗同尊、困难同渡、进餐同桌、娱乐同享、节日同庆、校园同护、纪律同守、和谐同创,突出连心牵手、成长共进这个重点,覆盖全校所有学生寝室。不断推进大学生民族团结意识显著增强,提升学生寝室的教育管理水平,促进宿舍文明建设,增强文化认同,提高集体生活理念和集体生活技能,各民族学生相互尊重、了解对方的文化习俗和生活习惯等,实现各民族学生住宿上同舍、文化上认同、生活中交流、情感上交融、行动上互助、成长中共进。

开展"四个同心圆"活动。"四个同心圆"帮扶活动以寝室为载体,即以"帮助学生成长、促进民族团结"为圆心,推进"学习圆""生活圆""纪律圆""心理圆"四个同心圆建设,结合学业预警帮扶、志愿者服务活动,挑选学习成绩好、工作能力突出、交流沟通能力较强的学生党员干部、积极分子、青年志愿者组成"志愿者帮扶团队",采取主动出击、对结交友的方式,走进寝室,重点帮助成绩后进型、家庭贫困型、交往困难型和纪律松散型的学生,在"一人对一人""多人帮一人""一寝对一寝"的环境中,营造互帮互助、共居共融、共学共进的氛围。

开展"宽和杯"寝室风采大赛暨"寻找最美寝室"活动。围绕"民族精英、社会栋梁"的人才培养目标追求，坚持"自治、自理、自律"教育理念，以"成人成才"为宗旨，以"温馨寝室　美美与共"为主题，在全校学生寝室中开展文明创建活动，提高学生的文明修养和民主法治观念，将寝室建设成为相互学习、相互激励、相互帮扶的场所，努力实现寝室风气与学风建设良性循环。采用自愿报名、公开投票方式，每年定期评选"七彩文明寝室"。

2. 创新推动党建工作进社区进寝室

学校创新推动学生党建工作进社区进寝室进社团，加强党员过程培养，发挥党员先锋作用，激发基层组织活力，打造学院教育、社团培养锻炼、学院发展、社团（团队）使用考核的全程化党建工作体系。

建立学生社区（团队）党建联席会议制度，指导学生社区党建基层组织、学生团队党建基层组织开展相关工作。建立学生社区党建工作组织体系，成立学生社区联合党支部和成立楼栋党小组，设立学院社区党建工作站。各学院根据学生楼栋分布建立工作站，负责对接楼栋党小组和开展本学院的学生宿舍党建活动。楼栋党小组吸收本楼栋具有党员身份的生活辅导员、网格员、管理员（楼栋长、楼层长和寝室长等）、学生党员作为组成人员。楼栋党小组统筹本楼栋相关组织活动。

3. 构筑网络思想政治教育主阵地

开展线上线下互动，构筑网络思想政治教育主阵地。

第一，加强名站、大V、新微建设，开创思想政治教育新课堂。学校按照统一策划、统一标准、统一平台"三统一"原则，集中建立网站、论坛、微博、微信公众平台等。目前，全校已经形成了新闻网、南湖思政网（现与英文网、学子网整合为双塔Daily）、学生地带、青年网等一批明星网站，建成了学校官方微博、微信和学生工作微信号"资讯民大"等一批明星微信公众号。学校的英文网、南湖思政网、新闻网、学生地带分别荣获第三、四、五、七届"全国高校百佳网站"称号；在2014年度湖北省高校网络文化建设成果评选中，学校主页获评"十佳综合性网站"，南湖思政网获评"十佳专题网站"。党委宣传部组织策划制作了"两学一做"、深入开展党的群众路线教育实践活动、民族团结进步创建、转作风树校风正学风、"身边的榜样"等数十个专题网站，适应了大学生成长成才的需要。"学生地带"网站以"提升大学生活品质"为建站理念，积极拓展传播渠道，形成了网站与微博、微信等新媒体平台整体联动的立体运营模式，其微信公众号"资讯民大"有3万多粉丝，微信活跃程度及影响力在南方周末数据实验室的全国高校校务机构微信影响力排行榜上多次名列第一。校团委致力于打造"指尖上的共青团",成立青年传媒中心,设立新媒体工作室,其"两微(微博微信)一网(青年网)一刊(大学四年杂志)"初步构建了传媒媒介与新兴媒体阵地相辅相成、融通互补的校园全媒体宣传阵地,青年传媒中心因此获评"全省三星级校园媒体"。

第二,以服务青年成长成才为导向,开展"网上团建"试点。学校把团支部建到网络空间,团员实名注册,基础团务实现网络办理,让团旗飘扬在互联网上。

第三,探索"两课"与"慕课"、翻转课堂融合,增强思想政治教育实效性。马克思主义学院结合教学改革方向与网站建设,推行"微课"教学,满足网络教学和个性化学习需要。

第四,探索新生入学教育网络前置,促进新生尽快适应大学学习生活。目前学校已经将学生手册、安全微课、心理健康测试、大学成长手册等内容提前推送,推进安全教育、健康教育、成长教育信息化,创新新生入学教育新模式。

四、学生社区网格管理信息化建设初步成效

(一)建成学生在校情况预警与分析平台

2016年,建成学生在校情况预警与分析系统[①]。已经实现在校本预科学生失联预警(48小时在校内无任何行为轨迹)、消费预警、学业预警、身心预警、晚归不归预警、困难认定、网格管理信息分析等功能。

图2-2 预警平台功能及设计目标

---

① 截至发文时,已经升级建成预警系统2.0版本。

（二）建成"缴费注册选课"联动机制

　　针对财务学费收缴难、辅导员催费难、学生"恶意"拖欠等问题，2015年学工、财务、教务、现教中心等部门联合调研，开发学生"缴费—注册—选课"系统，在保障家庭经济困难学生权益（全员全额给予助学贷款资助）的前提下，实现学工系统学籍信息—财务处缴费信息—教务处选课系统自动同步关联，实现"缴费—注册—选课"三联动运行，通过网上流程办理，实现便捷服务，提升缴费自觉性，解决了多年学费催缴难题，杜绝了学生恶意欠费顽疾，管住了学生挪用学费现象，引导学生树立契约意识和诚信意识，培养学生法制意识、自律意识，维护学生权益，保障学校正常教学和管理秩序。

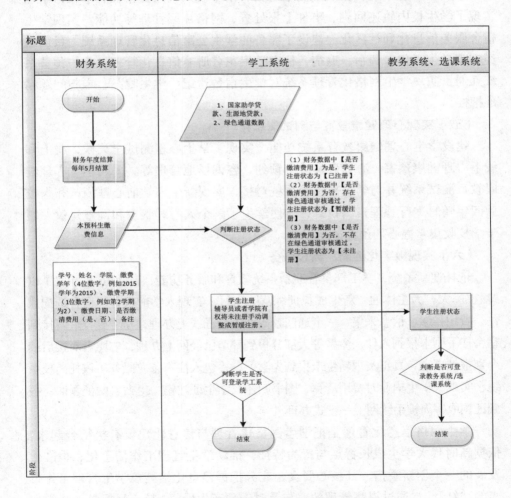

图 2-3　缴费注册选课机制流程图

（三）开设"麦课在线"网上安全教育微课

2016年起，学工部实施"麦克在线大学生安全微课"项目，与《赢在民大——大学生成长手册》一起，开展新生入学前教育，实现新生未入校先入学的目标，服务于学生安全教育与安全管理、学业指导与成长服务。截至目前，共完成2016、2017、2018级近2万名新生全覆盖学习，与往年相比，大大减少新生报到期间上当受骗事件。

（四）推进学生宿舍信息化建设

大力推动学生宿舍信息化建设工程，实现了宿舍网格管理，管理精准化，建立了网格管理系统，实现"网中有格、格中有人，人在格上、事在格中"。实现了学生校内轨迹回溯、事件上报处置、网格片区管理等功能。实现学生宿舍服务信息化和社区化，建设了完备的学生公寓信息化管理系统。目前已经实现学生入住、调宿、退宿、住宿学生花名册等信息化管理，并与预警系统互通，实现学生网格化管理系统对学生宿舍违纪、学生晚归、未归问题精准把控。

（五）实现心理健康教育与测试信息化

建设学生心理健康教育系统功能，实现了学生心理测试全天候，线上和线下心理健康预警，心理咨询线上预约、咨询场地管理等。采购学生心理健康教育测试系统并与学工部预警系统对接，实现新生入学前心理测试和入校后四年随时进行心理自测自查，方便学生了解个人心理状态和调整建议、便于学校收集掌握心理预警情况。

（六）实现数字化迎新、离校服务

依托迎新系统，学工部整合迎新系统教育和服务功能，自2016年开展了以"赢在民大"为主体的"新生成长训练营"项目，实现入学前教育、宿舍选配入住、费用扣缴、信息采集、一卡通门禁等业务全程线上办理，新生到校后直接到宿舍楼下刷卡报到入住，缴费等大部分报到环节已经网上办理，志愿者对接后续个别报到事宜，真正实现新生未报到先学习，拎包入住一条龙服务。依托离校系统，实现了学生毕业时费用清算、图书归还、学生证注销、退宿、两证领取、报到证领取等离校手续网上一键式办理。

学生网格信息化管理是把学生网格化管理与信息化建设有机结合起来，依据新时代大学生成长特点与行为特征，推动学生管理工作信息化、精准化发展的一个创新举措，其核心要义是充分把握信息化给高校学生管理工作带来的"红利"，通过提高管理效率与及时干预产生价值；核心目标是加强学生成长过程管理，建立学生管理大数据模型与成长指数分析系统，提高学生行为管理的精准性、风险管控的有效性、成长指导的科学性，破解学生成长的"黑匣子"，最终实现由被动管理向主动作为转型、群体管理向个性定制转型、粗放管理向精细指导转型这三大转变。这将是一个长期的建设过程，任重而道远，志高而弥坚。

高校大学生行为管理预警平台建设

预警一词英文称之为"Early-Warning"，可解释为，在灾害或灾难以及其他需要提防的危险发生之前，根据以往总结的规律或观测得到的可能性前兆，向相关部门发出紧急信号，报告危险情况，以避免危害在不知情或准备不足的情况下发生，从而最大限度地减低危害所造成的损失的行为。学生行为预警是高校在进行学生日常管理和服务过程中，利用大数据等信息化手段，对学生日常行为规范进行监测，对违规行为或者评估到的风险进行预警的一种非学术性管理行为。学生行为预警可根据学生在校行为种类归类为：学业预警、思想预警、身心预警、日常行为预警、就业预警等，本书仅针对学生日常行为预警及身心健康预警开展讨论，设计相关预警模式。

一、高校学生管理面临的挑战

伴随着信息化时代的到来，网络充斥着社会方方面面，高校学生管理作为一项具有专业性、系统性和复杂性的工作，传统安全问题仍然存在，网络时代又带来了高校学生管理工作新的问题和困境，主要表现为：师道权威性弱化、价值观念冲突和德育工作难度加大等。

（一）管理风险

当前学生管理风险包括传统安全风险和新安全风险，传统安全风险主要是指学生日常学习生活中的失恋、失踪、失联、失窃、上当受骗等人身财产安全等；新安全风险主要包括非法校园贷、网络贷、网络传销等可能侵犯人身财产安全和宣扬暴力、色情等不良价值观念的网络风险。

（二）资源错配

主要是指教育资源在学生中的错误配置，未实现教育资源价值最大化。包括家庭经济困难学生认定、国家奖助学金评审、学校奖助学金评审、社会资助资源配置、教与学目标非对称性设置等。

（三）教育失效

主要是指从教育效果上来讲，受教育者存在理想信念缺失、社会责任缺失、诚信意识缺失、集体意识缺失等现象，教育者存在远离现实社会需求、回避学生成长需要等现象。

二、学生行为预警的重要性

（一）建设和谐校园的底线要求

最新《普通高等学校学生管理规定》（教育部第 41 号令）中指出，"学校、学生应当共同维护校园正常秩序，保障学校环境安全、稳定，保障学生的正常学习和生活"。新生管理应转变传统的"事后处理型"学生管理方式为"事前事中预防型"，力求在学生管理工作中充分贯彻以学生为本的人性化和谐管理理念。

（二）"以生为本"促进公平的育人要求

中共中央、国务院最近发出《关于进一步加强和改进大学生思想政治工作的意见》指出，要"以人为本"，加强学生思想政治教育。新出台的《普通高等学校学生管理规定》（教育部第 41 号令）和《普通高等学校辅导员队伍建设规定》（教育部第 43 号令）也充分体现出"以生为本"的要求。"以生为本"就是要针对学生个体，开展有针对性的个性化教育措施，帮助学生全面发展。建设学生行为预警平台正体现了这一理念。学生行为预警平台可以分析和掌握学生普遍的行为习惯，对学生成长过程进行预警和干预，同时根据分析结果科学配置教育资源，创建公平的教育环境。

（三）高校网格化管理应有之意

高校网格化管理是运用网格技术和网格管理模式提升高校治理水平的一种新型管理模式，是有别于"学校——学院——年级——班级"的传统层级管理模式，实现"网中有格、人在格中"。网格化管理系统包括信息发现机制、分析机制、上报机制、预警机制、响应机制、监督机制等，而学生作为高校网格化管理中数量最大的群体，行为预警是其中最重要的一个环节。

（四）大数据时代使学生行为预警成为可能

近年来，人类在前沿科技上取得了很大进展，大数据、物联网、人工智能是显著代表。教育部部长陈宝生 2018 年 2 月在全国教育工作会议上的讲话中指出，要加快教育信息化步伐，启动教育信息化 2.0 行动计划，重点实施宽带卫星联校试点行动、大教育资源共享计划、网络扶智工程，普及推广网络学习空间应用，加快发展基于互联网的教育服务模式。近年来，高校在原有"孤岛式"学生业务系统基础上，开始探索建设统一管理、统一规范、统一标准的大数据中心，应用大数据技术服务学生教育管理，并已经取得一些良好的效果。高校学生行为种类繁多，难以监管，运用大数据分析方法，辅以校园一卡通建设、门禁系统建设等，使得与学生生活学习方面相关的多维度数据采集与利用成为可能。

三、学生行为预警类别和预警规则

学生在校行为种类繁多，按照学生事务管理概念，可以分类归纳为200多项具体的学生事务流程，涉及到思想政治教育、成才指导、学习支持、素质拓展、行为规范、创新创业、资助奖励、生活服务等方面[①]，高校在建设学生行为预警分析系统时，需要根据学校已有信息化条件和当前教育管理重难点进行建设规划，合理设置预警类别，科学设定预警规则，坚持科学性、自动化和实用性原则。中南民族大学学生行为预警主要包括以下几个方面[②]：

1. 学生失联预警

根据学生校内行为轨迹分析生成。如果学生在设定时间内未产生校内轨迹，同时未有学生请假信息，则生成学生失联预警信息。该预警信息包含学生姓名、事件类型、事件时间等，通过学生姓名可进入学生画像页面，相关管理者可查看相应的学生信息。

2. 消费预警

根据学生一卡通消费信息生成。如果学生月消费额低于400元（金额根据学生一般消费水平可浮动）、超过1500元，或两天未在学校内出现消费记录，则产生消费预警信息。该预警信息包含学生姓名、事件类型、事件时间等，通过学生姓名可进入学生画像页面，相关管理者可查看相应的学生信息。

3. 心理健康预警

根据学生校内行为轨迹分析和学生上网行为分析生成，并结合学生心理健康测试信息、身体达标测试信息、心理健康咨询档案信息分析运算。如果

---

① 王林清，马彦周，张建和.高校学生事务管理规范与服务标准[M].北京：中国文史出版社，2014.
② 除此处4项使用频度最高的预警外，中南民族大学预警平台还包括网络舆情预警系统、学生学业预警、学生旷课预警等预警功能。

在学生心理健康信息名单中的学生，只有一卡通消费行为且上网时间较长，或有长时间内的网络游戏流量等异常行为，则生成学生心理健康预警信息。该预警信息包含学生姓名、事件类型、事件时间等，通过学生姓名可进入学生画像页面，相关管理者可查看相应的学生信息。

4. 宿舍晚归不归预警

根据学生校内行为轨迹和学生宿舍门禁系统记录，结合学生请销假情况，综合判定学生当天是否晚归或者不归，若未归或晚归，则产生学生相应预警信息。该预警信息包含学生姓名、事件类型、事件时间等，通过学生姓名进入学生画像页面，相关管理者可查看相应的学生信息。

四、高校学生行为预警平台建设

（一）平台设计与架构

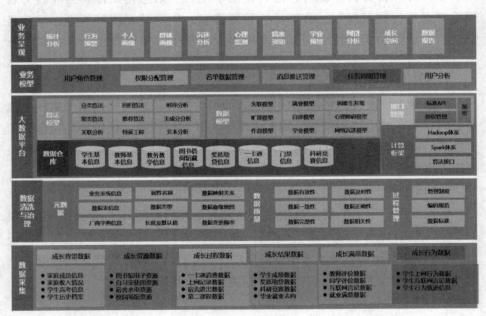

图2-4　中南民族大学大数据预警平台架构图

（二）环境搭建

1. 服务器集群搭建。服务器操作系统安装、网络调配。

2. 集群组件安装。NTP 服务器安装配置、CDH 安装配置、mysql 数据库安装、hadoop、flume、zookeeper、hive、spark 等组件的安装。

（三）数据采集

1. 业务系统数据采集

表2-1　业务系统数据采集涉及具体方面列举表

涉及业务系统	涉及业务系统	数据分析
教务管理系统 选课系统	学生成绩信息	是
	学生选课信息	是
	学生课表信息	是
	教师开课信息	是
	学生课堂考勤信息	是
	课程信息	是
学生管理系统	学生学籍信息	是
	学生资助信息	是
	学生奖惩信息	是
	学生心理健康信息	是
	学生请假信息	是
	辅导员班级对应信息	是
一卡通系统	学生账户信息	是
	学生交易信息	是
	商户信息	是
	刷卡机位置信息	是
图书管理系统	学生借阅信息	是
	图书馆藏信息	是
图书馆门禁系统	学生进出刷卡信息	是
	闸机位置信息	是
学生公寓门禁系统	学生进出刷卡信息	是
	闸机位置信息	是
上网身份认证系统	无线网上网认证数据	是
	有线网上网认证数据	是
	AP 位置信息	是
学生学业分析信息	预警信息、学情信息	是
离校系统	学生离校信息	是
财务系统	学生缴费、欠费	是
学生就业分析系统	学生派遣信息、就业分析报告	是

涉及业务系统	涉及业务系统	数据分析
节能平台	水电信息等、热水信息	是
就医系统	学生门诊挂号信息	是
体测系统	体测数据	是

2. 机器日志数据采集：AP 日志数据、上网行为日志数据等。

（三）数据管理与利用

1. API 调用管理。对 API 的使用情况进行管理，包括 API 支持应用、API 调用等情况进行呈现。另外对 API 使用定制申请流程，开发者申请，管理员审核，释放使用权限，完成 API 的开放使用。

2. 数据源可视化。对接入平台的数据进行独立页面管理，对结构化数据进行冗余归并、结构统一、清洗等处理，对半结构化日志数据进行清洗和结构化处理，形成标准的 API 接口，对其数据表结构进行描述，同时描述 API 调用和返回形式。

（四）数据呈现

1. 三维地图呈现。使用三维地图呈现物理网格，地图上虚线划分网格区域，在楼栋呈现楼栋基本信息，包括楼栋名、楼栋生活辅导员、学生总人数、事件数量等，如该楼栋内有上报事件，则在楼栋图标上点红色气泡警示。点击楼栋则进入该楼栋信息页，楼栋信息页包含的信息有：楼栋概况、事件情况、入住学生情况、资源使用情况和历史事件查询等。

（1）楼栋概况：包括宿舍、宿舍学生人数、宿舍事件数量、网格员等信息。

（2）入住学生情况：该楼栋入住学生的基本信息，宿舍、院系、电话、事件和网格员。

（3）资源使用情况：包括宿舍内用电情况、热水使用情况、网络使用情况，都以宿舍为单位进行展示。

（4）历史事件查询：可根据事件类型、事件来源和时间范围来筛选可查看学生产生的事件。

2. 层级递进呈现。行政管理网格主要以层级递进的形式，分类授权查看网格内学生失联预警事件，分为学工、学院和辅导员三级。不同级别网格员可查看的范围和学生信息不同。随着级别的升高，上一层网格员具有所有下层网格员的功能和权限。

3. 移动端呈现。手机移动端在微信企业号内实现，并以层级递进的形式呈现，各级网格员根据自己的权限查看相应学生信息。移动端以图文形式表现，不做三维地图呈现。

手机移动端提供上报机制，上报内容包括事件时间、事件类型、事件描述、现场照片、事件片区、事件楼栋和当事人（学生），手机端提供事件查询功能，包括今日事件、历史事件和我上报的事件。各级网格员仅可查看自己授予权限范围内学生信息、事件信息，具有相应的事件上报功能。

（五）数据分析模块设计

1.学生画像。集中展示学生的信息，包括学生基本信息（照片、姓名、性别、学号、学院、年级、专业、班级、民族、手机号码、qq号码、辅导员、舍友）、学生学籍信息、学生宿舍信息、学生成绩信息、学生选课信息、学生校内轨迹信息、学生网络使用情况、一卡通消费信息、产生历史事件信息、图书文献使用情况、奖惩信息。

2.学生安全事件报告。根据学生失联预警信息，构建学校安全报告体系，其中包括当前预警学生人数、当日上升人数、当月累计预警人数、重点学生预警人数、一周内学生预警人数变化情况、学院预警人数排名。

3.学生上网行为分析。根据学校提供的上网行为日志数据以及学生上网认证数据分析，得到当前上网位置、上网总时长、上网时长分布、上网流量、上网偏好应用、上网偏好网站。

4.学生校内消费分析。根据学校提供的一卡通流水数据分析，得到一卡通余额、月消费、日消费、某日消费记录、周消费趋势（不单是一般的统计分析，要考虑数据的有效性分析）。

5.学生校内行为轨迹分析。根据学校提供的学生基本信息数据、一卡通流水数据、一卡通刷卡机位置数据、有线网和无线网上网认证数据、无线AP位置数据、图书馆门禁刷卡数据、图书馆门禁位置数据、宿舍门禁刷卡数据、宿舍门禁位置等数据开展分析。根据各数据产生的时间顺序，将学生出现的位置和行为依次列出，并在三维地图中连线出现的位置，形成学生的校内行为轨迹图呈现。

6.学生身心健康样态分析。心理健康测试数据和学生既往心理病史信息，结合相关管理人员人工干预的方式，判断学生是否存在心理健康异常。根据体测数据和学生就医信息，通过对体测成绩不合格、就医内容和就医次数的结合分析，预测学生是否存在身体健康问题。

7.学生资助分析。根据贷款信息、无息借款信息、临时困难补助信息、勤工助学信息等，分析家庭经济困难学生库的学生的受助情况。根据贷款信息、无息借款信息、临时困难补助信息、勤工助学信息、消费信息等，帮助精准认定家庭经济困难学生。以学期为单位，生成学院和学校层面的学生资助分析报告。

五、预警分析系统成效和应用价值

（一）工作成效

2016 年学生行为预警平台建设上线后，三年间已累计为学校 120 余名学生教育管理人员研判学情提供了数据参考，为有针对性地开展工作提供了可靠支持。目前该平台已成为一线学生教育管理人员除业务系统外不可或缺的信息化手段。

1. 为家庭经济困难学生认定提供数据支持

家庭经济困难学生认定一直是高校资助工作的起点和难点，存在着"高校与当地政府信息不对称""唯证明论"等问题，全国资助管理中心多次下文，明确禁止学校要求家庭经济困难学生"上台演讲""投票比困"，加之高校缺乏客观的判定手段，造成了家庭经济困难认定"水分大"的问题。学生行为预警平台上线后，打破"唯证明论"，通过学生月度、季度消费情况、高消费、低消费、消费频度和单餐消费金额等一卡通消费数据维度进行分析，通过模型综合判定学生在校消费状况，提供消费预警名单给资助中心工作人员及辅导员，及时研判家庭经济困难学生中的"高消费人群"，主动发现并关注非家庭经济困难学生中的"低消费人群"，实现困难生的精准认定和困难生库的动态调整。

2. 为学生突发事件处置提供定位支持

在发生学生失联、失踪等情况下，学生行为预警平台可以第一时间查询定位学生的校内行为轨迹，明确学生失联失踪前的校内移动轨迹，定位离开学校的最后时间和最后地点，辅助其他机关开展后续工作。2016 年成功定位一名失联学生最后位置，学院最终找寻回该失联学生。

3. 为高关怀群体管理提供信息支持

学生行为预警平台可以进行学生群体定义，为学校重点关注的高危学生群体、重点学生群体单独建立预警机制，监测学生行为动态，及时预警干预。

（二）应用价值与前景

目前，很多高校已经意识到大数据的价值，纷纷建设适合本校管理要求的大数据分析预警系统，高校预警平台建设将在未来几年迎来爆发式增长，其准确客观的分析研判功能，将给学生教育管理服务带来巨大的裨益。

1. 给高校学生精细管理带来"红利"

学生行为预警平台通过提高效率与及时干预产生价值。加强学生成长指导的过程性，提高学生行为管理的精准性，提升风险管控的有效性，破解学生成长的"黑匣子"。

2. 实现学生管理"三个转变"

建立以学生为中心的大数据分析与预警体系，可以真正实现学校管理方式变革，实现被动管理向主动管理转型，群体管理向个体管理转型，粗放管理向精细管理转型。

3. 提升教育科学性和实效性

数字经济已经崛起，在数字经济时代，数据已经成为最重要的生产资料。同样，教育大数据是一座蕴含丰富资源的矿山，通过数据挖掘，可以打破传统经验型管理，发现教育现象背后的规律，变被动适应为主动发现，提高破解教育难题的针对性、科学性和预见性。

民族院校大学生发展指数构建
——大学生成长空间大数据应用案例

学生成长空间是指线下和线上联合建立的涵盖学生各种生活、学习、实践场景的空间集合体，既可以是统一的实体空间，也可以是运用信息化手段建立的虚拟成长空间。随着近年来信息化、大数据技术的迅猛发展，线上学生成长空间建设已经成为主要发展方向。

本案例介绍的民族院校学生成长空间大数据应用，即构建学生发展指数，是指通过构建学生发展指数数据系统，建立数据分析模型，运用大数据技术分析影响学生个体发展水平的各因子，用以衡量学生综合发展水平，评价影响学生个体或群体某一方面或某些方面发展状态。学生发展指数体系包含影响学生综合素质发展的各个方面单一指数，由多个学生发展指标构成。

一、学生发展指数的价值与意义

1. "指数法"应用于学生个体发展研究具有理论基础

指数概念从 18 世纪出现以来，受到了众多领域的追捧，各种价格指数成为反映市场变化的一个动态衡量指标。教育发展指数是由多个单项教育指标构成的综合指数，用于反映和评价一个国家或地区的教育发展水平。

从宏观教育发展指数研究方面讲，我国将指数应用于教育发展评价，大多是在参考国外相关指数的基础上进行设计。比如岳昌君在 2008 年提出的教育发展指数，采用教育存量指数、教育增量指数、教育投入指数和教育贡献指数 4 个一级指数及 16 个二级指标进行测算，得出我国各省区市教育发展程度总体排序，在此基础上探讨教育发展和经济发展的关系。王善迈在 2013 年提出用教育机会指数、教育投入指数和教育公平指数个 3 二级指标、18 个三级指标来构建教育发展指数，根据该指数对我国大陆各省份的教育发展总体水平及教育机会水平、教育投入水平、教育公平水平进行了统计测算和比较分析[①]。

目前关于教育发展指数国际上比较有影响的指数有两个，一是联合国开发计划署（UN–DP）的人类发展指数（Human Development Index，HDI）中的教育指数，二是联合国教科文组织（UNESCO）的教育发展指数。但将指数法应用于微观教育对象的发展研究，尚不多见。

2. 从高校管理角度讲，以综合治理为目标的信息化建设取得了积极进展

目前国内高校在学生学业安全、学生生命安全、学生经济资助底线等方面普遍面临较大压力，很多高校基于维护安全稳定的需求，大力推动以综合治理为目标、以职能部门为中心的多维度数据分析项目，取得了积极进展。

3. 从以生为本角度讲，以学生个体发展为目标的大数据分析研究仍是空白

随着高等教育质量竞争的加剧以及本科教育教学状态评估的需要，目前国内高校也产生了学生发展质量的数据分析需求，围绕学生画像的数据分析项目取得积极进展，但建立全面反映学生发展动态的大数据项目目前还是阙如。

二、民族院校学生发展指数体系构建

（一）学生发展指数体系构建基础研究

1. 学生发展指数的数据环境基础

就高校而言，良好的数据环境是进行大数据分析的前提。开展学生发展

---

① 岳昌君 . 我国教育发展的省际差距比较 [J]. 华中师范大学学报：人文社会科学版，2008（1）：122–126.

指数研究的首要基础是具有良好的业务数据环境。以中南民族大学为例，学校于 2010 年启动数字化校园建设，在数字化校园建设"十三五"规划中，提出了智慧校园概念，推动信息化建设更上台阶。目前，学校共建有学生管理信息系统、教务系统、一卡通系统、财务系统、图书情报系统、校医院就诊系统、资助系统、学生网格数据分析与预警系统、学业预警帮扶系统等与学生相关业务系统 40 余个，建设了统一规范的数据中心，初步实现了数据交换共享，为我们开展学生发展指数研究提供了基础。

2. 学生发展指数的源数据分类

根据学生个体成长发展需求，结合目前学校数据积累，我们采用归纳列举方法，将学生发展指数的基础数据进行归类，并通过建立统一的数据标准来获取有效数据，具体列分为五大类数据。

一是成长背景数据。主要涵盖家庭成员基本信息、收入信息、父母职业、父母受教育水平等数据，数据主要来源于招生、迎新、学籍管理等业务系统和家庭背景调查数据等。

二是成长资源数据。主要涵盖图书借阅、文献查询使用、自习室使用、创新实验室使用、加入创新团队与社团、水电资源使用情况等。数据主要来源于图书借阅系统、门禁系统、创新创业数据、后勤管理系统等。

三是成长过程数据。主要涵盖学生作息时间及规律、食堂消费及规律、社会实践及志愿服务次数及时长等、听讲座次数及时长等。数据主要来源于一卡通系统、门禁系统、资助系统、学生社团管理系统等。

四是成长结果数据。主要涵盖学业成绩、获奖荣誉、创新创业成绩、身心健康数据等，数据主要来源于学生管理系统、创新创业、就业、体质测试等各个业务系统数据。

五是成长满意度数据。主要涵盖校园生活幸福指数、评教数据、对学校认可度满意度等，数据主要来源于教师评价、学生个人主观评价、学业发展满意度调查、就业满意度调查等数据。

3. 学生发展指数数据采集

业务数据经过数据采集、数据清洗、证据整理、数据加工等流程后产生的多维度数据，共同构成学生发展指数分析的基础数据。以中南民族大学为例，下面是中南民族大学数据采集的基本情况。

表 2-2 中南民族大学数据采集汇总表

序号	数据来源业务系统名称	管理归属	相关数据
1	学生管理信息系统	学工部	学生学籍信息、基本信息、奖学金、违纪处分、综合素质测评成绩
2	大数据分析及预警系统	学工部	消费预警
3	一卡通系统	卡务中心	食堂消费、超市消费数据
4	教务系统	教务处	选课信息、成绩、绩点、
5	学生公寓门禁	卡务中心	门禁数据
6	图书管理系统	图书馆	学生借阅数据、图书馆藏数据
7	上网身份认证系统	现教中心	有线、无线上网认证数据、静态 ip 信息、AP 位置
8	学业预警	学工部	学业预警数据、学情信息
9	创新创业管理系统	创新创业学院	学生创新、创业数据，创新创业获奖数据
10	节能平台	后勤保障处	用水、用电数据
11	财务系统	财务处	学生学费、住宿费等缴费数据
12	资助系统（模块）	学工部	家庭经济困难学生数据、奖助学金数据、临时困难补助、勤工助学、
			……

（二）学生发展指数体系构建预期目标

确立预期目标是做好一切指数分析的前提，学生发展指数预期目标是指从结果出发，系统思考指数建立的理论价值和应用价值，为指数构建提供方法和路径。学生发展指数体系构建预期目标主要包括以下五个方面：

1. 学习类指数预期目标。通过学习成绩、学分绩点、学业发展、获奖荣誉、综测排名，定位优秀学生群体，画出优秀学生群体成长轨迹，建立中南民族大学学霸群体数据"标杆"，为学生提升学习效果提供清晰可借鉴的途径，为学校挖掘研究"学霸之所以成为学霸"的原因。

2. 生活类指数预期目标。通过晨跑、消费、个体富裕程度、人际交往情况等指数，反映学生个体在学习外的生活规律情况，其中某些因子可以作为分析产生学生成长结果好坏的影响因素。

3.身心类指数预期目标。通过身体健康指数、心理健康指数等，得出全校学生身心健康总体情况，学生可得出自己身心素质在全校排名情况，并可作为分析学习类指数的影响因子。

4.情感类指数预期目标。通过恋爱、人际交往、社团活跃度等方面指数的建立，用于观察和分析学生个体人际交往能力，从而适当时给予动态指导。

5.社会竞争类指数预期目标。通过创新创业能力、学生工作能力、社会实践能力、实习实践等，呈现学生在校期间竞争力，预判学生就业情况与社会竞争能力。

（三）学生发展指数体系构建观测点

学生发展指数观测点是指在构建指数数模型时，直接或间接反映学生某方面变化特征的观测点。观测点由与该项指数分析结果产生影响的相关数据维度构成。中南民族大学学生发展指数观测点选择如下图所示。

表2-3 中南民族大学学生发展指数观测点设计

序号	指标	观测点	数据维度
1	学霸指数	学习成绩	GPA、综合素质测评排名、往届专业成绩排名
2	学渣指数	学习成绩、挂科门数	主干课程挂科情况、学业预警情况
3	阅读指数	阅读量	图书馆借阅书目名称、数量；借阅电子书书目名称、数量；阅读关注点（知识模块化）
4	身体健康指数	身体健康指标	新生入学体检数据、毕业体测数据、校医院就诊数据、个人就诊数据
5	心理健康教育	心理健康指标	新生入学心理测试结果数据、日常学生心理测试结果数据、心理咨询数据、校医院心理门诊数据
6	自律指数	日常作息	晨跑、晨读数据，就寝规律、就餐规律、宿舍网络使用、课堂签到数据
7	创新创业指数	创新创业项目、发明专利等	创新课程学分、创新立项、创新获奖、专利发明等；创业学分、参与创业团队活动、创业项目立项等
8	就业指数	学业；职业规划；综合竞争力	专业成绩与综测成绩、社会活动活跃度、学生工作经历、实习实践情况

序号	指标	观测点	数据维度
9	诚信指数	有无失信行为	作业抄袭、考试舞弊、证明作假、恶意欠费、违纪处分、社会失信等
10	个体富裕指数	家庭经济状况；日常消费	家庭收入情况、父母职业身体健康情况、家庭赡养人数、一卡通消费数据、食堂消费占月消费比重、网购消费金额、高档消费品使用情况等

（四）学生发展指数体系分类

表2-4　学生发展指数体系分类表

序号	一级指标	二级指标	数据
1	身体健康方面	身体健康指数	新生入学体检数据、毕业体测数据、校医院就诊数据、个人就诊数据
2	心理健康方面	心理健康指数	新生入学心理测试结果数据、日常学生心理测试结果数据、心理咨询数据、校医院心理门诊数据
3	学业发展方面	学霸指数、挂科指数	GPA、综合素质测评排名、往届专业成绩排名；主干课程挂科情况、学业预警情况
4	就业能力方面	就业指数、失业指数	专业成绩与综测成绩，社会活动活跃度、学生工作经历、实习实践情况
5	创新创业方面	创新指数、创业指数	创新课程学分、创新立项、创新获奖、专利发明等；创业学分、参与创业团队活动、创业项目立项等
6	人际交往方面	人际交往指数	包括自律情况、社团活动参与数据、寝室上网时长等
7	社会实践方面	社会实践指数	学生工作经历、实习实践、兼职数据
8	日常生活方面	自律指数	晨跑、晨读数据，就寝规律、就餐规律、课堂签到数据

（五）学生发展指数体系构建

学生发展水平是由学生个体素质、主观努力程度、教育教学环境等多个主客观因素共同作用的结果，根据不同切入点，可以开展不同方面的指数分析，以中南民族大学为例，就目前教育教学情况和现有业务信息系统部署情况而言，我们挑选最具有研究价值和代表性的"十大指数"来构建中南民族大学学生发展指数体系。

1. "学霸"指数

是指综合反映学生学业竞争力，衡量学生学业水平的指数。根据学霸指数，还可以对学生开展优秀学生群体生活学习习惯、学业预警学生群体生活学习习惯等聚合分析。

2. "学渣"指数

通过学生挂科情况、学业预警情况、课堂缺勤、考试成绩等数据运算得出学业预警指数，呈现学生学业排名情况。可以定位常年位于专业排名末尾的学生群体，以便后续针对性地开展帮扶措施。

3. 阅读指数

通过图书借阅以及查阅电子文献的数量、借阅类别、与专业相关性等情况，反映学生阅读兴趣与借阅质量。可以与学生学业成绩等进行关联分析。

4. 身体健康指数

通过体检体测等手段，对学生身体健康数据进行分析，监测学生身体状态并能够予以反馈。

5. 心理健康指数

是指通过学生心理病史、新生入学心理测试、日常心理测评、心理咨询、医院心理门诊等心理相关的数据，综合分析判定学生心理健康状态。

6. 自律指数

是指通过对晨跑、晨读、就寝就餐、宿舍网络使用、课堂签到等数据综合分析来反映学生生活规律程度。

7. 创新创业指数

是指通过创新课程学分、创新立项、创新获奖、专利发明、创业学分、参与创业团队活动、创业项目立项等数据，综合分析反映学生个体或群体创新能力与创业能力。

8. 就业指数

是指通过学生专业成绩与综测成绩、社会活动活跃度、学生工作经历、实习实践情况、创新创业情况等，综合反映学生就业能力，与历年就业大数据对比，建立数学模型，确定学生就业指数。

9. 诚信指数

是指通过记录学生作业抄袭、考试舞弊、证明作假、恶意欠费、违纪处分、社会失信等品行数据，建立模型综合分析确定学生个体诚信状况。

10. 个体富裕指数

是指通过学生家庭经济状况、日常消费水平、高档消费品消费情况等数据，综合分析反映学生个体富裕程度。

三、学生发展指数结果呈现

（一）学生画像

学生个体发展指数报告以学生画像形式呈现，通过能力图、柱状图等信息图形化手段，直观呈现学生各方面发展能力与现状。其目的主要有两个，一是引导学生自我调整发展目标与发展策略，二是为教育管理部门提供学生成长精准概貌。教育管理部门实时掌握学生学情总体情况、思想政治状况、人才培养质量情况等，便于学校把握趋势，总结规律，科学决策。

（二）学院学生发展指数报告

学院学生发展指数报告是指通过图形信息化手段，在一定范围内实现学院学生发展整体水平横向与纵向对比的报告。报告主要内容如下图：

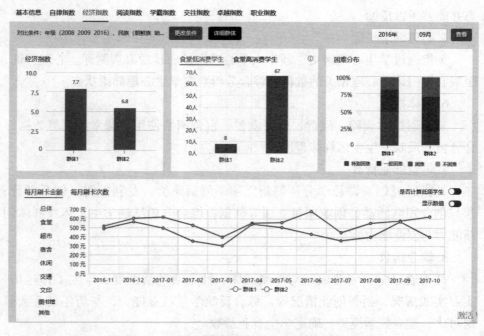

图 2-5　学生画像初步实现效果如效果图

表2-5　不同类型下各学院学生发展指数横纵向对比表

序号	类型	各学院学生发展指数横向对比	各学院学生发展指数纵向对比
1	图书借阅（含电子阅览）	全校各学院图书借阅量对比	学院当前图书借阅情况与往届图书借阅情况对比
2	学生科研	全校各学院学生公开发表文章数量与质量对比	学院当前公开发表文章数量与质量与往届对比
3	学生创新创业	全校各学院学生创新创业质量对比	学院当前学生创新创业质量与往届对比
4	学院学风建设	全校各学院学生课堂出勤率、课堂活跃程度、课堂评价情况对比	学院学风建设情况与当前对比

四、民族院校学生发展指数预期价值

（一）动态直观呈现学生发展状态

以学生画像的形式，综合呈现学生各方面发展的指数。同时以网状图、坐标图等图形化形式直观显示学生综合素质、学情发展等状况，从而引导学生自我调整发展策略。

（二）为教育管理者提供工作参考

一方面是通过对不同群体多指标的比较分析，分析不同群体的学习生活行为，分析不同群体的学习投入与绩效情况。另一方面，基于单一指标的聚合分析，运用数据来定义不同学生群体，不仅可以有助于甄别"最孤独的人""最需要帮助的人"等，有效防范学生教育管理风险，同时还可以发掘"最具创新力的人""少数民族骨干精英"等群体，为教育精准施策提供科学参考。

（三）为教育主管部门提供学生成长精准概貌

通过运用大数据进行学生成长的综合分析，可以让教育主管部门实时掌握学生学情总体情况、思想政治状况、人才培养质量情况等，便于教育主管部门把握趋势，总结规律，科学决策。

（四）提高学生与岗位的人职匹配度

通过大数据简历等运用，让用人单位掌握学生成长过程数据，从而提高人职匹配，既降低用人单位的招聘成本，也降低学生的求职成本。

（五）促进家校协调、校社协同走向深入

通过大数据成长空间系统的适度开放，并在隐私保护的前提下，将学生成长年度报告、学生预警报告等动态数据共享给利益相关人，家长或监护人可获得实时动态数据，构建家校协同育人合力。

高校大学生心理危机立体化干预指导

2016 年 8 月，习总书记在出席全国卫生与健康大会的讲话中指出：要加大心理健康问题基础性研究，做好心理健康知识和心理疾病科普工作，规范发展心理治疗、心理咨询等心理健康服务。2017 年 1 月，22 部委联合发文《关于加强心理健康服务的指导意见》，对高校心理健康教育工作以及心理危机干预工作的深入开展提出了具体明确的要求。在此背景下，学校心理健康教育中心对于学生心理危机干预工作的体制机制建设进行了新的思考。

一、指导框架

以专业队伍建设为先导，以督导考核问责为保障，以总结分析研判为依托，标准化、规范化、专业化地开展工作，构建立体风险防控体系，确保学生心理危机风险防控工作科学、有效、落到实处。

队伍建设培训，主要体现为搭建工作网络、提升专业能力、普及基础知识；督导考核问责，主要体现为细化过程督导、落实考核奖励、启动问责机制；总结分析研判，主要体现为滚动数据分析、总结经典案例、专题课题研究、主抓关键因素等。

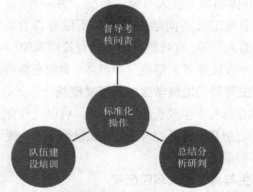

图 2-6　学生心理危机风险防控工作标准化操作体制表

二、工作流程

学生心理危机干预分为一般心理危机干预和紧急心理危机干预两大类别，分别设立相应的干预工作流程。

（一）一般心理危机干预流程图

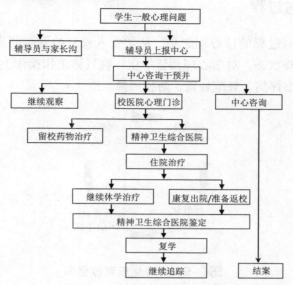

图 2-7　一般心理危机干预流程图

（二）紧急危机干预流程图

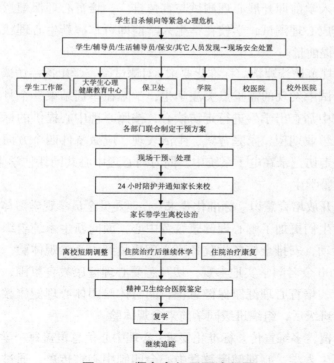

图 2-8　紧急危机干预流程图

三、应对过程

标准化应对过程的核心理念是，从学生入校开始到顺利毕业，全程充分掌握学生的心理状态，对于心理预警学生，在具体工作操作上实现及早发现，持续关注，动态评估，规范处置，防控风险。

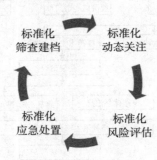

图 2-9　标准化应对过程图

（一）标准化筛查建档

1. 学生心理预警前置。标准化要求：新生入学前基本完成测试

在新生入学前即开展心理测试与宣传推广，培育心理保健意识，新生在到校前即完成心理测试，学校在学生入学前即可掌握新生心理状况，为工作的开展打好提前量。

2. 学院规范访谈建档。标准化要求：对测试筛查学生逐一访谈

对于测试中发现的需重点关注学生，学院在军训结束一个月之内，逐一对心理测试中筛查出学生进行走访谈心，按照心理中心提供的标准化提纲规范访谈，从学业期望、家庭背景、生活表现、应激事件四个方面全方位了解学生，并将走访记录在电子系统中，同时与心理中心共同评估学生心理状态，确定心理预警学生。

3. 中心开放培育意识。标准化要求：心理委员全员参观学习体验

为让学生们更加了解心理健康教育中心，面向新生系统组织开展"中心开放日"活动，安排全校各学院各班心理委员到中心参观体验，每年平均有40多批次800余名同学实地参观，切身感受心理健康教育氛围，了解心理健康基本理念，培育心理健康保健意识，同时体验团体心理健康教育活动。心理委员回到班级后，组织班级同学前来参观体验。

4. 全员覆盖多维宣传。标准化要求：心理中心信息覆盖每个学生

每年新生入学，心理健康教育中心会印制中心宣传单，通过学院发放到

学生手中，实现人手一册。宣传单上印有校历，鼓励学生长期保存。同时心理健康教育中心在学工部"资讯民大"微信公众账号上开设"心理咨询"专栏，通过语音、文字等多种方式与学生互动，一方面心理咨询师可以对学生的提问进行一对一解答，另一方面，针对一些普遍性的、可以公开的问题，对全体学生进行推送。打造中心微信号"双塔心语"，通过网络平台关注学生心理状态。在心理健康活动月中推出寝室微拍活动和心理情景剧比赛，吸引更多同学关注和参与心理健康教育。

（二）标准化动态关注

1. 日常化动态关注。标准化要求：学院每月上报心理预警学生关注记录

对于心理预警学生，学院与中心共同建立心理档案并安排心理咨询教师予以追踪管理，学院每月反馈学生学习生活人际情绪状态，中心教师定期到学院与辅导员交流，对心理预警学生的工作方案逐一进行跟进，排查风险点。

2. 网格化技术关注。标准化要求：学生异常行为轨迹第一时间掌握

依托网格化管理体系，打造网格化预警系统，通过技术手段对学生无进出记录、无消费记录等异常表现实时预警监控；推动心理健康教育进宿舍，实现关注网络全覆盖。同时学生在校期间可反复自主进行心理测试，通过数据预警分析平台实时监控，如发现风险情况可及时掌握学生动态。

3. 体制化全员关注。标准化要求：所有师生员工纳入心理工作网络

在学校"心理健康教育工作领导小组"的领导下，建立了比较完善的心理危机信息预警监测网络，形成了从学生骨干、辅导员、班主任到学院、职能部门及心理中心、学校领导的危机快速反应机制，切实维护学生的生命安全。

学校在坚持政工干部晚值班工作制度的基础上，校领导带头深入基层、深入宿舍、深入课堂、深入学生，全面掌握学生的思想动态和学习、生活、心理等各方面的困扰，将学校、老师的关心落到实处。

（三）标准化风险评估

1. 危险信息早期识别。标准化要求：辅导员、心理委员、寝室长及时反馈异常信息

寝室长、心理委员对同学中近期遭遇应激事件、情绪生活状态发生较大变化、网络空间流露消极情绪等情形，第一时间上报辅导员，辅导员预判之后及时上报心理健康教育中心。

2. 个案管理专家指导。标准化要求：每周一次专家咨询，每月两次个案评估

心理健康教育中心每周对本周内的危机干预个案请校内专家进行一次评

估，每月中与月末各组织一次心理中心案例督导与个案管理风险评估讨论会，对本月中心接待的来访学生个案的风险状况予以讨论，邀请校内外专家给予专业建议。

3. 医校合作专业评估。标准化要求：每周一次心理门诊，每周一次信息互通

学校医院与湖北省人民医院、武东医院等精神专科医院建立对口联系，每周安排医院专家坐诊，同时与心理健康教育中心通报相关信息。心理健康教育中心也及时转介需要确诊学生就诊。医院、心理健康教育中心与学院三方保持信息充分交流，更好地对学生的心理危机风险予以联动反应。

（四）标准化应急处置

1. 标准化操作指导。标准化要求：各类危机分类指导，按照手册规范操作

心理健康教育中心为辅导员及心理委员编印了《辅导员心理危机干预立体化操作指导手册》和《心理委员心理工作手册》，为各类人员的工作开展和系统培训提供专业支持。手册将学生心理危机分为严重心理疾病、存在自杀意念、存在自杀行为、存在伤人意念或行为等几类情形，分类予以详细明确指导。

2. 规范化应急干预。标准化要求：心理疾病医学治疗，依照法规开展工作

将学生一般心理困扰与心理疾病区分开来，对于疾病按照医疗诊断治疗方案进行处理，做到规范管理、有效干预。与医院建立快速应急反应通道，对紧急情况第一时间转介医院诊断治疗监护，严格按照精神卫生法等相关法律规定开展工作。通过邀请校内外专家为政工干部讲授专业心理干预工作的知识与技巧，为辅导员专门解读如何在专业背景下规范有效地开展工作。

（五）实施成效与价值愿景

该工作体系运行以来，心理健康教育工作取得以下成效：

1. 知晓率提升

每年平均有 75% 的新生在报到前即完成了心理测试，同时调查显示 50% 的新生在到校前表示已知晓学校心理健康教育中心相关信息。

2. 到访率提升

通过一系列的开放宣传，中心到访率逐年提升，每月平均来访人数从 2013 年的 60 人次提升到 200 人次。

3. 参与率提升

以 2017 年为例，学生心理健康活动月情景剧比赛共有 21 个学院的 29 项剧目参赛，寝室微拍投稿达 125 项，参与人数达 1010 人，双塔心语进行寝室微拍投票，阅读量达 16379 次，学生反应热烈。其中有 95% 的同学对此

次活动月表示满意，94% 的同学表示在此活动中有收获，并愿意继续参与此类活动。

4. 干预成功率

心理健康教育中心平均每年实施危机干预 110 余人次，其中 90% 存在心理疾病，约 1/4 个案存在自伤、自杀或伤人风险，但都通过标准化处置操作得到了妥善处理。通过心理健康教育实际工作的检验，该工作体系在对学生心理危机相关风险的管理上发挥了实际效用，有效降低了学生心理危机引发安全事故的风险。

四、应急处置预案

（一）对有严重心理障碍或心理疾病学生的干预措施

1. 各级"学生心理异常情况监测网络"收集或发现的学生心理异常情况信息，必须迅速反馈到学校心理健康教育中心，由心理健康教育中心进行评估，并提出书面评估意见和相关建议。心理健康教育中心评估学生存在疑似心理或精神疾病症状，则转介到精神专科医院由专家进行会诊。

2. 根据学校心理健康教育中心的评估及精神专科医院的诊断，分别制定相关措施。

（1）学生可以边治疗边学习的，学院通报学生家长，由学生家长陪读，密切注意学生心态，关注学生动向，指派学生骨干定期联系，辅导员定期关心询访，定期向心理健康教育中心汇报情况；心理健康教育中心开展跟踪咨询，并根据情况变化再次进行专家评估。

（2）精神专科医院诊断学生不适宜在学校继续学习需回家休养治疗的，学院通知学生家长将学生带回家休养治疗，同时办理休学或退学手续。

（3）精神专科医院诊断学生需要住院治疗的，学院通知学生家长，并由学生家长或学生家长委托学院将学生送至精神专科医院治疗，并办理请假、休学或退学等手续。

（二）对有自杀意念学生的干预措施

1. 学院成立监护小组，在"学生心理危机应急处理领导小组"指导下，将有自杀意念的学生转移到安全地点，对有自杀意念学生实行 24 小时监护，并通知学生家长到学校。

2. 向心理健康教育中心报告，心理健康教育中心组织有关专家对有自杀意念学生的心理状况进行评估，并给出书面评估意见。中心评估学生存在疑似心理或精神疾病症状，则转介到精神专科医院由专家进行会诊。

3. 精神专科医院诊断有自杀意念学生需回家休养治疗的，所在学院立即通知学生家长将其带回家休养治疗，并办理请假、休学或退学手续，做好与学生家长的交接工作。

4. 精神专科医院诊断有自杀意念的学生需立即住院治疗的，由家长将学生送至精神专科医院治疗。家长无法及时到校的，可在征得家长同意后，由所在学院派专人负责将学生送至精神专科医院接受治疗，同时办理请假、休学或退学等手续。

（三）对已经实施自杀行为学生的干预措施

1. 对已经实施自杀行为的学生，所在学院要立即送往最近的医院或校医院，由医院或校医院负责实施紧急救治或转到其他医院救治。同时，立即向学工部、心理健康教育中心、学校领导报告情况。

2. 向学校保卫处和公安部门报告，由保卫处或公安部门负责及时保护、勘察、处理现场、防止事态扩散和对其他学生的不良刺激，并配合、协调有关部门对事件的调查。

3. 立即通知学生家长到校。

4. 对已经实施自杀行为学生周围的同学尤其是同寝室同学，采取相应的安抚措施。

5. 对于自杀未遂学生，学院实行 24 小时监控，心理健康教育中心加强咨询疏导，并请精神专科医院专家对学生进行评估诊断。医院诊断学生需要立即在专科医院接受监护治疗的，征得家长同意，可由所在学院派专人负责将学生送至精神专科医院接受监护治疗。家长到校后将学生带回家休养治疗或住院治疗，并办理请假、休学或退学等手续。

（四）对有伤害他人意念或行为学生的干预措施

1. 对有伤害他人意念的学生，由学生所在学院和保卫处首先予以控制，并通知有关部门采取相应措施，保护所有当事人的安全。对已实施伤害他人行为的学生，由学校保卫处处理。

2. 所在学院向心理健康教育中心报告，中心组织专家对其进行心理评估，确定学生伤害他人的意念或行为是否主要是由于心理因素造成的，并写下书面评估意见。

3. 心理健康教育中心发现学生存在疑似心理或精神疾病症状，则转介到精神专科医院由专家会诊。精神专科医院诊断有伤害他人意念或行为的学生需在家休养治疗的，所在学院立即通知该生家长将其带回家休养治疗并办理请假、休学或退学等手续。

4. 精神专科医院诊断有伤害他人意念或行为的学生需住院治疗的，所在学院通知家长到校将学生送至精神专科医院治疗，征得家长同意，可由所在学院派专人负责将学生送至精神专科医院接受治疗，同时办理请假、休学或退学等手续。

（五）心理危机应急处置注意事项

1. 在开展心理危机干预及自杀预防工作时，应坚持保密原则，维护学生权益，不得随意透露学生的相关信息。

2. 对社会功能严重受损和自制力不完全的学生，不得在学生宿舍里实行监护，避免监护不当造成危害，以确保该生及其他人员的安全。

3. 通知存在严重心理障碍、心理疾病或存在自杀意念学生的家长时，事先谨慎告诉事情真相，同时还要嘱咐学生家长，在未赶到学校或与学校相关组织及其负责人见面之前也不要告知学生，以免激发或加重所干预学生的心理问题。

4. 与家长联系过程中应注意方式方法，各相关部门在开展心理危机干预与危机事故处理过程中，应做好资料的收集与证据保留工作，包括与相关方面进行沟通的重要电话录音、谈话录音、记录、书信、照片等，做好必要的分类归档。必要时可通过家长所在村镇、社区及单位与家长取得联系。

5. 精神专科医院诊断学生需要立即接受住院治疗，家长表示因故不能及时赶到学校的，学院要与家长协商，要求家长同意由学院将学生送往精神专科医院住院治疗，与家长协商的电话，要有电话记录或录音。

6. 干预措施中涉及到学生需要休学接受治疗的，按照《普通高等学校学生管理规定》办理。定期与学生家长保持联系，了解学生治疗情况。

7. 学生确诊为严重精神障碍，并且已发生伤害自身或伤害他人行为或存在相关风险的，可参照《中华人民共和国精神卫生法》相关规定处理。

8. 对心理危机相关知情及参与人员在危机过后也需开展心理干预，如同学、辅导员、班主任、咨询师及其他危机干预人员等。

（六）建立心理问题学生愈后鉴定及定期咨询制度

1. 对于因心理问题休学学生申请复学时，要向所在学院及心理健康教育中心提供由县级以上有心理健康状况鉴定资格的医院提供的康复证明，并由学校对口的精神专科医院鉴定确已康复，经校医院复核后方可办理复学手续。

2. 因心理问题休学学生复学后，由心理健康教育中心组织专家对其进行定期心理咨询。学生所在学院定期了解其思想、学习、生活等方面的情况，并向心理健康教育中心汇报。

3. 对于有自杀未遂史的复学学生，心理健康教育中心组织专家对其进行定期心理咨询及风险评估，并反馈给学生所在学院。同时，学院安排学生骨干对其进行监护和心理关怀，复学学生所在年级的辅导员每周至少要与其谈话一次，并向校心理健康教育中心汇报。

五、应急处置案例

某学院学生小明心理危机干预工作案例

（一）基本情况与初步介入

小明，男，系某学院大三学生。2014 年 6 月 6 日晚 10 时许，因为拒绝缴纳寝室电费与室友发生口角，进而演变为与室友相互推搡，之后小明将一把小水果刀扔到地面，以此警告室友"要么捅死室友，要么被室友捅死"。其他同寝同学见状快速将水果刀拾起扔出。当晚 11 点 50 分左右，小明在班级群内大量发送以威胁、恐吓为特点的个人发言，班内同学皆认为该生思想偏激未予理会。

2014 年 6 月 7 日清晨，小明所在班级及专业多名学生干部向辅导员报告了昨天晚上发生的事情，并截取了一部分小明在群内的发言图片报给了辅导员 A 老师。A 马上联系上学生干部，当天上午 8 点半，小明在班长的陪同下一起来到辅导员办公室，经与小明本人近一个小时谈话及进一步了解头天晚上相关情况，辅导员 A 初步判断该生出现了心理疾病症状，需要进行专业评估与治疗。

（二）危机干预过程：思路与分工

1. 此次危机干预的思路大致可以归纳如下：

（1）干预启动——信息上报，各方联动

（2）干预初期——专业评估，明确症状，形成决策

（3）干预中期——（家长到校前）家校充分沟通，个案监护

（4）干预后期——（家长到校后）多方商议决策，治疗休养

（5）干预追踪——（学生返校后）学业生活关怀，身心辅导

2. 相关组织人员的分工

（1）学院（副书记、辅导员）：上报信息，家校沟通，安排人员陪护，与

家长、学工部共同商议决策，解决学生现实问题。

（2）心理健康教育中心（主任、咨询师）：协调处理，参与评估与干预决策，后期提供咨询。

（3）校医院心理门诊（专业医师）：开展评估，做出专业诊断。

（4）学生工作部（部长）：与学院、家庭共同商议决策。

（5）学生家庭（家属）：了解情况，到校陪护，做出决定。

3. 对照干预思路下的具体操作

（1）启动——学院信息上报，做出基本处理。接到学生反映情况后，辅导员立即向学校心理健康教育中心 B 老师报告了学生冲突过程及出现的一些症状，B 老师初步预判该学生存在疑似症状，需进一步由专业医生确诊。B 老师随后向中心主任汇报了相关情况，并联系武东医院心理科医生前来检查与评估。

辅导员 A 老师同时将基本情况报告学院党委副书记 C，C 要求尽快联系专业医生尽快来学校做好诊断，同时安排学生干部做好陪护，确保学生安全。随后 C 向学生工作部部长汇报了初步情况。

（2）初期 1——医院专业评估，给出诊断意见。6 月 7 日上午 11 时，武东医院心理科刘医生到达学校学生工作值班室，在与小明进行了近 1 个小时的谈话后，告知辅导员 A，小明思维联想丰富、夸大事实，躁狂特征明显，而其心理深处自卑感明显，求学压力过大，医生初步判断，小明应是抑郁躁狂双向障碍，应尽快送往医院接受专业心理检查与治疗，但其伤人伤己风险暂时较小，建议家长到校后带学生到医院作一步确诊。

初期 2——多方共同商议，形成干预决策。学院党委副书记 C 向学工部部长汇报了该生的具体情况与工作情况。心理健康教育中心反馈了专业医院给出的诊断与建议。学工部部长要求学院充分考虑到学生学习及家庭实际情况，从学生个人健康与发展的角度出发，要求家长来校商讨治疗事宜，并为他们尽可能多地提供支持。同时家长到校前做好陪护工作。

（3）中期——学院家属沟通，争取家人合作（干预的难点）。家长到校前学院安排了学生干部专门陪护小明。同时学院辅导员与家属展开了多轮沟通，最终让家长明了学生生病的情形，说服家长到校共同合作展开危机干预（详见下文）。

（4）后期——家长到校商议，学生就医治疗。学生母亲到校后，确认了学生的状态，在学院及学工部的建议下，并经和其他家属商议，最终决定在武汉接受治疗。随后小明在其母亲及学院老师同学陪伴下前往武东医院心理科就诊，确诊为重度双向情感障碍，入院接受治疗。

（5）追踪——学生返校学习，关怀复诊辅导。学生返校后，需要坚持药物巩固治疗与心理辅导，逐步恢复学业与生活，医院、学校、学院、学生家庭合力构建一个心理支持关怀体系，做好相关工作。

（三）针对不同对象所开展的工作

1.针对危机学生：安排陪护，给予关怀，争取配合。7日当天经医院初步诊断后，由于根据国家《精神卫生法》的规定，入院必须经由本人同意或是家长同意，且小明尚有自知力，学院首先征求小明本人意见。下午2点，辅导员A来到小明寝室，解释医生的专业意见，了解小明对入院治疗的选择，同时就治疗费用等问题回答小明的疑惑，小明表示愿意第二天入院检查与治疗，但需要与家人进一步沟通和协商。

虽然此时小明本人已同意入院治疗，并有过伤人伤己的言语表示，按照《精神卫生法》的相关规定可以先行入院治疗，但综合医生的诊断意见，评估学生伤人伤己风险暂时较小，考虑到家长尚未接受学生生病的情况，为避免家长的不理解，学院决定进一步联系其家长，争取其家庭的支持。

6月9日上午，学院副书记C与小明谈话1个小时，进一步了解该生情况，交谈过程中发现，该生心理压力过大，对自己的心理异常情况有一定认识，谈话过程中有多次尝试自我控制的意图，能明显感受到他内心的痛苦。副书记C给予了一定的关怀安慰。

2.针对陪护同学：安排陪护，监控情况。6月7日上午，辅导员A与班长等学生干部在北区学生工公寓等待医生到来的同时，深入该学生寝室进一步了解头天晚上冲突情况及日常生活中小明的表现。同时辅导员向寝室同学解释了小明目前可能处于心理及情绪异常状态，但后期经治疗辅导即可恢复正常学习生活。从当天开始，辅导员A便安排了3位能与小明沟通、比较负责的干部和同学一直陪护小明。综合医院的诊断意见，陪护还是安排在小明寝室。

6月7日晚9点半以后，由于小明一直在宿舍，陪护学生以为没事。小明趁陪护同学洗漱间隙，独自离开寝室，学生在寝室楼周边到处寻找未果，遂打电话给小明，刚开始能联系上小明，小明告知同学自己在武汉某高校，之后便关机。与此同时，学生干部打电话给辅导员A，A随即让学生干部们外出寻找。后小明再次开机，学生干部联系上小明，两名学生干部打车去接他。6月8日凌晨00:30分左右，学生将小明从校外接回学校。

6月8日上午10时，辅导员A与学生干部原本打算送小明去武东医院，但学生干部发现小明又不在宿舍，联系上后小明告知自己在附近某高校，并表示马上回学校。辅导员 A 随即与学生干部及小明室友再次强调了 24 小时陪伴小明的重要性。待小明回寝室后，学院以指导其写休学申请为由，安排学生干部贴身陪护小明。在学生干部的陪护下，小明也未再单独外出。

3. 针对学生家长：充分沟通，耐心解释，发掘资源，争取合作

（1）干预启动期。接到学生危机报告后，在医生前来诊断之前，辅导员 A 联系上小明父亲，为了先不让家人担心，只是向其父亲询问其家庭基本情况、小明在家中表现及家人对小明在校情况是否了解，并告知其父亲小明的当前情绪状态，并请家长对小明予以更多关心。

（2）干预初期。6 月 7 日医院初步诊断后，根据国家《精神卫生法》的规定，入院必须经由本人同意或是家长同意，辅导员 A 再次联系学生家长，征求学生家长对小明入院治疗意见。下午 3 点左右，小明妈妈电话联系辅导员 A，表示不认为小明存在心理疾病，拒绝去医院接受治疗，认为一切问题只是源于小明与室友的矛盾。

辅导员 A 与家长反复沟通，并向家长转述了小明一些有关其家庭的夸大其词的言语，小明妈妈最终同意小明入院检查与治疗，但暂时不愿意来学校配合相关工作。

（3）干预中期。6 月 7 日晚，小明突然无故外出并关机，辅导员联系并告知家长，之后小明开机被找到。6 月 8 日早，小明第二次突然无故外出，辅导员联系并告知家长，小明妈妈在此次通话中告知辅导员 A，家长希望小明回家，并希望学校为小明办休学手续。考虑到小明下学期即将步入大四毕业季，副书记 C 要求 A 老师暂时搁置其休学手续，继续做家长工作。辅导员告知家长即使办理休学手续，以学生目前心理精神状态，独自返家也存在危险，希望家长来校接回学生，家长未同意。

学院向心理健康教育中心及学工部反映了沟通的情况，考虑到学生的学业与长期发展，中心与学工部建议尽可能争取家长的合作，尽早确诊治疗，根据治疗情况再作下一步安排。在得到学院及学工部的建议后，辅导员 A 再次联系学生家长，转述了学校建议，请家长来校共同商议，家长初步表示同意尽快来校，但未告知来校时间。

为进一步做通家庭的工作，6 月 9 日，辅导员 A 与小明姐姐取得联系，介绍了其弟在校的情况。该生姐姐表示弟弟小明确有一些令人不解的观念和思维，请求学校予以更多帮助，并表示会力劝其家人对后期治疗予以配合及支持。6 月 10 日上午，小明妈妈来电，告知辅导员老师其火车票为当天下午 2：

43 出发，6 月 11 上午 7:00 到达武昌。A 将消息告诉了小明，小明表示希望可以前去接妈妈，辅导员在交待了注意事项后，同意小明与学生干部一同前去接车。

（4）干预后期。6 月 11 日上午，小明妈妈到武昌，学生干部与小明顺利接到人，在安排小明妈妈吃完早餐后于 9 点左右到达学院，在与学院领导及辅导员老师较为充分的沟通后，小明妈妈表示愿意送小明去医院，但需要跟其父亲及姐姐再商量是回家治疗还是在汉治疗。之后，辅导员 A 在学校接待中心为小明及其妈妈订了一间房休息。当天中午 1 时左右，学生干部安排小明及其妈妈吃完午饭，小明妈妈向辅导员 A 表示家人同意在汉接受治疗。

6 月 11 日下午 1 点左右，辅导员 A 打电话给武东医院刘医生，商定当天下午 5 点前赶到医院，并将情况报告给学院领导。下午 3：30，学院安排辅导员 A 及另一名辅导员以及一名学生干部，与小明及其妈妈一起出发，于下午 4：30 到达武东医院。经医生进一步诊断，该生为重度双向情绪障碍，随行辅导员老师为其办理了入院手续。由于学生家长所带资金不够，其住院办理所需2000 元暂由学院 A 老师垫付。

6 月 11 日下午入院后，辅导员 A 安排两名学生干部整理了小明住院基本生活用品，于 6 月 11 日晚送往武东医院交给小明妈妈。

（四）事后的评估与追踪：构建心理支持体系

目前，学生小明在其母亲陪伴下正在武东医院心理科接受治疗。最终医院的诊断确认小明的确是受到了心理疾病的困扰，而及时的就医治疗是必需的干预手段。综合其情况，待其出院后，医院、学校、学院、学生及家庭要合力构建一个心理关怀支持体系，做好四个方面的工作：

一是跟踪关注该生的思想状态和行为表现。要着重加强对其学业的辅导，为其减少学业压力；要通过同学关心、心理咨询回访等收集信息，掌握其身心健康状况。

二是药物治疗与心理辅导同步进行。安排学生定期在学校医院心理门诊复诊，坚持服药，同时心理健康教育中心安排心理咨询师与学生进行连续心理咨询辅导，从两方面巩固治疗效果。

三是请家长陪同学习。建议家长陪同该生学习，并照顾其生活，监督其按期服药。同时通过家长的关怀，为其消解学业压力，为其恢复信心提供心理支持。

四是加强其周围同学的心理疏导。考虑到该生心理异常情况对周围同学产生了一定的心理迷惑或震动，学生返校后学院要与周围同学展开一次座谈，要让其同学认识到心理异常状况跟感冒发烧一样，通过专业治疗是可以恢复健康的。

（五）危机干预的反思：教训与经验

每次危机干预的个案情形虽然各有特殊性，但在实际工作开展中都遵循危机干预的基本原则与规律，此次干预也不例外。具体来说，此次干预过程依然印证和凸显了危机干预工作的几条基本原则，对今后危机干预工作的开展也具有一定的启发。

一是辅导员的心理健康教育与培训非常必要。学院 A 老师先后两次参加省厅思政处组织的高校辅导员心理健康教育培训，在此次学生心理异常处理中做到了及时发现、及时处理、及时报告，并且处理规范、到位，这与相关的教育与培训是分不开的。

二是学生心理危机干预工作中如何尽快争取监护人的支持。在刚接到危机通报的初期，家长对自己的孩子心理异常情况常有抗拒、接受、配合（或者拒绝）的过程，需要耐心地解释与沟通，呈现学生典型症状，尽快争取其支持，特别是要争取有一定教育程度的家庭成员的支持。在此个案中，学生姐姐对学生的病情能有较为清楚的理解，在劝说学生母亲到校的过程中发挥了作用。

与家长沟通的部分是这个案例的难点，也是许多其他案例的难点，我们觉得从本次案例及以往经验中可以归纳出一些操作思路，在今后工作中可以借鉴：1.介绍具体情况，充分呈现学生的症状表现。2.普及疾病相关知识，可以让专业医生参与进来。3.通过家庭亲友，尽量了解学生既往历史和背景信息。4.了解学生的家庭结构和亲子关系、抚养状况，争取重要亲友的支持。5.耐心了解家长的顾虑，打消家长疑虑。

三是心理问题早期识别在学生中的普及宣传教育非常重要。小明在发病之前一段时间已经出现一些过激的言语，但学生认为是思想或性格问题，没有上报。对学生干部、寝室长等开展的心理健康教育培训还需加强，使其具备初步的心理异常情况识别能力，做到早发现、早预防。

四是学生干部的陪护机制存在不足。此次干预中尽管学生干部比较负责任，但在陪护过程中，该生仍有两次单独外出，表明学生在陪护过程中缺乏经验，需要反复强调原则，并考虑更可靠的心理异常学生的安全陪护机制，比如尽早入院治疗或转为家长监护等。

高校大学生日常行为风险管理理论与实践

　　风险管理（risk management）是社会组织或者个人用以降低风险的消极结果的决策过程，相关管理者通过风险识别、风险评估、风险评价、风险处置、风险预防等，选择与优化组合各种风险管理技术，对管理过程中一系列风险实施有效控制和妥善处理，从而以最小的成本收获最大的安全保障。对于当今高校学生管理而言，树立风险管理意识，引进风险管理理念与技术，是应对日益复杂的学生管理现状、繁重的管理任务以及亟需转变的管理观念的需要。高校学生日常行为风险管理包括了对常见风险的预判、量度、评估以及应对策略，良好的学生行为风险管理，是根据各类风险设计一整套排好优先次序的应对处置策略，使其中可以引致最大损失、最可能发生的事情优先处置，有效规避损失，提高管理效度。

一、风险管理的基本概念

　　从采集到农耕，从工业革命到信息革命，从大航海到大数据，可以说，人类文明的每一次蜕变都是一场冒险，是一场对"不确定性"的全面胜利。从某种意义上讲，整个人类族群都是风险爱好型的"投资人"，并在与各种风险的博弈过程中不断发展出驾驭风险的能力。因此"智人"才能脱颖而出，成为世界的舵手。对风险问题的持续正面研究和探索，成为现代社会各行各业寻求发展的一大焦点，也是技术社会的一大特征。

　　风险。关于"风险"一词起源的说法众多，其中有一个比较形象的说法是，早期渔民出海前都要祈求神灵保佑风平浪静。也就是说，对渔民而言，风即险，风平浪静就意味着危险较小，因此有了风险一说。随着社会的发展，人们从哲学、经济学、社会学、统计学甚至文化艺术层面赋予了"风险"更丰富的内涵，"风险"的含义也进一步拓展为遭受损失的可能性以及对这种可能性的判断或认知。更进一步说，现代意义的"风险"包含了两个层面的内容：对损失客观性的认知和对损失程度可控制性的认识。

　　风险是现代社会发展的伴生物或者说是一种现代社会的常态，更重要的是，这种态势是可以控制的。换句话说，风险具有客观性、普遍性、必然性、可识别性、可控性、损失性、不确定性和社会性。

　　风险观。风险的存在是一种常态，对待风险的态度：第一，风险是客观存在的。要认识到风险的客观性，忽视、刻意回避风险问题，最终都会以人身财务损失等直接形式或以责任事故等间接形式给当事人带来利益损害。因此，正视风险就是关注切身利益。第二，风险是不确定的。一个行为可能导致风险的发生或挽回，也可能导致风险损失程度的大或小。因此，对待风险问题需要持科学审慎的态度。第三，风险是可控的，通过工作前置、总结归纳、科学处置、综合治理等现代手段，可以有效降低风险事件的发生率和风险损失程度。因此，对待风险问题应该是积极主动的。正视风险、科学审慎、主动控制这三种风险观，可以在很大程度上排除心态、情绪的干扰，把风险问题量化为一个单纯的客观事件进行科学处置。

风险的引致因素。风险具有社会性，也就是说导致风险事件的因素存在外部和内部两个方面。从外部环境看，这些因素包括自然力（如地质灾害）、社会价值（如诚信缺失、极端思想）、文化习俗（如语言差异）、政治（如社会动荡、政治语汇的变更）、经济（如经济发展不均衡）、政策（如政策的连贯性）等。从内部看，导致风险问题的因素：一是个体因素，如个人身心疾困、经济困难、行为失当、缺乏常识等。二是组织因素，如决策失误、机制障碍等。

风险控制。"控制"是一个主动概念，从字面看包含两层意思：采取措施和限制范围。因此，风险控制的基本含义就是主动采取措施，限制风险发生。进一步分析，这里的"主动采取措施"包括事前研判、事中处置、善后及总结。"限制风险发生"包括规避风险、减少损失、缩小范围、降低影响。可见，风险控制既是一个"主动"概念，也是一个"过程"概念。风险控制并不仅局限于风险事件发生前，而是贯穿风险事件全过程。换句话说，风险控制是一个"全程管理"的系统性工作。这就对风险管理者提出了明确的要求：一要充分了解自己的管理对象，能够研判形势、把握趋势。二要掌握有效地管理资源，包括顺畅的管理组织、有效地措施手段（人、财、物、技术手段等）。三要有及时总结、举一反三、以小见大的意识和能力。因此，从宏观上讲，风险控制要求：应该有风险管理常设机构，该机构要能充分掌握特定的管理资源、具备整合其他资源的能力，风险管理工作应该常态化。

二、学生教育管理风险问题

"风险"是人们在认识环境过程中创造出的概念，只要有人类活动的领域，就会伴生出风险问题。只不过具体到不同的活动领域，风险会以不同的形式和结果表现出来。教育行业作为现代社会人类活动的主要领域之一，同样也存在风险问题。

（一）学生教育管理面临的风险因素

高等教育的主要任务是培养具有社会责任意识、创新精神和实践能力的高级专门人才，民族高等教育则更主要的是为少数民族和民族地区培养高级专门人才。广义而言，任何干扰任务的完成，或者导致这一培养过程中断的事件都可以划归为风险事件。具体到民族院校，从外部环境看，可能导致风险问题的因素大致有：自然、社会价值、文化传统、经济发展、教育、民族教育政策；从内部看，大致也分为个体的和组织的两大类。

表 2-6　学生教育管理风险因素归纳表

外部	类型	因素	内部	类型	因素
自然	地质灾害	地震、泥石流、山体滑坡等	个体	身体	慢性病、急病、残疾、体质
	极端天气	暴雨、暴雪、洪涝、雷电、高温等		情感心理	心理疾病、婚恋观、亲友观、性格缺陷
社会	价值趋向	拜金、失信、迷信		家庭结构	经济条件、家庭氛围、家庭突发事件
	治安环境	吸毒、赌博、传销		生活习惯	网瘾、酗酒、赌博、涉毒、厌学
文化	语言	语言差异	组织	行为	违反大学生行为准则、规章制度
	习俗	饮食、起居		制度	预案无效、管理制度不健全
	信仰	宗教传统		机制不顺畅	协调不力、职责不清
教育	基础教育	挂科、辍学、毕业困难		设施缺陷	消防设施、学习生活设施、场所、教具
经济	家庭收入	经济来源中断		方法错误	偏袒、武断、忽视
政策	民族高等教育政策法规	教育管理规定、行为准则、宗教信仰法律法规		决策失误	教育教学活动开展失当

考虑到民族院校校园地、生源地、生源结构，结合日常教育管理工作中各类学生事件的发生频率，将上表中各个可能引致风险的因素级别进行排序。

表 2-7　学生教育管理风险因素分级排序表

外部	类型	因素（E）	内部	类型	因素（e）
政策	民族高等教育政策法规	教育管理规定、行为准则、宗教信仰法律法规（E1）	个体	行为	违反大学生行为准则、规章制度（e1）
社会	治安环境	娱乐场所、吸毒、赌博（E2）		情感心理	心理疾病、婚恋观、亲友观、性格缺陷（e2）
	价值趋向	拜金、失信、迷信（E3）		生活习惯	网瘾、酗酒、赌博、涉毒、厌学（e3）
教育	基础教育	挂科、辍学、毕业困难（E4）		家庭结构	经济条件、家庭氛围、家庭突发事件（e4）
文化	信仰	宗教传统（E5）		身体	慢性病、急病、残疾、体质（e5）
	习俗	饮食、起居（E6）		方法错误	偏袒、武断、忽视（e6）
	语言	语言差异（E7）		机制不顺畅	协调不力、职责不清（e7）
自然	极端天气	暴雨、暴雪、洪涝、雷电、高温等（E8）	组织	制度	预案无效、管理制度不健全（e8）
	地质灾害	地震、泥石流、山体滑坡等（E9）		设施缺陷	消防设施、学习生活设施、场所、教具（e9）
经济	家庭收入	经济来源中断（E10）		决策失误	教育教学活动开展失当（e10）

注：E 代表外部因素，e 代表内部因素，数字代表风险等级排序。

（二）学生教育管理风险损失

风险会导致不同程度的损失后果。对高等教育机构而言，风险事件的后果往往造成两个方面的损失：一方面是教育客体，即学生；另一方面是教育主体，即学校。根据损失的性质来分，一方面是显性的损失，如身体或精神伤害、财产损失等。另一方面是隐性的损失，如责任、声誉、影响等；按照损失程度的大小可分为死亡、伤残、失踪失联、违法、群体事件、责任事故、财物损失等；按照损失程度的发生方式又可细分为：溺亡、坠亡、病亡、致学业中断伤残、影响学业伤残、主动失踪失联、被动失踪失联、触犯刑法、校责事故、人员责任事故、家长群体事件、学生群体事件、非接触型诈骗、接触型诈骗、违反校纪校规、触犯治安管理条例等。

（三）学生教育管理风险因素的作用机理

无论何种风险因素，总是通过一定的机理作用于风险对象，而导致不同程度的风险后果。具体到日常的学生教育管理工作，风险因素总是通过打破学生日常学习生活中的身心平衡状态，而直接造成或累积造成不同的风险损失后果。需要注意的是，这里所述的"平衡状态"不是就学生日常表现的优秀与否而言，而是指学生能够持续维持现状的一种稳定状态。任何对该稳定状态的破坏，都可能导致风险问题。通过总结日常教育管理工作中出现的各类学生紧急事件，并进行反向归纳，可将学生的身心平衡状态划分为：健康平衡、物质平衡、行为平衡、关系平衡、心理平衡。

（四）学生平衡状态画像

进行地质测绘，除了可以发现地下矿藏，还能够对地质灾害的发生及其程度进行有效地预警和控制。同理，对学生的平衡状态进行"测绘"，除了可以提高教育管理的针对性之外，还可以对学生以及教育管理过程中可能存在的风险问题，提前发现和进行控制。只有关注学生所处的平衡状态，才能掌握学生所处的失衡位置，以对风险程度进行评估、干预、控制和处置。

这里需要特别提出的是，对学生平衡状态的"测绘"，不仅仅针对所谓的"重点学生"。重点学生在风险控制理念中，事实上已经进入了"预警名单"，或者事实上已经进入了风险控制或事件处置程序。也就是说，已经发现了风险点，剩下的是应对问题。而对风险控制来说，更重要的是对"隐性"风险点的提前发现，这就需要对学生五种平衡的常规状态进行描述。

表2-8　学生五种平衡状态描述

类型	平衡状态
健康平衡	身体健全、功能正常
物质平衡	经济来源稳定、日常消费正常、个人经济信用良好
行为平衡	按时作息、行为规范
关系平衡	寝室关系和睦、同学关系融洽、异性关系正常、家庭关系亲密
心理平衡	情绪稳定、精神向上、心理健康

（五）学生失衡状态画像

一系列的失衡事件，会打破学生原有的平衡状态。这些失衡事件，有的直接造成风险损失后果，有的可能在累积过程中造成风险损失后果。因此，可以把失衡事件分为"直接损失事件"和"损失预警事件"（见表2.4）。对于直接损失事件，需要迅速进入处置程序。对于损失预警事件，则可以为隐性风险点的提前发现提供参考。

表 2-9　学生失衡状态描述

类型	平衡状态	失衡事件	
		直接损失事件	损失预警事件
健康平衡	身体健全、功能正常	疾病、意外伤害、自杀等造成伤残或死亡	体测、体检、心理测试异常，家族病史，传染病史
物质平衡	经济来源稳定、日常消费正常、个人经济信用良好	非正常贷款、同学间借贷异常	经济状况持续困难、经济来源突然中断、日常消费与家庭经济状况不匹配
行为平衡	按时作息、行为规范	违法违规	迟到早退、旷课、夜不归宿、学业预警
关系平衡	寝室关系和睦、同学关系融洽、异性关系正常、家庭关系亲密	关系失衡导致的各类突发事件	室友纠纷、同学矛盾、失恋、苦恋、畸恋、家庭结构异常、家庭突变
心理平衡	情绪稳定、精神向上、心理健康	心理预警、心理疾病	情绪失控、精神萎靡、思想不端

（六）导致失衡事件的内外因素

经过前述分析可见，风险问题的产生是由于不同的内外部风险因素，作用于风险客体，引发各类失衡事件，从而打破了客体的原有平衡状态，导致或可能导致一定的风险损失。将前述各种内外风险因素与其可能导致的失衡事件进行关联。

表 2-10　失衡事件的引致因素

类型	平衡状态	失衡事件		因素	
		直接损失事件	损失预警事件	外部因素（E）	内部因素（e）
健康平衡	身体健全、功能正常	疾病、意外伤害、自杀等造成伤残或死亡		E2、E8、E9	e3、e5、e7、e9、e10

续表

类型	平衡状态	失衡事件		因素	
		直接损失事件	损失预警事件	外部因素（E）	内部因素（e）
物质平衡	经济来源稳定、日常消费正常、个人经济信用良好	非正常贷款、同学间借贷异常	经济状况持续困难、经济来源突然中断、日常消费与家庭经济状况不匹配	E2、E3、E10	e4
行为平衡	按时作息、行为规范	违法违规	迟到早退、旷课、夜不归宿、学业预警	E1、E2、E3、E4、E7	e1、e3、e7、e8
关系平衡	寝室关系和睦、同学关系融洽、异性关系正常、家庭关系亲密		室友纠纷、同学矛盾、失恋、苦恋、畸恋、家庭结构异常、家庭突变	E5、E6、E7	e2、e4、e6
心理平衡	情绪稳定、精神向上、心理健康	心理预警、心理疾病	情绪失控、精神萎靡、思想不端	E2、E3	e2、e3、e4、e5、e6

　　一般而言，一种平衡状态所受的干扰因素越多，就越不稳定。如果以影响因素多寡为标准来评判五种平衡状态的稳定性，那么可见，最不稳定的是行为平衡（9 种因素），其次是健康平衡（8 种因素）、心理平衡（7 种因素），最后依次是关系平衡（6 种因素）和物质平衡（4 种因素）。五种平衡状态影响因素的平均数量为 6.8，其中行为平衡、健康平衡、心理平衡均超过了平均值。这一结果，也与日常教育管理实践中各类学生风险事件发生的频率相吻合。

　　由此，得出本章结论，就日常工作而言，学生的行为模式、健康状况、心理状态应该成为风险控制中着重关注的领域。关系平衡处于平均值附近，也不可轻易忽视。

三、风险发生场景及应对

　　第二章对学生日常学习生活状态以及对这种状态的各类干扰项进了排列分析，找出了民族院校学生教育管理风险控制的主要观测点。在此将深入观测点内部，对其相关联的风险因素、因素的作用场所、排除因素干扰的对策进行分析，以便最大限度地将风险控制工作前置。

（一）风险因素内部分析

在表 2.5 中，学生的行为平衡、关系平衡既受外部因素的影响，也受内部因素的影响；学生的健康平衡、心理平衡主要受内部因素影响；学生的物质平衡则主要受外部因素的影响。外部影响因素除不可抗力外，很多属于制度、文化、意识形态等层面，一般很难通过常规工作完全消除，更有效的方法就是通过有针对性地开展专项教育、知识普及等活动，增强学生的安全防范意识和自我控制能力。以出现的频数越多、造成风险的可能性大小来作为评判标准且从大到小排序，表 2.5 中各外部因素引致风险的等级排序依次是：E2（4次）、E3（3次）、E7（2次）、E1（1次）、E4（1次）、E5（1次）、E6（1次）、E8（1次）、E9（1次）、E10（1次）。对其风险场景、应对措施、响应资源进行逐一分析如下：

表 2-11　外部风险控制

外部风险因素（E）	观测点	风险场景	工作对策	响应资源
E2：娱乐场所、吸毒、赌博	行为平衡健康平衡心理平衡物质平衡	校外租房、校内宿舍、聚会场所和聚会活动	1. 黄赌毒专项宣传教育 2. 严格校外租房和宿舍管理制度 3. 走访 4. 掌握学生活动动向	1. 校院专项教育工作 2. 警校联动 3. 学生管理规章制度 4. 学生骨干、学生信息员及寝室长队伍 5. 晚值班制度 6. 生活辅导员队伍
E3：拜金、失信、迷信	行为平衡心理平衡物质平衡	互联网诈骗、电信诈骗、非正常贷款、传销、宿舍、班集体、社会关系	1. 防诈骗知识宣传普及 2. 网络舆情监控 3. 学生创业兼职风险提示	1. 公安部门、保卫部门微信公众号 2. 校院网络舆情监控机制 3. 学生网络信息员队伍 4. 学校就业部门、社会实践部门微信公众号 5. 警校联动 6. 安全微课
E7：语言差异	行为平衡关系平衡	宿舍、课堂、集体活动	1. 民族团结进步主题教育 2. 校纪校规宣传教育	1. 校院少数民族学生骨干队伍 2. 民族团结进步创建活动 3. 新生成长训练营、毕业生离校教育

外部风险因素（E）	观测点	风险场景	工作对策	响应资源
E1：教育管理规定、行为准则、宗教信仰法律法规	行为平衡	宿舍、校外租房、校园	1. 国家宗教法律法规宣传教育 2. 走访 3. 校纪校规宣传教育 4. 严格校外租房和宿舍管理制度	1. 国家及学校相关法规、规定 2. 晚值班制度 3. 校院少数民族学生骨干队伍
E4：挂科、辍学、毕业困难	行为平衡	课堂、宿舍、网络	1. 加大学业预警帮扶力度 2. 学风建设 3. 规范学生上网行为	1. 学业发展中心 2. 校院学风建设工作 3. 学生信息员队伍
E5：宗教传统	关系平衡	宿舍、食堂	1. 民族团结进步主题教育 2. 民族团结进步创建活动 3. 民族宗教知识普及	1. 民族理论与民族政策课程 2. 民族团结进步创建活动 3. 寝室长、生活辅导员、学生信息员队伍
E6：饮食、起居	关系平衡	宿舍、食堂	1. 民族团结进步主题教育 2. 民族团结进步创建活动 3. 民族宗教知识普及	1. 民族理论与民族政策课程 2. 民族团结进步创建活动 3. 寝室长、生活辅导员、学生信息员队伍 4. 食堂管理员
E8：暴雨、暴雪、洪涝、雷电、高温等	健康平衡	生源地、操场	1. 安全知识普及 2. 假期安全教育	1. 留校学生骨干 2. 生活辅导员 3. 学生资助中心
E9：地震、泥石流、山体滑坡等	健康平衡	生源地	1. 安全知识普及 2. 假期安全教育	1. 留校学生骨干 2. 生活辅导员 3. 学生资助中心

续表

外部风险因素（E）	观测点	风险场景	工作对策	响应资源
E10：经济来源中断	物质平衡	互联网诈骗、电信诈骗、非正常贷款、传销、宿舍、班集体、社会关系	1. 防诈骗知识宣传普及 2. 网络舆情监控 3. 学生创业兼职风险提示	1. 公安部门、保卫部门微信公众号、警校联动 2. 校院网络舆情监控机制 3. 学生网络信息员队伍 4. 学校就业部门、社会实践部门微信公众号 5. 安全微课

内部影响因素更多源于学生的心理和行为模式，以及相应组织或集体的运行状况。排除内部因素的干扰，除有针对性地开展专项教育、知识普及等活动外，更重要的是要加强对学生状态的把控和对学生现状的了解。也就是说，要尽可能给学生一个"标准画像"。同样，以影响因素出现的频数为标准，表 2.5 中各内部因素引致风险的等级排序依次是：e3（3 次）、e4（3 次）、e2（2 次）、e5（2 次）、e6（2 次）、e7（2 次）、e1（1 次）、e8（1 次）、e9（1 次）、e10（1 次）。对其风险场景、应对措施、响应资源进行逐一分析如下：

表 2-12　内部风险控制

内部风险因素（e）	观测点	风险场景	工作对策	响应资源
e3：网瘾、酗酒、赌博、涉毒、厌学	行为平衡健康平衡心理平衡	宿舍、网吧、校外租房、课堂、聚会场所	1. 黄赌毒专项宣传教育 2. 严格校外租房和宿舍管理制度 3. 宿舍和校外租房走访 4. 掌握学生活动动向 5. 学风建设和学业预警帮扶工作	1. 校院专项教育工作 2. 警校联动 3. 学生管理规章制度 4. 学生骨干、学生信息员及寝室长队伍 5. 晚值班制度 6. 生活辅导员队伍 7. 学业发展中心

续表

内部风险因素（e）	观测点	风险场景	工作对策	响应资源
e4：经济条件、家庭氛围、家庭突发事件	心理平衡关系平衡物质平衡	生源地、校园地	1. 学生背景调查摸底 2. 朋辈帮扶、陪伴成长 3. 家庭经济困难学生资助 4. 心理辅导	1. 新生成长背景调查 2. 学生资助中心 3. 学长制、班主任制、导师制、陪伴成长计划、守望成长计划 4. 学生心理健康教育中心
e2：心理疾病、婚恋观、亲友观、性格缺陷	心理平衡关系平衡	宿舍、校园公共场所	1. 学生专题教育 2. 心理辅导、心理治疗 3. 休学 4. 家校联动	1. 新生成长背景调查 2. 心理健康教育中心 3. 学生专题教育工作 4. 学生信息员队伍、生活辅导员 5. 学长制、班主任制、导师制、陪伴成长计划、守望成长计划
e5：慢性病、急病、残疾、体质	健康平衡心理平衡	宿舍、课堂、公共活动、公共场所	1. 健康急救知识普及 2. 科学合理的文体活动 3. 休学治疗 4. 应急预案	1. 新生成长背景调查 2. 学生体测、体检报告 3. 保卫巡逻队伍、生活辅导员、学生信息员 4. 校医院
e6：偏袒、武断、忽视	心理平衡关系平衡	校园	1. 落实学生工作问责办法 2. 建立工作台账	党政同责、一岗双责
e7：协调不力、职责不清	行为平衡健康平衡	校园	1. 落实学生工作问责办法 2. 建立工作台账 3. 完善应急预案	党政同责、一岗双责
e1：违反大学生行为准则、规章制度	行为平衡	校园	1. 校纪校规宣传教育 2. 严格规章制度	1. 学生工作组织 2. 保卫组织

内部风险因素（e）	观测点	风险场景	工作对策	响应资源
e8：预案无效、管理制度不健全	行为平衡		1.完善二级单位管理制度 2.完善应急预案	校级规章制度
e9：消防设施、学习生活设施、场所、教具	健康平衡	校园	校园综合治理	校级综治单位
e10：教育教学活动开展失当	健康平衡	校园	1.科学规划第二课堂活动 2.完善应急预案	学校第二课堂、双创、科研活动指导单位

　　在前文内容中我们将如何看待风险问题、学生教育管理中的主要风险问题以及典型风险问题的主要引致要素、应对措施和可运用的工作资源进行了逐一分析。总结来看，前文的主要目的是为了找出日常教育管理工作中的常规风险点，最大限度地把相关工作进行前置。可见，应对措施中所涉及的工作，绝大部分属于日常学生教育管理的基础性工作。在无法准确预测风险何时、何处发生的情况下，只有把各项基础性工作做实、前置，才能最大限度地降低风险事件发生的可能性。另外，需要重新认识的是，正如表2-11、表2-12中所示，任何基础性工作都不是盲目开展或者毫无意义的。每一项基础工作都有排除一种或几种风险因素的功能，基础性工作的意义在于"防范不可逆结果"。正如风险事件的发生是风险因素的累积过程，风险控制的前置工作也是各项基础性工作的累积过程。

　　总结归纳工作资源可以发现，总体上是在描述三个概念：制度、人员、组织，分别对应了风险环境、信息来源和综合治理。在学生教育管理风险控制中，这三支力量缺一不可。

　　风险预警工作量化表。根据上述风险控制前置工作要求，编制以下风险预警工作量化表。表格前半部分是对拟预警人员及其可能的风险事情、工作对策以及执行资源进行分析量化，后半部分则是对预警的有效性进行评估，以便查漏补缺。

表 2-13　风险预警工作量化表

学院								对策有效性性评估	资源可用性评估
姓名	背景资料	失衡事件	预警类型	风险因素	风险场景	工作对策	工作资源	预警级别（根据预案规定）		

四、学生管理风险事件处置

如果前置工作仍无法有效避免风险事件的发生，那么就要迅速进入风险控制的下一阶段工作，即科学规范地对风险事件进行处置和应对，以最大限度降低损失程度。

（一）学生教育管理风险事件处置的原则

1. 以人为本。处置学生各类紧急风险事件的第一要义，是为了将学生的身心伤害程度尽可能降到最低。

2. 迅速响应。高校学生风险事件的一般特征是：损失程度和处置时间成正比。因此，快速的处置响应是降低损失程度的有效途径。

3. 统一领导。处置紧急事件，决策权、执行权、调配权等均处在法律法规框架内的"非常规"状态，坚持统一领导可以有效避免各自为政、决策失误、执行不力、协调不畅等问题。

4. 依法处置。处置紧急事件，任何权力的行使不能超越法律法规的界限。

5. 信息公开。事件的起因、处置过程等，必须保证在一定范围内的公开。这一方面保证了有关方面的知情权，同时也是避免谣言滋生的有力有段。需要注意的是，为了有效保护事件各方的隐私权，避免引发舆情灾难，信息的公开需要遵循适度、适当、权威的原则。

6. 综合治理。紧急事件的处置需要调配的人力物力都是超常规的，而且次生事件发生的可能性也在随着处置进程而不断加大。因此，必须树立综合治理的观念。

（二）处置过程注意事项

1. 做好工作台账。

2. 校园和网络舆情监控。

3. 保证信息畅通。

4. 注意避免次生事件。

（三）应急预案编制

处置学生紧急事件，科学规范的应急预案能够保证快速响应、信息准确、科学决策、协调有力的作用。在日常教育管理实践中，学生紧急事件预案的制定普遍重于形式，缺乏有效地可操作性。一个合理的预案，应该是以提高可操作性为准绳。完整的预案一般应包括以下几个主要方面：

1. 总则

（1）编制目的。简要阐述编制应急预案的重要意义和作用。

（2）编制依据。

（3）适用范围。

（4）工作原则。

2. 应急组织机构与职责。组织指挥是应急预案的重点内容，预案的主要功能就是建立统一、有序、高效的指挥和运行机制。

（1）按照突发事件处置需要设立应急指挥机构，明确主要负责人、组成人员及相应的职权。

（2）应急指挥机构涉及的部门（单位）及其相应的职权和义务。

（3）以突发事件应急响应过程为主线，明确突发事件发生、报告、响应、结束、善后处置等各环节的主管与协作联动部门；以应急准备及保障机构为支线，明确参与部门的职责。

3. 预防预警机制。应急预案的对象就是假定发生的突发事件，并有针对性地做好应急准备，因此，预防预警机制是预案的关键内容。

（1）信息监测。确定预警信息监测、收集、报告和发布的方法、程序，建立信息来源与分析、常规数据监测、风险分析与分级等制度。

（2）预警行动。明确预警方法、渠道以及监督检查措施和信息交流与通报程序，预警期间采取的应急措施及有关应急准备。

（3）预警支持系统。建立预警体系和相关技术支持平台，明确使用、维护、改进系统的要求。

（4）预警级别发布。明确预警级别的确定原则、信息确认与发布程序等。按照突发事件严重性和紧急程度，分为一般（Ⅳ级）、较大（Ⅲ级）、重大（Ⅱ级）、特别重大（Ⅰ级）的4级预警，颜色依次为蓝色、黄色、橙色和红色。

4. 应急响应。应急响应是应急预案的核心内容，即应急指挥机构应用反馈机制，合理应用应急力量和资源，把握时机强化控制力度，防止事态恶化；对已发生的事件，将其破坏力和影响范围控制在最低级别。一般应包括以下七个方面：

（1）应急响应级别。根据突发事件确定科学的分级标准，按照突发事件可控性、严重程度和影响范围，分为一般（Ⅳ级）、较大（Ⅲ级）、重大（Ⅱ级）、特别重大（Ⅰ级）的4级，启动相应级别的应急响应行动。突发事件的响应级别与预警级别密切相关，但也有所不同，可根据实际情况确定。

（2）应急响应行动。根据突发事件级别明确预案启动级别和条件，明确响应主体、指挥机构工作职责、权限和要求，阐明应急响应及处置过程等。

（3）信息报送和处理。明确信息采集的范围、内容、方法、报送程序和时限，要求符合政府信息公开的有关规定。

（4）指挥和协调。明确指挥机构的职能和任务，建立决策机制，明确报告、请示等制度以及信息分析、专家咨询、损失评估等程序。

（5）应急处置。制定详细、科学的突发事件应对处置方案、处置措施，明确各级指挥机构调派应急队伍的数量及处置措施，队伍集中、部署的方式，设备器材、物资药品的调用程序，各应急队伍之间协作程序等。

（6）信息发布。按照突发事件新闻发布应急预案的有关规定，遵循实事求是、及时准确的原则，明确信息发布的内容、方式、机构及程序。

（7）应急结束。明确应急状态解除或紧急响应措施终止的发布机构及程序，并注意与现场抢救活动的结束区别开来。

5. 善后工作

（1）善后处置。明确人员安置、补偿，物资和劳务的征用补偿，保险理赔工作等。

（2）社会救助。明确社会、个人或国内外机构的组织协调、捐赠款物的管理与监督等事项。

（3）后果评估。突发事件分析评估、调查报告和经验教训总结及改进建议。

6. 应急保障。应急保障包含人力资源保障、财力保、物资保障、通信保障、交通运输保障、医疗卫生保障、人员防护、技术装备保障和治安维护。

7. 监督管理。预案的监督管理，即强调应急预案的演练、宣传和培训，明确预案不仅是让人看，更重要的是要在实践中应用，在培训和演练中发现的问题可以成为预案修改更新的参考。

（1）预案演练。明确应急演练的范围、内容、组织及工作要求等。

（2）宣传和培训。包括应急预案、应急法规和预防避险、自救互救的应急常识宣传，各级领导、应急管理和救援人员的常规性和专业性培训以及培训的工作要求等。

（3）奖惩和责任。明确监督主体和罚则，明确奖励对象、方式及责任追究程序等。

高校学生管理紧急事件处置理论与实践

高校学生管理中紧急事件的处置应坚持以人为本、生命至上的基本原则，以"三全育人"教育思想为指导，借鉴国外社会危机事件管理中的"全危险方法（All-hazards approach）""四阶段""社区恢复"理论，充分利用现有学生安全教育和网格化管理资源，结合现有风险管控和应急处置经验，努力构建全领域、全平台、全天候的"多元主体联防共治"的校园安全管控体系，为新时代学生成长发展、学校深化改革以及大学生思想政治工作质量稳步提升营造更阳光、更安全的校园环境。

一、理论依据

学生紧急事件：指在学校教育管理能力范围内所发生，可能或已经对学生生命安全、身心健康、财产安全、校园秩序造成威胁的个体和公共安全事件。

"全危险方法"理论：指用一套校园学生安全管理体系来安排、处理和应对各类学生紧急事件，其优点在于安全管理成本较低，能够随时保证公共安全管理的基本需求，实现统一高效的指挥和运作。

"四阶段"理论：又称"紧急事态管理周期理论"，指根据紧急事件的发生周期，将安全管理工作划分为四个连续的功能区，即缓解与预防阶段、准备阶段、应对阶段和恢复阶段。

"社区恢复"理论：指加强学生社区的各项功能建设，社区功能的持续运转能够在紧急事件的预防、控制和恢复中发挥独特作用，其优点在于能够从源头增强紧急事件的预警和发现能力，可以在事件爆发初期迅速集聚救助力量，增强对事件的应急反应能力。

全领域全平台全天候：本书所称"全领域"系指可能涉及学生安全事件的全体人员及单位；"全平台"系指涉及学生安全事件管理和处置的警、校、传统媒体、新媒体、常规管理平台、互联网管理平台等；"全天候"系指全天24小时预警和响应机制。

建设目标：整合资源，建立防治标准化规程，探索社会化、科学化、规范化治理方向。

建设重点：多元主体的应急能力建设，主要在三个方面：一是将现有安全教育和管理资源使用者纳入统一安全教育管理体系；二是增强其主体责任意识；三是提升其应急反应处置能力。

建设难点：应急法治建设，主要是两个方面：一是坚持法治化管理方向和规避法律风险；二是如何有效与全社会公共安全体系衔接。

二、学生紧急事件分析

（一）类型、对象和分级。通过整理归纳，将学生紧急事件大体分为四类，涉及十二类风险学生群体：学生生命安全事件、学生人身伤害事件、学生重大财产损失事件、学生群体性事件。

根据风险群体的管理难度以及自身可能导致的紧急事件后果严重程度，风险等级依次升高：身体健康重大隐患、心理疾困、生活突发变故、特殊成长背景、价值观念极度扭曲、生活规律极度紊乱、深陷网贷传销、其他边疆地区重点学生、经济特困学生。

（二）特征和对策。高校学生管理紧急事件具有突发性、复杂关联性、处理紧急性、影响滞后性四大基本特征。

1. 突发性。学生紧急事件的发生是一个矛盾积累突破"阈值"，造成学生稳定状态失衡的一个过程，表现为一种由量变到质变的爆发式演进形态。这一"阈值"可能来源于学生自身的身心耐受力，也可能来自于外部诱因。"阈值"的大小难以评估，因而紧急事件的爆发具有出人意料的突然性，也难以判断爆发的时间。

对策：一是争取提前发现矛盾，化解矛盾，打断矛盾积累的演进过程。二是通过生命教育、安全教育、情绪管理、恰当的体育活动，不断提高"阈值"，增强学生身心耐受力。

2. 复杂关联性。学生紧急事件发生的原因、演进过程、处理过程、恢复过程涉及多方多种因素，同时也很容易引起校内外普遍关注，处理不当会导致"多米诺骨牌效应"甚至"裂变反应"，造成连锁事件、派生矛盾，从而加重损失。

对策：一是务必注意处理的时效性和科学性，按规程处置。二是密切关注事件"周边"，控制事件的影响范围。

3. 处理紧急性。学生紧急事件的爆发式演进往往可能在较短时间内造成较大损失。经验规律揭示，损失的程度和影响范围与事件处理的时间成正比。

对策：做到四个"第一"，即第一责任人、第一时间、第一现场、第一信息，果断介入、迅速救援。

4. 影响滞后性。学生紧急事件因所导致的严重后果，其影响会以显性和隐性两种方式持续一段时间，有些事件的影响在事后较长时间才会逐渐显现。

对策：将"事后重建"纳入事件处置工作范畴，重视恢复重建工作。

三、学生安全教育管理资源分析

（一）线上资源

1. 教育资源：安全微课在线课程、常用安全微信公众号、学院网站、学生工作群、学生微信群、学生 QQ 群等。

2. 管理资源：学工处学生网格数据预警与分析平台、学工处学生宿舍大小门禁系统学生宿舍防火报警系统、学生宿舍智能电表系统、学工处"反恐利剑"器材、保卫处校园人脸识别安防监控系统、宣传部网络舆情监控系统、现教中心网络行为监控系统等。

（二）线下资源

1. 教育资源：全校新生入学身心健康专题教育、全校新生成长训练营安全主题教育、全校边疆少数民族学生国家安全专题教育及宣讲活动、全校金融知识及防范非法校园贷专题教育、生命教育、各学院安全教育等。

2. 管理资源：①学生队伍：学生骨干队伍、学生党员队伍、学生干部队伍、寝室长队伍、楼栋长队伍、志愿服务组织等。②管理队伍：生活辅导员、专兼职辅导员、学生工作负责人、校卫队员、网格员、学生工作处、保卫处、维稳办、宣传部、现教中心、校医院等。③专业队伍：社区片警、法律顾问、社区派出所、教育学院、马院、法学院等。

四、学生紧急事件处置（PPRR 法）

"四阶段"理论是美国联邦教育部广泛应用于校园危机管理的主要理论依据之一，本书借鉴这一理论，将学生紧急事件处置过程分为四个阶段，主要完成事前预防（prevention）、事前准备（preparation）、事发应对（response）和事后恢复（recovery）等四个方面的工作，简称为 PPRR。

（一）缓解与预防（P）主要工作

评估风险；开设课程（教育）；重点对象建档。

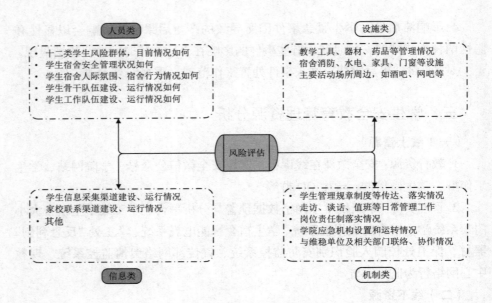

图 2-10　风险评估项目图

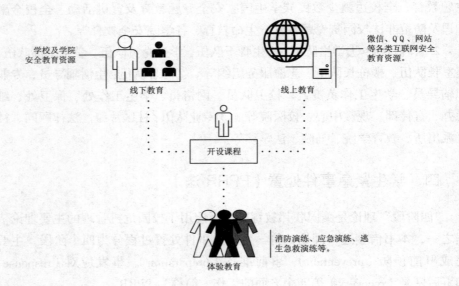

图 2-11　课程开设项目图

（二）准备阶段（P）主要工作

完善预案、专案；进行预案演习；信息渠道清扫。

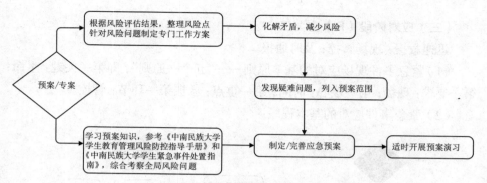

图 2-12 预案制作项目图

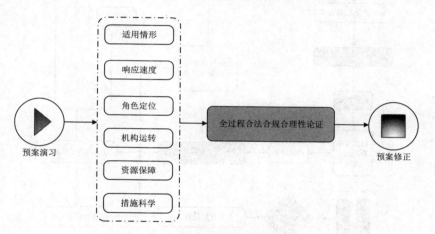

图 2-13 预案演习项目图

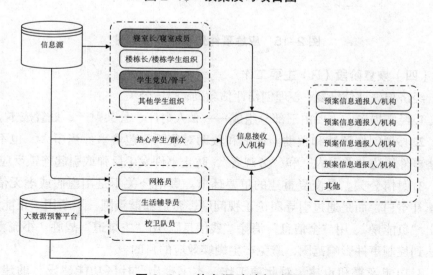

图 2-14 信息通路清扫流图

（三）应对阶段（R）主要工作

迅速救援；现场管控；及时通报。

（1）紧急事件现场应对的基本原则——"五个一原则"，即第一关键：生命；第一要求：现场；第一核心：时间；第一重点：救援第一环节：管控。

（2）紧急事件应对的基本程序

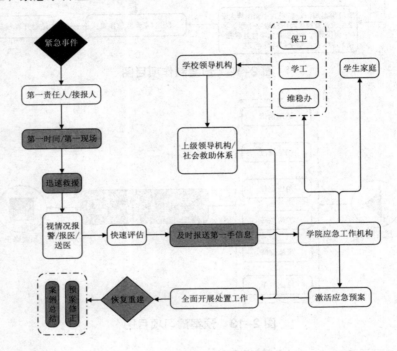

图 2-15　应急事件处置流程示意图

（四）恢复阶段（R）主要工作

经济损失评估恢复；心理创伤评估救助；舆情公关。

1. 经济损失。主要由三部分组成——私人财产、公共财产、处置成本。

2. 心理创伤评估和救助。评估和救助对象既要包含事件当事人，也不能忽略事件周边"关系人"和"旁观者"，防止事件发生反弹或引起连锁反应。

3. 舆情公关。是恢复重建的重要环节。舆情公关不是用虚假或虚无信息来填补空白，而是通过引导舆论正视问题，营造和谐氛围，不断用"正能量"挤出"负能量"、用"全信息"消除"残信息"、用"主渠道"战胜"小流言"，以达到控制事件影响范围，避免产生蝴蝶效应的目的。

4. 功能恢复和重建。对此项工作，本书提出"社区功能建设"的建议，以供大家讨论研究。国内高校校舍集中分布、学生集中居住的管理现状将长期存在，因而，学生的学习、生活和交往三大主要的校园行为均在同一区域内进行。随着高等教育大众化方向的发展，学生集中居住的人数激增，"学生社区"的形成已是既定事实。学生社区不同于社会居民社区，学生社区"居民"具有相似的年龄层面和成长背景，物理网格规划统一，这使得建设真正"社区"成为可能。同时，学生社区既是各类紧急事件主要的发端、发酵和发生场所，也是预防、处置、恢复和重建的主要环境。故此，现阶段学生紧急事件的一大特征就是"从社区中来"，其消化分解也应该"到社区中去"。因此，本指南尝试提出将"学生社区恢复"作为整个危机管理工作中的一个环节，建设学生社区，赋予学生社区成长支持、紧急救助、信息传导和恢复重建四大功能，以期能在预防、准备、发现、应对、恢复等工作中发挥作用，尽可能降低紧急事件发生的可能性和损失。

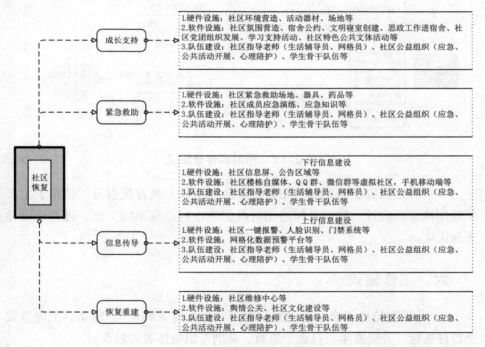

图 2-16　社区恢复项目图

五、"预期"学生紧急事件的处理

"预期"学生紧急事件是指：在缓解与预防阶段发现的，如果不及时介入处理，预期将导致学生紧急事件爆发的各类学生事件，如学生出现自杀倾向、发表极端言论等。此类事件属于学生紧急事件处置的第一环节，风险仍在可控范围内，处置的核心要义是在已经发现矛盾的基础上"解决矛盾"，全力避免紧急事件的爆发。多数情况下，此类事件并未激活应急处置预案。因此，处置该类事件二级学院发挥作用巨大，如若处置不当或延后，容易导致责任事故甚至紧急事件的爆发。这类事件的特点是应急预案尚未激活、风险评估较大、极易引发责任事故。

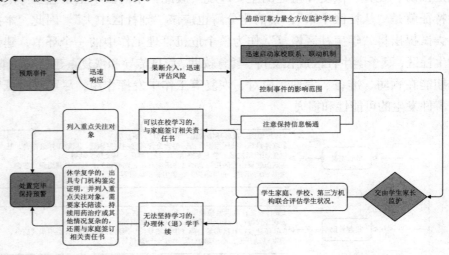

图 2-17　预期事件处置流

本章所述内容、框架如可用资源、队伍建设、处置流程等，是基于主要和通用概念所设计，建议具体适用时根据学校特点和不同工作，进行必要补充和优化。

六、工作建议

（一）转变传统安全教育模式，引入"全员应急教育"，建立学生应急安全教育基地，开展逃生、自救、急救、救助等情境体验式教育。

（二）重视应急预案的演习。开展应急预案演习，开展观摩、评估和预案修正。

（三）建设学生应急公益组织。发动现有学生社区组织，建设学生应急公益团队。

（四）探索危机管理的法治化与全息管理方向，建立学生应急安全员制度。

第三篇　成长服务创新案例

大学生四年的时光都是绚烂多彩的，但绝大多数学生因为是第一次远离家乡，生活、学习、人际交往、时间管理、生涯规划等都难免会遇到许多新情况、新问题，需要及时指导与个性帮助。民族高校深入探索"面向学生全民族、支持学生全生涯、服务学生全方位"特色全程教育理念，不断完善生活服务体系、学业发展支持体系、生涯规划指导体系、身心健康促进体系、文化审美教育体系；注重社会主义核心价值观、民族教育价值观、家庭价值观、个人价值观培育引领，不让一个学生因思想困惑而错位；落实精准认定、多维资助、全面发展的新型资助理念，不让一个学生因经济困难而失学；推进经济资助与感恩教育、诚信教育、励志教育、社会责任教育、心理健康教育、职业规划教育融合，引导学生自强自立、受助助人；开展学情分析与跟踪研究，实施学业预警与学业帮扶，推进分层教学与进阶教学，不让一个学生因学业困难而掉队。不断优化成长服务工作内容供给，创新成长服务工作形式方法，推进新时代学生成长服务质量有效提升。

全程育人——大学生学业预警与精准帮扶

国家中长期教育改革和发展规划纲要（2010—2020 年）中明确指出："建立学习困难学生的帮助机制，关注学生不同特点和个性差异，发展每一个学生的优势潜能，关心每个学生，促进每个学生主动地、生动活泼地发展，尊重教育规律和学生身心发展规律，为每个学生提供适合的教育。"教育部《关于全面提高高等教育质量的若干意见》（教高〔2012〕4 号）文件精神，提出注重创新，以体制机制改革为重点，鼓励地方和高校大胆探索试验，加快重要领域和关键环节改革步伐。加强地方本科高校建设，以扶需、扶特为原则，发挥政策引导和资源配置作用，支持有特色高水平地方高校发展。

民族院校作为多民族、多文化共生发展的"小社会"，其对学生的衡量与评价标准受到一些功利性因素如学习成绩、语言表达、行为能力等影响，部分少数民族大学生进入大学后无所适从、迷失自我，极易被"边缘化"。[①]民族院校承担为民族地区培养中国特色社会主义合格建设者和可靠接班人的任务，深化民族团结进步教育，培育中华民族共同体意识，落实"一个都不能少"的政策底线。自高等教育大众化开始，教育规模不断扩大，生源质量和类型发生变化，高校管理的复杂性增加。国家教育"十三五"规划提出高校教育全面实行学分制，学生管理由班级集体转为学生"自我教育、自我管理、自我服务"。在培养学生自主性同时，也增加了学业难度，人才培养质量下降，大学生退学率居高不下。

民族院校少数民族学生占比一般都在60%以上，且来自边疆少数民族地区学生比重较大，历年民族院校工作和研究表明，各地区少数民族学生差异较大，尤其是来内地学习的少数民族学生，相对于内地学生，学习基础较差，学习方式、学习能力存在不足，面临着文化、学习与人际交往等方面的适应问题[②]，在学习上缺乏高标准要求，主动性不强[③]，学业问题已经成为民族院校亟待解决的问题。

一、理论基础与研究综述

（一）理论基础

1."学业困难学生"概念界定

总体来看，民族院校学业困难学生表现出三类特征。一是在学习上存在明显交流沟通障碍，以边疆少数民族学生为主，由生活习惯、人际交往、学习方法等存在的差异，导致学习积极性不高，出现旷课、挂科等现象。二是学业基础较差，在知识的获取、理解、运用等认知上存在结构性缺陷，不能

① 胡宝国. 内地高校少数民族学生教育管理工作的内涵、挑战及对策分析 [J]. 思想理论育，2015（07）：99–102.

② 王志梅，曹冬，崔占玲. 内地少数民族学生心理适应性研究现状 [J]. 中国学校卫生，2013，34（01）：127–128.

③ 孙玉兰. 少数民族大学生的智力素质特点 [J]. 民族教育研究，2004（02）：33–37.

通过本专业所学相关课程，理工科学生较多。三是因身心诱因、家庭环境、经济水平、社会活动等不可抗情况，导致学业不能正常进行。这三种状态都容易引发学习态度问题，学生极易表现出一定的厌学、自我消极，对学习缺乏热情，甚至排斥学习，以致不能在规定的年限完成学业修业年限内顺利毕业。

2. "学业预警"概念界定

一些高校开始探索学业预警制度，跟踪学生学习状态，发现异常学习行为及时预警，帮助学生顺利完成学业。有学者认为学业预警指高校依据学籍管理办法和各专业人才培养计划的有关规定，利用信息技术等手段，对学生的学习情况进行统计，对学生可能或已经发生的学习问题和学业困难进行告知和警示，并采取相应帮扶措施，通过学校、家长、学生三方之间的沟通合作，确保学生顺利完成学业的一种危机干预制度。①

3. "精准帮扶"概念界定

所谓"精准帮扶"是指高校针对不同的"学困生"，精准识别其学业问题产生的原因，通过差异化的帮扶形式，提升帮扶措施与"学困生"需求之间的契合度，最大限度发挥帮扶措施的效能。②精准识别"学困生"，做好学业预警，就是做好精准帮扶工作的前提。

4. 过程性评价理念

学业预警是以过程性评价为主，重点关注学业困难学生修读年限内的学业情况，采取目标与过程并重的价值取向，对学习的动机、效果、过程以及与学习密切相关的非智力因素进行全面的评价。③如考试成绩、学分修得、选课、旷课、学习态度、违纪等指标，判断其是否达到预警标准，是对学生能否正常毕业、实现育人目标的评价方式的一种补充。

5. 人本主义教育理念

学生是高校管理工作围绕的主体，人本主义理论切合当前教育理念，提倡个人的理性，对认识人的主体地位起到积极作用。④一方面尊重人个性主体，能够极大提高学生积极性，发挥学生自主学习能力，且能够很好契合我党十六届三中全会以来提出"坚持以人为本，树立全面、协调、可持续的发展观，促进经济社会和人的全面发展"策略，符合教育需求。

---

① 刘美凤.高校本科生学业预警制度研究 [D]. 西安：陕西师范大学，2017.
② 陈祥云.高校"学困生"精准帮扶机制研究 [J]. 高教学刊，2017（24）：58-60.
③ 高凌飚.关于过程性评价的思考 [J]. 课程教材教法，2004（10）：15-19.
④ 魏宁馨.民本思想、人本主义与以人为本的历史观探究 [D]. 哈尔滨：哈尔滨工业大学，2007.

（二）研究综述

目前，国内有关学业预警机制还处于探索阶段，各个高校预警体系标准还存在一定的差异。总体上有关学业预警机制的研究有着 4 个方面内容，即学业预警流程、学业预警维度、学业预警的级别及测量指标、学业预警的保障体系。

1. 学业预警流程的研究

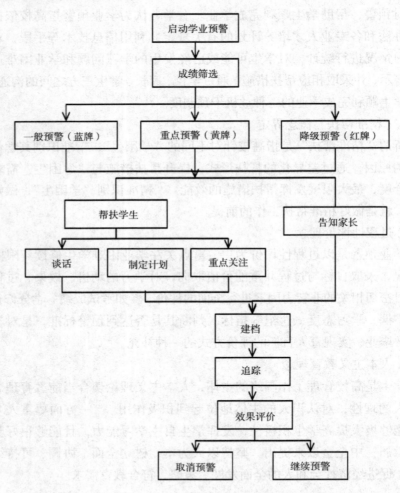

图 3-1　基于课程成绩单维度的学业预警流程图 ①

---

①　周东斌，周训梅，黄馨馨 . 基于人才培养质量保障体系的学业预警机制研究 [J]. 广东轻工职业技术学院学报，2015，02：32-35.

如上图所示，基于实践论的角度，有学者提出以学业成绩这一类预警指标进行预警，并简述了预警的一般流程。包含 8 个过程，即启动、筛选、亮牌（原文分成 3 级）、帮扶与沟通、建档、追踪、效果评价、再次启动。也有学者提出"两类三色"[①] 预警制度，即成绩与考勤预警，黄、橙、红三色。对这一制度的等级划分较窄，创新点在于建构了一个学业预警信息管理平台的功能模型。

从参与角色来看，学校学业预警参与角色有三个，即学校层面、家长以及预警学生。学校层面角色主要是辅导员、班主任、教师、学院学生工作相关负责人等。如下图，主线是根据学生在学校内的学业表现，期末预警建档并下发或邮寄预警通知书，家长回执后，于下一学期开始实施预警学生的帮扶计划。学业预警是一个长期循环的过程，建档、回执仅是其中的一环，问题解决还得依靠预警帮扶工作和跟踪评价。

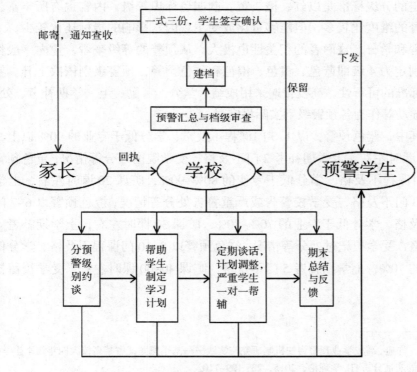

图 3-2　学业预警流程图[②]（有删改）

①　朱李楠，许帅. 基于课程关联性的高校学业预警体系构建研究 [J]. 浙江工业大学学报（社会科学版），2014，04：433–437.

②　邹慧. 独立学院"学困生"学业预警机制探析 [D]. 南京：南京师范大学，2011.

2. 预警维度的研究

比较稳定的学业预警机制包含两个维度，即期末考试成绩预警和学分预警。部分研究提及考勤预警、毕业预警、课程、学籍异动预警、处分预警[①]等类别。有学者细化了学业预警内容，从时间节点维度，采用期末、期初、期中预警模式；从修读课程类型维度，采用专业课、选修课、转专业学生、重修学生预警；从预警的关联性内容维度，采用课堂考勤、选课、实验教学、毕业预警[②]。也有学者提出，预警维度包括学前警示预警、日常学习预警、就业预警[③]、违纪情况、家庭情况[④]等。

3. 预警级别及测量指标的研究

国内较早推出"学业预警"机制的是上海水产大学，对学生成绩、旷课等情况进行预警，分为一般预告、淘汰预告、退学预告三个级别[⑤]。当前，比较稳定的分级标准是以红、橙、黄、蓝四色标识等级，内容也有所丰富。虽然预警的维度比较多，但能够量化或受主观因素影响的指标还比较少，一般是课程和学分，这两者的相关性也极大。从预警的等级来看，业内一般将预警级别定为4级即蓝色、黄色、橙色和红色预警，预警级别依次上升。鉴于量化标准的可行性，高校普遍采用成绩、学分、考勤、上一学期补考、处分、学籍异动等作为各预警级别实际界定量。

其中，蓝色预警，以1~3门课程不及格、学分低于专业的90%以上，旷课10课时左右，上学期补考2门不及格，受学院内处分等情况；黄色预警以4~5门课程不及格、学分低于专业的80%~90%，旷课20课时左右，上学期补考3门不及格，受学校警告或严重警告处分等情况；橙色预警以6~7门课程不及格、学分低于专业的70%~80%，旷课30课时左右，上学期补考4门不及格，受学校记过处分等情况；红色预警以8~10门课程不及格、学分低于专业的70%，上学期补考5门不及格，旷课40~60课时左右，受学校留校察

---

① 许迪. 高校学业预警帮扶机制研究与实践——基于黑龙江省某高校大四年级学生学业预警工作的实证分析 [J]. 学理论，2015，23：109–110.

② 杨宝玲，郭治虎. 促进专业发展的大学生学业预警机制构建 [J]. 软件导刊（教育技术），2012，09：35–37.

③ 杜小刚，张慧，魏哲. 高校学业预警机制构建研究 [J]. 出国与就业（就业版），2011，19：120–121.

④ 邹慧. 独立学院"学困生"学业预警机制探析 [D]. 南京：南京师范大学，2012.

⑤ 上海水产大学推出"学业预警"机制 [J]. 职业教育研究，2005（07）：124.

看 [1][2] 等情况。有部分学者研究提出，不及格课程重修情况、毕业论文未达要求、能力考试未通过 [3] 也在学业预警量化范围之内等。近年，有学者提出建立红、橙、黄、绿、蓝五色分级预警援助机制 [4]，学业预警不能仅限于"学困生"。蓝色预警针对成绩较好、表现突出的学生，为预防"光环效应"的消极影响，绿色预警针对"灰色学生"，防止向"学困生"转化，黄色预警针对临近留级的"学困生"，橙色预警针对达到留级条件的学生，红色预警针对临近退学的学生。值得一提的是，此划分模式，欠缺一环，属于"学困生"而未达到临近留级的那部分学生未能囊括在内。

4. 学业预警的保障体系的研究

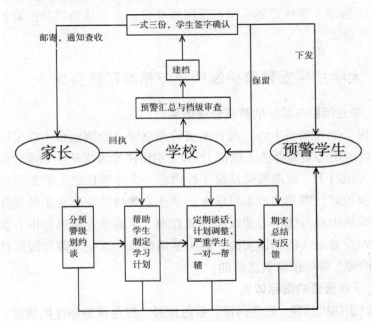

图 3-3　学业预警的保障体系 [5]

① 许迪. 高校学业预警帮扶机制研究与实践——基于黑龙江省某高校大四年级学生学业预警工作的实证分析 [J]. 学理论，2015，23：109~110.

② 吕江维，刘文军，吴晓光，李鑫，崔琳琳. 基于数据分析的高校学生学业预警机制研究——以某高校制药工程专业为例 [J]. 北方经贸，2015，04：216~218.

③ 邹慧. 独立学院"学困生"学业预警机制探析 [D]. 南京：南京师范大学，2011.

④ 吴新华. 高校学生学业预警系统探索与实践 [J]. 中国教育技术装备，2014，06：45~48.

⑤ 王毅磊，王鹏. 高校学生学业预警保障体系构建研究 [J]. 上海教育评估研究，2014，03：36~40.

　　研究指出，学业预警的保障体系应该包括监督预警、指导帮辅和支撑保障三个方面。监督预警体系和指导帮辅体系是学业预警的过程和内容。一般意义的学业预警保障体系就是支撑保障体系，包含三个内容，即制度保障、组织保障和条件保障。学业预警制度保障，即具有严格的科学规范程序，能够形成一套成熟的做法和办法，包括告知、谈话、交接、跟踪、记录等内容。学业预警的组织保障，即能够发挥学业预警机制实施主体的主导和监督作用的个人和组织，包括辅导员、班主任、教师、学生骨干、家长等具体角色以及校院团委、学生会、班委、社团等起到促进学业提升作用的群体。学业预警的条件保障，即为配合学业预警机制有效实施的各类软硬件条件，包括各类帮辅主题活动，支持管理、学习等网络平台，办公场所以及配套的设备和资金等各类资源。

二、大学生学业预警机制构建与精准帮扶实施

（一）学业预警与帮扶的两级管理体系

　　学校成立学业发展中心，实行两级管理制度，分别出台《中南民族大学学生学业发展中心实施办法（试行）》和《中南民族大学学生学业发展分中心实施办法（试行）》，规范校院两级工作内容，工作责任之一就是帮助学业困难学生克服困难，顺利完成本科学业。学业发展指导委员会统筹工作，学校学生学业发展中心具体中心建设与日常管理，学院学业发展分中心负责本学院学生学业发展工作的具体实施，落实学情调查、学业预警与跟踪帮扶等工作，学生助理、导生团队负责协助。

（二）学业预警的指标体系

　　学校设定四级预警：蓝色预警、黄色预警、橙色预警和红色预警。

　　1. 蓝色预警

　　主要适用于课程预警对象：高考总分数偏低；学校及专业非第一志愿、特殊生源计划学生、生源地教育基础欠发达、边疆民族与小少民族学生等；数学、英语、计算机、大学物理等分级教学中 D 班学生。

　　2. 黄色预警

　　主要适用于受到警告、严重警告处分以及学籍异动的学生。

　　3. 橙色预警

　　主要适用于学业预警的一般预警。

　　（1）未达相关学分要求（学院可根据培养方案自行调整）第一学期获得

学分少于 15 学分；

前二学期获得学分少于 35 学分；

前三学期获得学分少于 55 学分；

前四学期获得学分少于 75 学分；

前五学期获得学分少于 95 学分；

前六学期获得学分少于 115 学分；

前七学期获得学分少于 135 学分。

（2）学习年限超过 4 年的。

（3）未按时注册的、未按时选课的、一学期累计旷课超过 15 学时的、出现旷考的。

（4）受到学校记过处分的。

4. 红色预警

主要适用于退学预警对象，主要包括：

（1）大一学年结束，除通识选修课外，获得学分总数少于 25 个学分；大二学年结束，除通识选修课外，获得学分总数少于 60 个学分；大三学年结束，获得总学分数少于 95 个学分。

（2）旷课超过规定教学课时 1/4 或累计旷课超过 30 学时。

（3）受到学校留校察看处分或其他面临退学情况的。

（三）学业预警与精准帮扶流程

被判定蓝色预警学生，当面通知本人，辅导员谈心谈话，并持续跟踪。对黄色以上预警学生采用以下步骤：

1. 明确预警对象

每学期末，学院召开学生学业预警工作会议，核实学生的学业进展情况，明确预警对象，批准并下达《学业预警通知书》，书面通知书一式 2 份，一份发给预警学生，一份发给学生家长。新学期开学将预警学生名单反馈给相应班主任。

2. 建立课程预警

学院要在开学 1 周内将学业预警对象汇总表提交学生学业发展中心，并通过课程预警流程，引导课程教师跟踪督促学业预警对象。

3. 预警响应机制

蓝色预警，主要由课程教师予以响应，通过课堂关注、作业辅导、课程答疑、考前辅导等形式进行辅导。黄色预警，主要通过班主任谈话、课程教师辅导等形式进行，情况较严重的，要通知辅导员和家长。橙色预警，主要由辅导员协调班主任、学生家长、课程教师等协同关注，要采取必要的学业干预、行为矫正、心理咨询等多方措施。红色预警，主要由副书记协调辅导员、学生家长、班主任等协同关注，既要对学生严格要求，也要体现人文关怀，对于受长期辅导而没有明显改善的，按学校规定给予退学等处理。

4. 转介工作室辅导

对于学业出现复杂情况的预警对象，由辅导员协调学院学生学业发展辅导工作室或报请学校学生学业发展中心进行矫正与帮扶。

5. 填写《学业预警通知书送达报告》

报送主要内容包含学院开展预警工作的情况，告知学生、家长方式方法，收到反馈、时间等情况统计说明。在规范学业预警工作流程的同时，完成学业预警通知书下达的闭环，进一步督促学院建立家校联系长效机制。

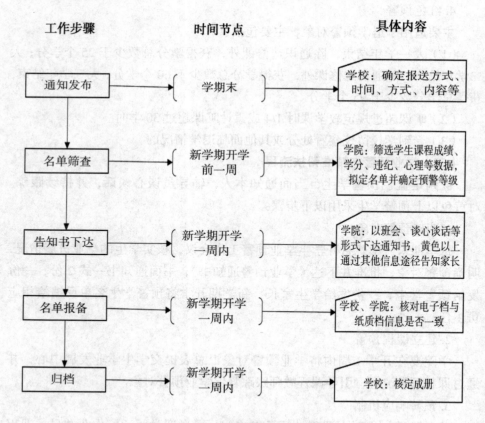

图3-4 学业预警工作流程

（四）学业帮扶工作体系设计

1. 学业促进体系

帮助学生尽快适应大学学习与生活环境，激发学生学习兴趣，端正学习态度，探索最优学习方法，指导就业规划。为学业困难学生提供与优秀学生交流的平台，邀请相关课程老师参与辅导，探索研究性活动和跨学科交流学习。

2. 生涯辅导体系

依托学业发展工作室，利用学业规划、职业生涯规划、教练技术等领域的理论和方法，重点解决学业困难学生目标不清、方向不明、态度不端、动力不足等问题。发挥专业负责人、班主任对学生专业发展的指导作用，引导学生深化人才培养方案和课程体系认识，定期开展专业发展教育，帮助学生明确学习目标，提高学生学习的积极性和主动性。

3. 能力提升体系

依托学生工作队伍自身的理论与实践研究，为学生开设综合素质培养系列通识选修课，开展团体训练与辅导，组织学生参加校内外实践交流活动，促进师生间的学习交流，帮助学生学会探索研究、学习与发展。

表 3-1 学业帮扶体系设计一览表

工作体系	学习支持项目	工作载体
学业促进体系	学业规划咨询与辅导	专业导论、学业进程辅导、师生午茶会、选修课大学生学业规划指导、学分制及培养方案讲座等
	学业预警	学习态度预警和学分预警
	学习方法咨询与辅导	Learning Skill 工作坊：数学、物理、化学及其他涉及学院较多的课程的学习方法、学习兴趣引导方面的辅导报告与经验交流会
	专项辅导班	考研英语、数学、政治辅导班；专业课辅导班；公务员考试辅导班
	英语学习咨询与辅导	学辅工作坊：大学英语一对一辅导、课程答疑
	数学学习咨询与辅导	学辅工作坊：高等数学一对一辅导、课程答疑
	物理学习咨询与辅导	学辅工作坊：大学物理一对一辅导、课程答疑
	化学学习咨询与辅导	学辅工作坊：大学化学一对一辅导、课程答疑
	外语能力提升辅导	英语角、与留学生对话、出国外语考试交流会等
	团队学习辅导	支持读书协会、数学建模协会等学习类社团交流学习

工作体系	学习支持项目	工作载体
生涯辅导体系	学习与生活适应辅导	学习生活适应情况调查、"共度大学好时光"优秀学生交流论坛、选修课大学生活管理等
	专业规划咨询与辅导	依托辅导员工作室进行一对一咨询辅导
	学业与职业规划辅导	师生午茶会、辅导员工作室咨询、选修课职业生涯规划与职业能力提升等
能力提升体系	职业通用能力训练与辅导	表达能力、领导力培养,办公软件操作,信息素养培育等辅导课程,校外拓展实践活动
	专业化学生团队建设	借鉴比特工场、点石调研等团队的发展模式支持学生以专业化团队的形式自主发展
	班级成长发展与辅导	班长论坛、新生班干部培训、团体辅导计划等

(五)学业预警的制度和条件保障

1. 以问题为导向,以项目为载体推进学业帮扶

立足学院特色立项建设学生学业发展辅导工作室和学习支持团队。辅导工作室项目主要以辅导员为主题,根据专业特色打造学业规划与职业生涯规划、资助工作与教育帮扶、核心价值观教育、心理健康教育等主题帮扶项目。学习支持团队目主要以优秀学生团队为主体,动员优秀学长学姐、学生骨干,以朋辈力量贴近生活学习引领学业困难学生成长成才。2016 年共建设 7 个辅导工作室(结项 6 个)、14 个学习支持团(结项 13 个),开展志愿者"1 对 1"帮扶 1 万余学时。2018 年已经立项审批 10 个辅导工作室和 15 个学习支持团队。

2. 制定导师制,完善全员育人体系,增进协同育人效果

实施本科生导师制,要促进一课堂与二课堂、学生工作队伍与教育教学队伍、学生思想政治工作与专业培养工作的深度融合。鼓励导师成为学生的成长伙伴、学业导师、生涯导师、人生导师,充分发挥导师在学生学业生涯发展与学生全面发展的积极作用,为学生走向社会、走向成功、走好人生道路打下坚实的基础。进一步制定成长服务课时实施办法,作为导师制的课时量、课酬等条件保障的补充。目前,两个制度已经拟定,正在积极筹备实施。

3. 以奖促学,激发学生学习动力,发挥资助育人特色

增设"学习进步奖",专门针对没获得其他专业奖学金但在学业上有所进步学生,每年总共奖励 20 万元。开展综合素质测评修订工作,要综合考察学生思想政治素质、身心健康水平、学业发展水平、兴趣发展水平、实践创新能力,发挥综合素质测评的正确导向,以工作规范化和科学化育人。通过每

学期学业规划进展认定，鼓励学生获得创新学分。

4.配备有效资源，保障学业帮扶正常运行

通过对学业辅导工作的量化管理，对组织参与辅导课程的教师课酬认定及奖励，极大程度调动广大教师学生学业辅导的积极性。截至2017—2018学年第一学期，辅导课程已经开展5期辅导课程，共开展80门次辅导课程，4482人参与辅导课程，通过3061名学生，通过率68.30%，高于全校重修平均水平，认定有效学辅导3771个学时，发放金额188550元整。

5.深入分析学业预警学生，提高帮扶识别精准度

积极推进精准帮扶项目，拓展深化民族团结思想引领、实践教育、学业支持、生涯规划和就业指导嵌入式教育途径，细化学生学业预警帮扶工作内容，完善分级分类分层培养体系，深化学情分析、学习发展跟踪调查研究成果应用，提升学情分析报告服务学校决策能力。目前，共起草印发八期学业预警学生学期分析报告，约30万字，较大提升学生学业质量，受到主管部门和全校师生广泛好评。

6.建立信息化学业预警平台，保证精准帮扶高效性

利用学校网格化和信息化成果，根据学业发展中心特色，建设学业预警分析系统，拟定学业预警指标，结合学院实际，通过预警分析系统判定学业预警学生，为学校和个人提供参考并实施帮扶。结合网格化建设契机，建立学业预警帮扶，学业预警工作管理系统也正在积极搭建。

三、大学生学业预警与精准帮扶的数量分析

（一）全校各期预警概况

1.持续预警人数逐年降低、预警程度趋于缓和

表3-2　全校各学期预警概况

学期	预警学生（人）	全校比例	预警学生男女比例	涉及民族（个）	预警学生人均门次
2014—2015年第一学期	2235	9.22%	2.18：1	47	6.18
2014—2015年第二学期	2400	9.90%	2.73：1	51	7.03
2015—2016年第一学期	2524	10.31%	3.16：1	48	6.60
2015—2016年第二学期	2052	11.33%	3.01：1	48	6.08
2016—2017年第一学期	2328	9.71%	2.68：1	47	6.09
2016—2017年第二学期	2084	11.52%	2.42：1	50	7.14

续表

学期	预警学生（人）	全校比例	预警学生男女比例	涉及民族（个）	预警学生人均门次
2017—2018 年第一学期	2057	8.44%	2.50：1	49	5.90

自 2014—2015 学年第一学期[①]，我校学业预警已经开展八期，共预警 17608 人，各期预警有所差异。预警学生人数、男女比例、预警学生人均不及格成绩等有降低趋势。在人数、全校占比、人均不及格门次等指标上，上学年学业预警情况要好于下学年。同期相比预警人数增长趋势明显放缓，如第七期（2017—2018 年第一学期）同比第五期（2016—2017 年第一学期）下降 11.64%，如第六期（2016—2017 年第二学期）同比第四期（2015—2016 年第二学期）微量增加 1.56%。

2.各年级预警学生组成比例基本稳定，帮扶效果明显。

各年级预警学生组成比例基本稳定，帮扶效果明显。如上图所示，第七期各年级组成分布（预警学生），与上一学年大致相当。大二、大三预警人数占比趋于平稳，各占近 30%，大一新生预警比例略微升高，大四年级预警比例略微下降，学业帮扶成效显著。

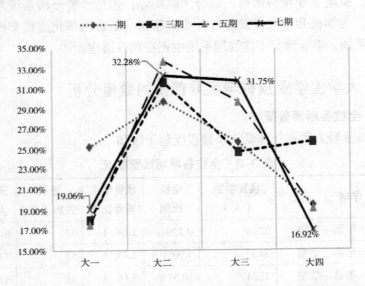

图 3-5　各学期预警学生上学年年级组成分布（预警学生）

---

① 学业发展中心于 2015 年初成立，2014—2015 学年第一学期为第一期预警，以学期为单位顺延，当前已经是第七期（2017—2018 学年第一学期）。

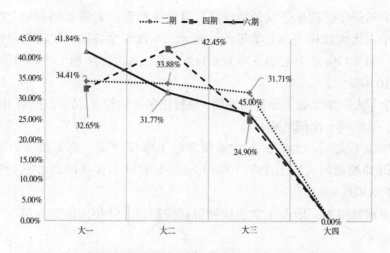

图 3-6　各学期预警学生下学年年级组成分布（预警学生）

　　学业预警学生人数在大二下学年得到一定控制，各年级预警学生组成比例逐渐稳定，帮扶效果明显。如下图所示，六期各年级预警比例下降趋势更加明显，进一步验证了学业帮扶的良好效果。大一年级同四期相比，预警占整体的百分比增加 28.15%，体现了全校学业预警工作关口前移，也反映了各学院对于学业预警规律认识水平的提升；大二年级同四期相比，预警所占整体百分比降低 25.16%，体现了学业预警与学业帮扶的积极作用。

　　3. 低年级初始迸发量持续降低，高年级学业预警得到控制

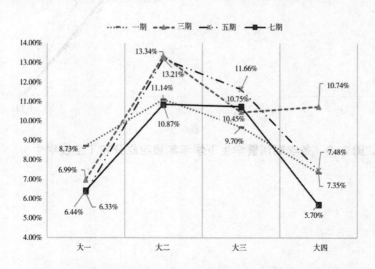

图 3-7　各学期预警学生上学年年级组成分布（全校学生）

上学年低年级初始迸发量持续降低且趋于稳定，如第五期和第七期大一学生群小占比大致相当，上学年大一和大二年级学生各期占比逐期降低。大一从第一期 8.73% 到第七期下降为 6.44%，大二从第二学期 13.34% 到第七期下降为 10.87%。

下学年大一学生处于预警高发期，预警比例波动较大。如近三期（第五期、第六期、第七期）比例增减 8%。

低年级（大一、大二）下学年预警较上学年严重，高年级（大三）学业预警得到控制：大二上学年 10%~13%，下学年 11%~14%；大三上学年近 10%，下学年近 9%。

学业预警得当，毕业生学业预警得到控制，上学年大四学生第七期降低为 5.7%。

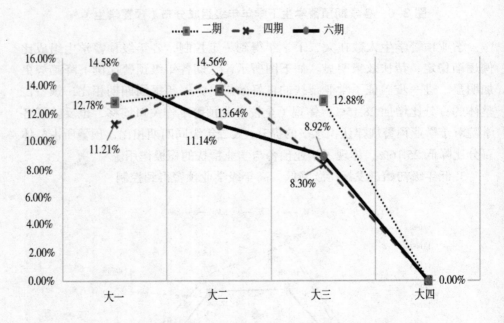

图 3-8　各学期预警学生下学年年级组成分布（全校学生）

4.预警学生态势转好，扁平化趋势明显

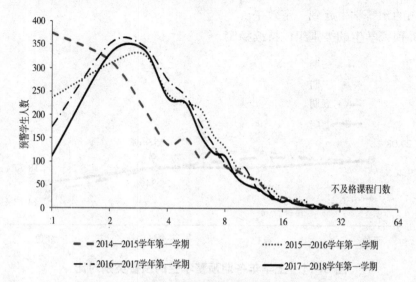

图 3-9　上学年各期预警学生的挂科门数对比

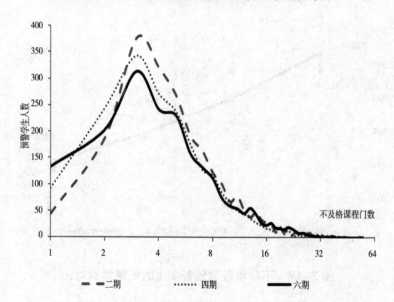

图 3-10　下学年各期预警学生的挂科门数对比

　　如上图所示，从各期预警学生不及格课程分布来看，趋向扁平化。抛物线顶点逐期降低（集中挂科众数要低），且准线有向左移趋势（较轻挂科门次），抛物线与纵轴交点逐期上移，即挂科1门预警线上移，预警严格程度逐期增高；

准线右侧 3~12 门次的挂科人数逐期降低，充分佐证了学业预警与帮扶对这一范围内的预警学生起到一定效果。

6. 预警学生的类别组成持续稳定

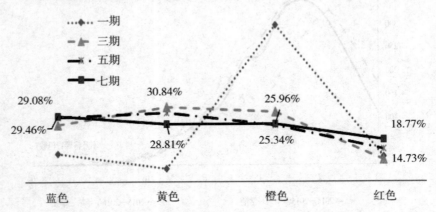

图 3-11　上学年各期预警学生的预警类别对比

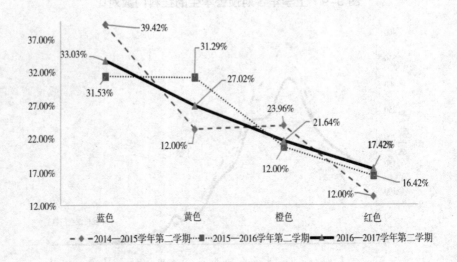

图 3-12　下学年各期预警学生的预警类别对比

如上图所示，各期预警结构的层次逐渐明显，高程度预警逐期得到一定控制。蓝色预警比例最高，占近 30%，黄色和橙色预警各占 25%，红色预警近 20%。学业预警对红色预警学生效果不明显，比例逐期微量增加。

7. 各学院预警学生不及格课程门次情况差异明显

下表是 2017—2018 学年第一学期各学院预警学生不及格课程，共 12137

门，预警学生人均不及格门次 5.90 门，全校学生有 9095 人出现不及格课程共25472 门，人均不及格 2.83 门次（学生基数是全校有不及格记录学生），全校预警学生的不及格课程数量占全校不及格课程数量的 47.15%，结合各学院预警学生人均不及格课程门次、全院不及格人均门次、预警 / 全院人均比三类数据将各学院分为 6 个类别和特征。

表 3-3　2017—2018 学年第一学期各学院预警学生不及格课程门次分布情况

序号	学院	预警	全院	聚类	序号	学院	预警	全院	聚类
1	法学院	368	1079	B	11	计科	2113	4644	E
2	文传	287	1837	C	12	数统	664	1049	F
3	美院	251	1033	D	13	电信	2076	3162	F
4	民社	185	640	C	14	生医	999	1265	F
5	外院	263	689	E	15	化材	802	1463	F
6	经院	820	2355	E	16	资环	339	585	B
7	管院	794	1789	D	17	生科	530	785	A
8	公管	410	845	D	18	药院	840	1132	A
9	教育	202	386	F	19	体育	67	495	D
10	马院	44	90	D	20	音舞	83	419	C

（1）A 类学院特征，学院预警学生和全院不及格课程的人均门次都低于或接近全校水平，预警 / 全校不及格比重较大，即预警学生不及格数量占据该学院不及格课程的主导地位。

（2）B 类学院特征，学院预警学生人均和预警 / 全校不及格比重都低于或接近全校水平，同时全院不及格课程的人均门次高于全校水平。

（3）C 类学院特征，学院预警学生人均门次高于全校水平，同时该院不及格人均门次和预警 / 全院不及格课程的比重低于全校平均水平。

（4）D 类学院特征，学院学生（或预警学生）不及格课程人均门次，以及预警 / 全院不及格课程的比重低于或接近全校平均水平。

（5）E 类学院特征，学院预警学生和全院不及格课程的人均门次都高于全校水平，但预警 / 全校不及格比重较低。

（6）F 类学院特征，学院预警学生和全院不及格课程的人均门次高于或接近于全校水平，同时预警 / 全校不及格比重较大。

8. 持续预警学生成为学业帮扶重点

如下表所示，经过数期预警学生名单比对，匹配出 1154 名持续预警学生，占该学期学业预警学生总数的 56.10%。其中，全校七个学期都预警的学生 109 人，占本期预警学生 5.30%；六个学期都预警的学生 61 人，占本期预警学生 7.58%；五个学期都预警的学生 156 人，占本学期预警学生总数的 7.63%；近四个学期都预警的学生 157 人，占本学期预警学生总数的 7.63%；近三个学期都预警的学生 301 人，占本学期预警学生总数的 14.63%；近两个学期都预警的学生 370 人，占本学期预警学生总数的 17.99%。

表 3-4　2017—2018 学年第一学期各学院持续预警学生分布

学院	本期预警	持续预警	持续/本期	连续 7 期	连续 6 期	连续 5 期	连续 4 期	连续 3 期	连续 2 期
法学院	68	29	42.65%	5	3	4	4	4	9
文传	47	12	25.53%	0	1		1	6	4
美院	78	15	19.23%	0	0	0	2	3	10
民社	21	10	47.62%	0	0	2	1	1	6
外院	42	26	61.90%	1	1		3	5	16
经院	127	75	59.06%	6	1	8	7	22	31
管院	192	105	54.69%	5	1	7	6	37	49
公管	82	51	62.20%	1	9	4	3	30	4
教育	23	8	34.78%	0	0	2	2	1	3
马院	15	4	26.67%	0	0	3	0	0	1
计科	268	121	45.15%	13	9	38	6	21	34
数统	109	68	62.39%	4	5	9	10	27	13
电信	287	178	62.02%	32	15	27	13	41	50
生医	179	105	58.66%	19		15	23	31	17
化材	131	102	77.86%	5	7	9	31	16	34
资环	67	46	68.66%	1		4	8	14	19
生科	109	63	57.80%	11	3	8	11	14	16
药院	186	128	68.82%	5	6	16	25	27	49

学院	本期预警	持续预警	持续/本期	连续7期	连续6期	连续5期	连续4期	连续3期	连续2期
体育	15	2	13.33%	0	0	0	0	1	1
音舞	11	6	54.55%	1	0	0	1	0	4
总计	2057	1154	56.10%	109	61	156	157	301	370

四、各类学院预警学生历次预警基本情况

1. A类学院各期预警人数百分比情况

A类预警学院数期预警比例保持一个比较高的波动范畴，且有较高预警程度发展趋势，药学院比较典型，各学期保持3%~4%的波动，有上升趋势，且放缓。生科往期预警也有3%~4%规律的波动，本期预警比例较往期变化趋势较大，同比上一学年增加2.42%，下学期可能迎来预警高发达到14%，需要警惕。

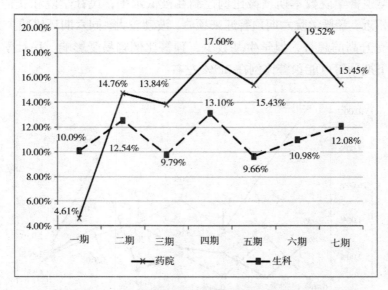

图3-13 A类学院各学期预警学生百分比对比

2. B类学院各期预警人数百分比情况

B类预警的两个学院差异比较大，法学院维持在一个较低的预警水平，同比上一学年有0.22%的上升，下期预警比例可能突破7%；资环学院六期预警迎

来第一个顶峰，同比上一学年相比下降2.01%，下期预警有望下降至15%。

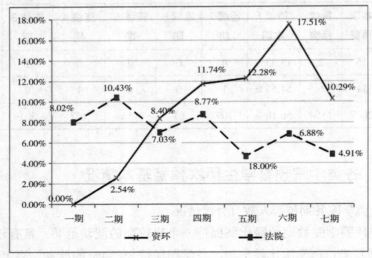

图 3-14　B类学院各学期预警学生百分比对比

3. C类学院各期预警人数百分比情况

C类预警学院数本期预警比例控制在极低水平，民社学院和文传学院趋势比较相近，音舞学院六期预警迎来顶峰，波动较大，同六期环比减少5.08%，总体上有升高的趋势，但学生基数少，预警比例容易受影响。民社学院和文传学院下期预警可能预警比例在3.5%左右。

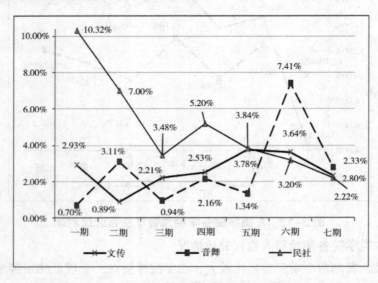

图 3-15　C类学院各学期预警学生百分比对比

4. D 类学院各期预警人数百分比情况

D 类预警学院总体预警有上升趋势。其中，公管学院和管院学院预警趋势比较相近，本期预警分别为 8%、8.93%，较上一学年有所降低，但从总体趋势来看，下期预警可能达到 13%。体育学院往期波动较大，但从近三期的预警情况看，有降低趋势，下期有望降低到 6%。美院同比上一学年，增加 3.37%，下期可能突破 6%，马院近几期比较平稳，保持在 5% 比例。

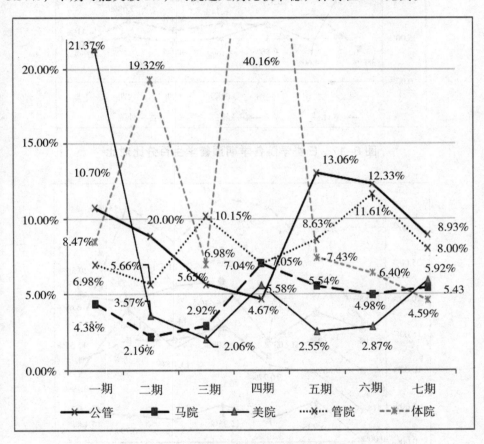

图 3-16　D 类学院各学期预警学生百分比对比

5. E 类学院各期预警人数百分比情况

E 类预警学院近期比较平稳，维持在一定水平。其中计科学院维持在 10% 水平，本期同比上一学年增加 1.73%，下期预警可能突破 12%。经济学院和美术学院本期预警下降到 5% 以下，经院下期可能预警比例在 6%，外院下期控制在 5% 左右。

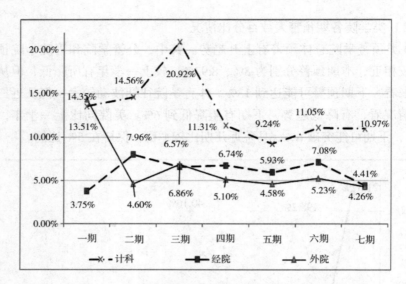

图 3-17 E 类学院各学期预警学生百分比对比

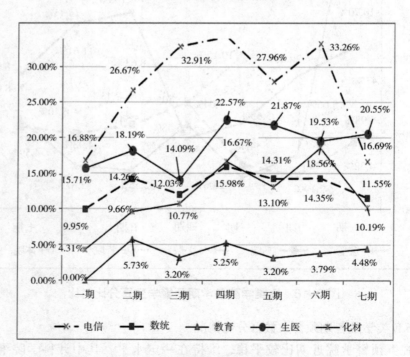

图 3-18 F 类学院各学期预警学生百分比对比

6.F 类学院各期预警人数百分比情况

F 类预警学院总体上保持下降趋势。教育学院人数基数小，对预警比例影响较大。本期同比上一学年，各理科学院均有所下降，其中电信学院波动最大，下降 11.27%，其数统学院、生医学院、化材学院下降比较平稳，且预警保持 10%~20% 水平。

五、提升大学生学业精准帮扶有效性对策与建议

（一）促进资源整合，完善学业精准帮扶保障机制

当前学业预警学生帮扶机制存在资源分散、信息孤岛等问题，难以形成合力，从而影响帮扶工作的开展与效率。通过整合校内外资源，构建学业预警与帮扶平台，探索家校协同育人新机制，以"三全育人"为宗旨，形成分工明确、相互协作、互动共进的帮扶体系，共筑"学困生"精准帮扶之道。学校需要制定相关政策、配给人员和资源，完善并实施教师成长服务课时及学生志愿者服务学时制度，作为学校组织的相关评优评先的必需条件。学校要打破"重科研、轻教学"，使教师回归课堂。学校学业发展中心研究制定相关措施，为学校决策提供支持，为学院需求沟通协调帮扶资源。学院学业发展分中心切实落实相关制度，对预警对象进行具体研究和分析，协同教师、家长、朋辈、社会机构等群体，开展各式主题活动，有针对性地建立和完善学业帮扶机制。

（二）坚持问题导向，实现精准识别学业问题

精准帮扶要以实际需求和解决实际问题为导向，针对高校"学困生"帮扶理念落后、机制僵化、帮扶缺乏约束与激励机制等现实问题，学院需根据现有政策主动研究学业符合本学院的学业预警机制。根据专业特色，学院需研判不同学科通识课、基础课、专业课、教学实践等类型的课程的成绩或学分预警。根据学生民族成分、生源地、考勤、学籍异动、违纪行为、心理异动等自有属性信息，综合研判学生学习动力。根据学生预警状态、受帮扶经历、"第二课堂"活动数据，综合研判学业成长轨迹，适时干预，形成良性循环，促进学生成长成才。

（三）满足个性需要，创建学业预警的多个着力点和工作载体

针对大学生学业困难产生的原因以及差异化帮扶需求，要将帮扶措施精准对接帮扶对象的实际需求，做到对症下药、精准施策，加强对"学困生"的系统研究和帮扶机制的统筹谋划，实施分类管理、分类帮扶，增强"学困生"帮扶政策制定的针对性和精准性。通过对新生开展"成长训练营"，加强大学学业常识教育，帮助和引导新生顺利完成从被动学习到主动学习角色转

变，适应大学生活。通过大学生涯规划教育、榜样教育、批判性思维训练等模块，引导他们顺利描绘大学生涯"蓝图"，使其进一步明确学习目的、端正学习态度、增强学习动力。建立高年级学生班级学习小组，以寝室、兴趣群体、科研团队为单位，聘请学业导师，由学生骨干带头，实行"1＋1＋X"帮扶，帮助学业预警学生摆脱学习困境。尤其是来自新疆、西藏等地的学生，更加需要培育学业典型榜样，发挥榜样的引领作用。

全位育人——大学生学习与发展追踪调查与研究（CCSS）

"中国大学生学习与发展追踪研究"（China College Student Survey，CCSS）是一个基于教育过程、针对学生学习行为及院校教育实践的调查工具。该工具最初产生于美国印第安纳大学，后经清华大学与印第安纳大学共同组建的研究团队进行中国化，成为研究中国大学生学习与发展行为的一个专业性工具。该工具体现了目前国际上主流的以学习者为中心、注重教育过程、强调教育增值（value-added）的评价理念，更关注高等教育的内部机制：大学生作为独立自主的学习者，其学习投入和学习行为与大学教育实践之间的互动；提炼的指标重在了解学生的个体学习态度、学习方式和学习经验，并直接与学生的学习收获相关联；加之其以学习者为中心，以学习过程为重点、以改进学校教育教学为目标的评价模式及理念，为我国已形成的本科教育外部质量保障体系提供了重要的内部评价、问题诊断和改进工具。学习借鉴这样的测评体系，为提升我国高等教育教学质量并角逐地区和走向全球高等教育市场，提供了重要的参照系。

随着我国高等教育大众化进程的推进，我国高等教育的毛入学率和总体规模实现了快速增长。2017 年高等教育毛入学率达到 45.7%，正在向国际公认的高等教育普及化阶段迈进，提前实现了国家教育规划纲要提出的"到 2020 年，高等教育毛入学率达到 40%"的目标，超过中高收入国家平均水平，新增劳动力平均受教育年限接近 13 年。可以预见，高等教育质量以及与就业市场的衔接将成为挑战我国高等教育事业整体发展的两大核心问题。2014 年教育部开展的普通高校本科教学审核评估工作，强调以院校为人才培养的责任主体，强化以目标为导向、以问题作引导、以数据为依据、以事实来证明的审核评估理念及方法。在这一背景下，清华大学教育研究院与清华大学"中国经济社会数据中心"合作，共同推动"中国大学生学习与发展追踪研究"项目，旨在通过调查我国大学生的入学背景与基础、在学就读经验和求职就业行为，为高校提供有关人才培养质量监测所需数据，为改善高等院校人才培养过程、提高教育教学质量做出贡献。

"中国大学生学习与发展追踪研究"项目是在清华大学教育研究院 2009 年开始的"中国大学生学习性投入调查"研究课题基础上拓展而成的一项大型全国性大学生跟踪研究。其中，针对本专科院校的调查 2009 年共有 27 所院校参与，2010 年参与院校总数为 46 所，2011 年和 2012 年各为 59 所，2013 年为 75 所，2014 年为 41 所，2015 年为 41 所。截至目前，累计已有百余所院校参与，大学生有效数据总量接近 35 万。本项目研究平台由具有平等成员资格的清华大学研究团队和各成员高校研究团队共同组成。清华大学方面的学术团队成员主要由教育研究院、经济管理学院、人文社会科学学院相关领域的研究专家组成，各成员高校的学术团队由各院校高教研究、教务管理或就业指导部门主持组织。作为一项长期的连续性追踪研究计划，本项目将按年度进行。调查包括"中国大学生学习性投入调查"和"中国高校毕业生追踪调查"两个基本模块，它们共同形成"生源输入—在校学习与生活过程—就业"完整的链形结构数据，可用于不同院校人才培养状况的自我监控、问题诊断及改进研究。

一、项目研究的理论基础及问卷设计

（一）项目研究的基础理论

学生的学习性投入（Student Engagement）这一概念源于人们对学校教育过程与学生学业成就关系的研究，迄今为止已经有了 70 多年的学术积淀。NSSE 调查的设计者、美国印第安纳大学教授乔治·库（George D. Kuh）认为，在浩如烟海的既往研究中，以下研究和理论奠定了 NSSE 调查的主要理论基础。

1. 泰勒（Tyler）的"任务时间"（Time on Task）理论

早在 20 世纪 30 年代他便发现了学生学习时间与成效之间呈正向相关性的结论。

2. 佩斯（Pace，1960—1970 年代）的"努力质量"（Quality of Effort）理论

佩斯认为，仅仅关注学生学习时间的长短是不够的，还要关注这些时间所投入的行为和活动。他研究发现，在相等时间投入的条件下，那些把时间

用于有教育意义的活动，如学习、有实质意义的生师互动和生际互动，以及将所学运用于具体情境等"有质量的时间投入"所取得的学习效果更好。

3. 阿斯汀（Astin，1984）的"学生卷入"（Student Involvement）理论

阿斯汀认为仅仅从学习时间投入的量来考察学生的学习成效，视角过于局限。事实上，学生的最终学习成效和校园生活的方方面面都是有关联的，因此，要衡量一所高校的好坏，主要是看其是否能促进学生更好地参与到学校的各项活动中去。

4. 汀托（Tinto，1987，1983）的"社会与学术整合"（Social And Academic Integration）理论

汀托认为大学生活的本质是"转型"，这种转型实际上包括两个独立又相互补充的过程，即学术整合与社会整合。学术整合是指学生是否很好地遵循了大学组织所蕴含的学术价值观及与之匹配的行为规范，比如他是否认同学术是真理的追寻，并因此投入时间和精力学习必要的学术技能以实践对学术理念的追寻。在指标设计上，学术整合一般通过学生对专业学习的行为和过程、认同和归属感乃至满意度来测量。而社会整合主要是指学生和大学环境的融合度。在指标上一般通过生际互动和生师互动来测量。汀托认为，好的大学教育就是能帮助学生个体顺利实现学术整合和社会整合的大学组织实践行为和过程。因此汀托的理论既是对泰勒、佩斯理论的补充和完善，也是对阿斯汀理论的进一步发展。

5. 齐克林和甘姆森（Chickering& Gamson，1987）的"本科教育阶段有效教学七项原则"（Seven Principles for Good Practices in Undergraduate Education）理论

齐克林和甘姆森通过大量的实证研究发现，有七种有效的教学实践会影响学生的学习效果以及学生在校就读经验的质量，学生在这些活动中投入的程度越深，他们在各自学业上取得成功的可能性就越大。这七项原则是：鼓励师生交往、养成学生合作互惠的学习习惯、促使学生学会主动学习、给予学生及时反馈、强调学习任务的时间性、对学生抱有较高的期望以及尊重学生之间的差异。

6. 帕斯卡雷拉（Pascarella，1985）的"变化评定模型"（General Model for Assessing Change）理论

该模型认为，学生的认知发展直接受到学生先前经验、与教师和同伴群体的交往程度以及个体的努力程度三个方面因素的影响。大学的结构和组织特征并没有直接影响学生的发展，而是通过校园环境、师生关系、生生关系

以及学生个体的行为间接地发生作用。

7. 乔治·库（George D. Kuh）的"学习性投入"

在以上研究的基础上，乔治·库（George D. Kuh）提出了自己的"学习性投入"理论。他认为，所谓学生的学习性投入其实是一个测量学生个体在自己学业与有效教育活动中所投入的时间和精力以及学生如何看待学校对他们学习的支持力度的概念，其本质就是学生行为与院校条件的相互作用（intersection of student behaviors and institutional conditions）。因此，学生的学习性投入除了受到学生自身因素影响之外，还会受到学校环境及氛围等外部因素影响，即学校如何通过配置资源、组织课程、开展活动以及提供服务等实践来引导学生将精力投入到有效地学习行为和活动中去。

因此，NSSE 问卷主要以乔治·库的"学习性投入"理论为基础，基本假设是：学生在那些具有有效教育目标的活动中投入的时间和精力越多、获得的反馈越多，他们在知识、技能和性情上的发展也就越好。同时，学校越是从各方面创造条件鼓励并支持学生主动参与到这些有效地学习活动中，学生便越会在这些活动中投入更多的时间和精力，从而获得更好地学习效果。所以 NSSE 调查问卷选择两个层面来对学生的学习行为和相关感受进行考察：一个层面是学生做了什么，即测量学生投入到有效学习活动中的时间和精力；另一个层面是高校做了什么，即大学是否以及如何采用有效措施吸引学生参与到各项活动中去。

（二）CCSS 问卷的形成及发展

由于大学作为高等教育组织是嵌入其所在社会文化体系中的，而且作为一种社会行为的学生学习活动以及作为一种复杂社会活动的大学教育也是和其所在社会文化体系密切相关的，因此，将原本产生于美国的 NSSE 调查运用到中国高等教育情境，便不可避免地要面临文化适应的问题。

以原版 NSSE 调查 2007 版本为基础，项目组通过双向翻译、题项文化适应、认知访谈和试点研究四大步骤对问卷进行了文化适应性调整，完成了该问卷的中国化工作。经过修订后的中国化版本（NSSE-China）调查问卷，与原问卷相比保持了原版工具的信度特征。对其进行验证性因素分析后发现，其原有五个可比指标的结构在中国高等教育情境中依然存在。据此可以确定，经过修订的中国化版本（NSSE-China）调查，具备了教育测量工具所必须具备的稳定性和有效性，运用该工具在中国高等教育机构调查所获得的数据，具备较好的可信度，其在五个可比指标上的比较，也具有一定的有效性。

为了使 NSSE-China 调查工具能够帮助院校更深入地剖析学生学习的质

量，项目组每年都对问卷进行增减和修订，逐渐发展为"中国大学生学习与发展追踪研究"（CCSS）调查。如 2011 年，项目组结合已有研究理论和大量访谈结果，在问卷中尝试构建了"深度学习"（deep learning）量表，并在此后几年根据院校反馈的情况和数据发现，对量表和指标进行了调整。

2014 年，项目组进一步完善了 CCSS 普通本科院校版问卷，在保证与美国 NSSE2014 问卷高度可比、与此前几年 CCSS 指标体系保持连贯的基础上，结合中国高等教育实际情况，对 2013 年形成的"综合分析指标""院校诊断指标""学习诊断指标"三大指标体系进行了调整和补充，使指标体系更具系统性和针对性。比如将"学习诊断指标"调整为由三大一级指标和九个二级指标构成的指标体系，将往年的"学习策略（LS）"指标进行扩展，建立起五个二级指标：接受式学习、探究式学习、反思性学习、整合性学习、合作性学习，丰富了指标的内涵，使指标体系结构更加清晰、更好地为院校提供人才培养质量监测所需的数据。

2015 年，项目组再次对普通本科院校版问卷中与"有效教学实践（ETP）"有关的二级指标进行了构建，将其划分为"课堂教学""教师反馈""激发学习志趣""测评（作业和考试）"四个方面，使得该指标更能贴近本科教学实践情况，反映本科教学质量衡量标准。

同时，项目组积极探索应用型院校教学活动和学生学习与发展特点，通过实地考察、深入调研及必要的理论与文献研究，开发出"CCSS 应用型院校问卷（黄色问卷）"。其中一些题项，如"您的实践/实训/实习课程及课程作业是否强调——观察并记忆、模仿操作、总结、评价、综合"，较好地提炼出学习者在实践技能性学习过程中由低阶走向高阶学习所经历的认知阶段。黄色问卷通过数据探索，开发了由七个维度构成的"实践技能性教育指标"，该指标涵盖了实践技能性学习过程中老师的教学行为、学生的学习行为以及二者的互动关系质量；测量了院校对实践技能活动的支持度，以及学生对院校提供该支持的满意度。另外，还加入了劳动力市场聘用人员过程中比较看重的反映大学生基本素质的指标。由此，"实践技能性教育指标"与"院校诊断指标"一起，共同构成了诊断应用型院校教育问题的有效工具，更好地为应用型院校提供有关人才培养质量监测所需数据，为改进院校人才培养过程、提高教育教学质量做出贡献。

（三）CCSS 项目指标构成

"中国大学生学生投入性学习"有三个大的指标体系构成，即综合分析指标、教育过程分析诊断指标及学习诊断指标。

1.综合分析指标。包括：学业挑战度（Level of Academic Challenge（LAC））、主动合作学习水平（Active and Collaborative Learning（ACL））、生师互动（Student-faculty Interaction（SFI））、教育经验的丰富程度（Enriching Educational Experiences（EEE））、校园环境支持度（Supportive Campus Environment（SCE））。

2.教育过程分析诊断指标。包括：课程的教育认知目标（COC）、课程要求的严格程度（CR）、有效教学实践（ETP）、课程学习行为（SL）、课程外拓展性学习行为（ELE）、支持性环境（SE）、向学/厌学（SWL）、自我报告的教育收获（SSLO）、在校满意度（SSTF）。

3.学习诊断指标。包括：高阶认识行为（HOC）、学习策略（LS）、多元学习（DLE）。其中，高阶认识行为（HOC）包括高阶学习（HOC_HOL）、信息分析（HOC_INF）。学习策略（LS）包括接受式学习（LS_TL）、探索式学习（LS_EL）、反思性学习（LS_RL）、整合性学习（LS_IL）、合作性学习（LS_CL）。多元学习（DLE）包括跨文化学习（DLE_CULT）和在线学习（DLE_OL）。具体如下表所示：

表 3-5 "中国大学生学情调查问卷—普通院校"的指标

综合分析指标 （国际可比）	院校教育过程诊断指标	学习诊断指标
学业挑战度（LAC）	课程的教育认知目标（COC）	高阶学习（HOC_HOL）
主动合作学习水平（ACL）	课程要求的严格程度（CR）	信息分析（HOC_INF）
生师互动（SFI）	有效教学实践（ETP）	接受式学习（LS_TL）
教育经验的丰富程度（EEE）	课程学习行为（SL）	探索式学习（LS_EL）
校园环境支持度（SCE）	课程外拓展性学习行为（ELE）	反思性学习（LS_RL）
	支持性环境（SE）	整合性学习（LS_IL）
	向学/厌学（SWL）	合作性学习（LS_CL）
	自我报告的教育收获（SSLO）	跨文化学习（DLE_CULT）
	在校满意度（SSTF）	在线学习（DLE_OL）
社会称许性（SD）		

通过以上这些指标体系，可以获得关于自身院校的教学质量、专业与课程建设、学风建设与学生指导、教学条件与利用、学生的学习方式、学生的评价等从中观或微观的指标，从而分析学校的宏观学校定位、人才培养方式、

产学研教育是否得以实现。如将此数据再与学校的数据结合，形成全过程的监控，为学校的发展提供立体的数据支撑。

二、调查抽样、数据采集及数据质量简介

2016 年 4—6 月，清华大学教育研究院在全国 39 所高校进行"中国大学生学习与发展追踪研究（CCSS）"调查，共发放问卷 137216 份，回收 85939 份，回收率为 62.63%。将测谎题答案（A8e VS A9b）相差 2 分或全部计分题项缺失超过三分之二及以上或 A 部分有连续 30 道及以上题目选择同一选项的问卷视为无效问卷，整体无效率为 7.27%。仅适用有效随机样本计算权重并构建常模。样本量为 68333 份，来自 39 所本科院校，其中 985 院校 8 所，211 院校 10 所，地方大学本科 16 所，地方学院本科 5 所。

表 3-6　CCSS2016 年参与院校（绿色问卷）

北京工业大学	北京航空航天大学	北京联合大学	北京石油化工学院	北京信息科技大学
北京邮电大学	北京中医药大学	常熟理工学院	重庆大学	重庆邮电大学
东北农业大学	东北师范大学	广东工业大学	贵州大学	桂林理工大学
河北工业大学	河南科技大学	湖北工业大学	湖北科技学院	华南理工大学
江苏大学	南京工业大学	南京理工大学	南京邮电大学	厦门理工学院
山东大学	山西大学	上海中医药大学	沈阳航空航天大学	四川大学
武汉纺织大学	西安欧亚学院	西南交通大学	中国地质大学（武汉）	中国海洋大学
中国农业大学	中南民族大学	中央民族大学	空军航空大学飞行基地	

注：学校排名不分先后。

2016 年，中南民族大学首次参加清华大学教育研究院开展的"中国大学生学习与发展追踪研究"课题组，并于 6 月在全校范围内开展抽样调查。调查通过组织填写网络问卷的形式开展。调查对象在一、二、三、四年级中采取完全随机抽样的方法确定，每个年级抽取 800 人，考虑到可能出现的无效问卷，最终确定样本总数为 3257 人。为确保问卷准确送达，学校印制了"调查邀请函"，并通过学生会干部和各班班长将邀请函送达个人。根据统计，本次共送达邀请函 3257 份，收回问卷 2970 份，回收率为 85.56%。其中，有效问卷 2798 份，有效率 94.21%。

三、指标信度、效度报告

（一）问卷各指标的信度

表 3-7　问卷各指标的信度

指标	标准阿尔法值	指标	标准阿尔法值
1. 综合分析指标 学业挑战度 主动合作学习水平 生师互动 教育经验的丰富程度 校园环境的支持度	0.768 0.802 0.859 0.753 0.886	3. 学习诊断指标 高阶认知行为—高阶学习 高阶认知行为—信息分析 学习策略—接受式学习 学习策略—探究性学习 学习策略—反思性学习 学习策略—整合性学习 学习策略—合作性学习 学习策略—跨文化学习 学习策略—在线学习	0.817 0.817 0.780 0.842 0.854 0.772 0.770 0.734 0.782
2. 教育过程诊断指标			
课程认知目标 课程要求严格程度 有效教学实践—课堂教学 有效教学实践—教师反馈 有效教学实践—激发学生学习志趣 有效教学实践—测评（多元测评） 课程学习行为 课程外扩展性学习行为 支持性环境 向学 / 厌学 自我报告的教育收获 在校满意度	0.791 0.769 0.833 0.866 0.830 0.670 0.882 0.731 0.901 0.764 0.939 0.932	社会称许性 标准阿尔法值 0.5 以下表示工具的信度为不可接受水平 0.5~0.7 为可接受水平 0.7~0.9 为较好水平 0.9 以上为很好水平	0.702

（二）效标关联效度及结构效度

以学生自我报告的教育收获作为效标，通过计算大学生学习投入五大可比指标，院校教育过程分析诊断指标、学习诊断指标与大学生自我报告的教育收获之间的相关性，从而对问卷的效标关联效度进行了检查。结果见下表，对综合分析指标、院校教育诊断指标和学习诊断指标内部各指标进行相关性检验，结果见下表。

表 3-8　综合分析指标的效标关联效度

	学习挑战度	主动合作学习水平	生师互动	教育经验的丰富程度	校园环境的支持程度
学生自我报告的教育收获	0.588***	0.520***	0.576***	0.536***	0.525***

注：***P<0.001。

表 3-9　院校教育过程诊断指标的效标关联效度

	课程认知目标	课程要求严格程度	课堂学习	教师反馈	激发学习志趣	评测	课程学习行为	课程外拓展性学习行为	支持性环境	向学/厌学	在校满意度
学生自我报告的教育收获	0.511***	0.504***	0.385***	0.450***	0.445***	0.337***	0.607***	0.474***	0.466***	0.547***	0.274***

注：***P<0.001。

表 3-10　学习诊断指标的效标关联效度

	高阶学习	信息分析	接受式学习	探究式学习	反思性学习	整合性学习	合作性学习	跨文化学习	在线学习
学生自我报告的教育收获	0.504***	0.545***	0.470***	0.449***	0.565***	0.606***	0.467***	0.413***	0.418***

注：***P<0.001。

表3-11 综合分析指标的相关矩形

	LAC	ACL	SFI	EEE	SCE
LAC	1				
ACL	0.599	1			
SFI	0.590	0.619	1		
EEE	0.496	0.490	0.600	1	
SCE	0.499	0.386	0.406	0.400	1

注：以上相关系数均在0.001水平上显著。LAC指学习挑战度；ACL指主动合作学习水平；SFI指生师互动；EEE指教育经验的丰富程度；SCE指校园环境的支持度。

表3-12 院校诊断指标的相关矩形

	COC	CR	ETP_CI	ETP_FB	ETP_MS	ETP_AS	SL	ELE	SE	SWL	SSTF
COC	1										
CR	0.541	1									
ETP_CI	0.404	0.370	1								
ETP_FB	0.432	0.395	0.484	1							
ETP_MS	0.460	0.421	0.731	0.556	1						
ETP_AS	0.319	0.345	0.150	0.302	0.223	1					
SL	0.637	0.584	0.356	0.466	0.424	0.483	1				
ELE	0.370	0.457	0.270	0.302	0.293	0.300	0.505	1			

续表

	COC	CR	ETP_CI	ETP_FB	ETP_MS	ETP_AS	SL	ELE	SE	SWL	SSTF
SE	0.380	0.341	0.431	0.455	0.453	0.193	0.383	0.361	1		
SWL	0.409	0.408	0.382	0.370	0.429	0.177	0.477	0.360	0.447	1	
SSTF	0.192	0.249	0.307	0.247	0.321	-0.011	0.135	0.111	0.323	0.352	1

注：以上相关系数均在 0.001 以上；CR 指课程认知和目标；COC 指课程严格要求程度；ETP_CI 指有效教学实践—课堂教学；ETP_FB 指有效教学实践—教师反馈；ETP_AS 指有效教学实践测评（多元评价）；SL 指课程学习行为；ELE 指课程外拓展学习；SE 指支持性环境；SWL 指向学/厌学；SSTF 指在校满意度。

表3-13　学习诊断指标的相关矩形

	HOC_HOL	HOC_INF	LS_TL	LS_EL	LS_RL	LS_IL	LS_CL	DLE_CULT	DLE_OL
HOC_HOL	1								
HOC_INF	0.565	1							
LS_TL	0.519	0.570	1						
LS_EL	0.541	0.493	0.455	1					
LS_RL	0.497	0.545	0.543	0.424	1				
LS_IL	0.568	0.652	0.563	0.478	0.775	1			
LS_CL	0.520	0.542	0.619	0.448	0.499	0.545	1		
DLE_CULT	0.300	0.361	0.271	0.271	0.333	0.372	0.320	1	
DLE_OL	0.342	0.440	0.312	0.284	0.361	0.420	0.347	0.408	1

注：以上相关系数均在 0.001 以上。HO_HOL 指高阶认知和行为—高阶学习；HOC_INF 指高阶认知行为—信息分析；LS_TL 指学习策略—接受式学习；LS_EL 指学习策略—反思性思维学习；LS_IL 指学习策略—整合性学习；LS_CL 指学习策略—合作性学习；DLE_CULT 指数字化学习—文化学习；DLE_INST 指多元学习—在线学习。

四、典型数据分析——中南民族大学与全国院校五大指标比较

2016 年的 CCSS 调查结果显示，中南民族大学与 985 院校、211 院校、大学本科及全国院校 ① 进行对比分析，在学业挑战度、主动合作学习水平、生师互动指标上，显著低于 985 院校、211 院校、大学本科及全国院校；在教育经验丰富程度、校园环境支持度指标上，高于 985 院校、211 院校、大学本科及全国院校。

表 3-14 中南民族大学在五大可比指标上与全国院校常模的比较

五大可比指标	中南民族大学	全国院校常模		
	Mean	Mean	T-value	ES
学业挑战度 [LAC]	46.50	48.08	−21.10***	−0.13
主动合作学习水平 [ACL]	49.23	53.91	−39.68***	−0.25
生师互动 [SFI]	34.95	40.29	−41.22***	−0.25
教育经验丰富程度 [EEE]	40.67	36.99	33.61***	0.20
校园环境支持度 [SCE]	72.27	70.82	15.97***	0.1

注：* 表示在 0.05 水平显著，** 表示在 0.01 水平显著，*** 表示在 0.001 水平显著。

（一）学业挑战度

学业挑战度（LAC）是指大学通过要求学生努力学习并对其学业成绩给予较高期待来提高其学习投入水平的程度。调查主要从"学习行为"和"可感知的课程质量"两个方面考察。

1. 中南民族大学在"学业挑战度"指标上依次低于大学本科院校、211 院校、985 院校，也低于全国院校平均水平。

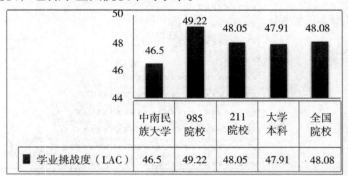

	中南民族大学	985院校	211院校	大学本科	全国院校
■ 学业挑战度（LAC）	46.5	49.22	48.05	47.91	48.08

图 3-19 中南民族大学与各类院校在"学业挑战度"上比较

① 全国院校指包含 985 院校、211 院校、大学本科、地方学院本科全部院校的平均水平，即全国平均水平。

2. "学业挑战度"总体上未达到全国平均水平，大一大二学业挑战度呈现上升趋势，但大三大四学业挑战度未保持阶梯递进趋势，且远低于全国平均水平。

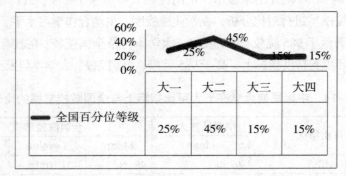

图 3-20　中南民族大学不同年级在学业挑战度上全国百分位等级情况

3. 原因分析。

（1）在学生学习行为方面，中南民族大学在"周课外阅读时间"和"总阅读量"等方面的得分虽略高于全国院校，但全国平均水平都很低，反映我校和全国高校一样都存在总阅读量不足、阅读投入不够的问题。在课程论文/报告撰写上低于全国院校，反映我校在课程作业要求以及质量方面亟待改进。

（2）在课程"综合""评价""分析""运用"等高阶认知目标上，除"评价"相近之外，其他各项指标都略低于全国平均水平。这反映我校在课程教学中更强调知识传授较多，引导学生批判性思考不够。

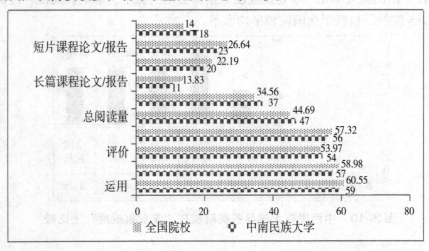

图 3-21　中南民族大学与全国院校在"学业挑战度"具体题项上比较

（二）主动合作学习水平。主动合作学习水平（ACL）是指学生主动参与学习并对其所学进行思考、积极与他人合作解决问题或一起学习艰深内容的程度。调查主要从"课堂主动学习"和"课下合作学习"两个方面进行考察。

1. 中南民族大学"主动合作学习水平"显著低于985院校、211院校、大学本科院校、全国院校平均水平。

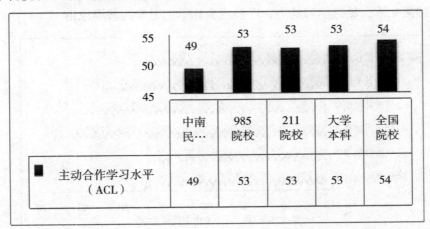

	中南民…	985院校	211院校	大学本科	全国院校
■ 主动合作学习水平（ACL）	49	53	53	53	54

图 3-22 中南民族大学与各类院校在"主动合作学习水平"上的比较

2. 中南民族大学学生在"主动合作学习水平"上远低于全国院校平均水平，并且从大——路下滑，反映该校学生围绕课堂的学习投入不够。

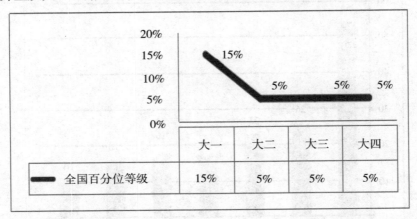

	大一	大二	大三	大四
━ 全国百分位等级	15%	5%	5%	5%

图 3-23 中南民族大学不同年级在主动合作学习上全国百分位等级情况

3. 原因分析

（1）中南民族大学课堂教学中互动教学、讨论式教学、研究性教学明显不足。下图中调查显示中南民族大学学生在"课堂主动提问或参与讨论"和"课堂做口头报告"上与全国院校差距显著。

（2）中南民族大学教育教学还没有很好的激发学生卓越意识与学习动力。下图中，在"与同学讨论合作""在课业上辅导和帮助其他同学""课后请教其他同学"等方面显著低于全国院校。同时，从下图该校学生学籍异动原因调查结果来看，缺乏学习动力，已经成为休学、退学的首要原由。

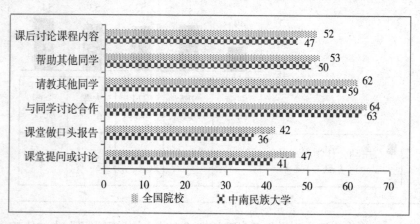

图 3-24　中南民族大学和全国院校在"主动合作学习水平"具体题项的比较

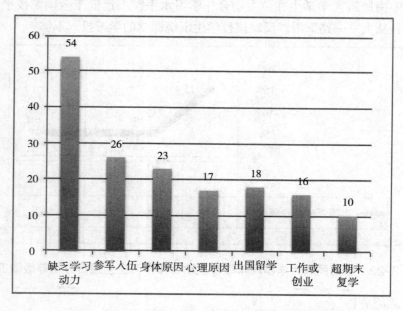

图 3-25　中南民族大学学生学籍异动原因调查

（三）生师互动

生师互动（SFI）主要是指学生在课堂内外与教师交流学业和个人发展情况、与教师一起参与科研、社团活动等的频率。

1.中南民族大学学生"生师互动"水平低于985院校、211院校、大学本科院校，也低于全国院校平均水平。

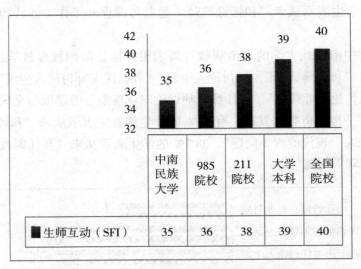

	中南民族大学	985院校	211院校	大学本科	全国院校
■生师互动（SFI）	35	36	38	39	40

图 3-26　中南民族大学与各类院校在"生师互动"上的比较

2.中南民族大学学生在"生师互动"上低于全国院校平均水平，大一之后生师互动程度不断走低，在大三大四时期师生互动走高，显得有些"姗姗来迟"。

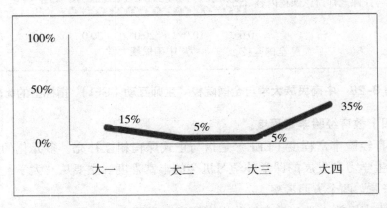

图 3-27　中南民族大学不同年级在"生师互动"上全国百分位等级情况

3. 原因分析。

（1）中南民族大学的学生和教师深度交流的机会仍显不足。从图中深度调查中具体题项结果来看，除了"和任课教师讨论作业"题项差异不显著之外，"课外与任课老师讨论课程内容""和任课老师参加课外活动（社团活动、学生会等）""和任课老师一起做科研"等题项差异显著。据进一步调查，有36.8%的学生表示从未"和任课教师一起参与课程外工作（如社团活动、学生会等）"。

（2）中南民族大学的价值观教育尚未很好地贯彻到教育教学过程之中。调查显示"和辅导员/班主任讨论人生观""和任课老师讨论人生观""和辅导员班主任讨论职业规划""和任课教师讨论职业规划"等题项与全国院校差异显著。进一步分析数据发现，有41%的学生调查中表示从未"和辅导员/班主任讨论人生观价值观等问题"，38.1%的学生表示从未"和任课教师讨论人生观价值观等问题"。

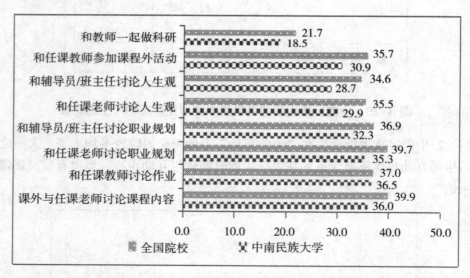

图 3-28　中南民族大学与全国院校"生师互动（SFI）"指标上的比较

（四）教育经验丰富程度

教育经验丰富程度（EEE）是指与正式课程相互补充、多元化的、能够促进学生学习和发展的课堂外学习机会的丰富程度。主要从"大学经历"和"经历来源"两个方面考察。

1. 中南民族大学"教育经验丰富程度"显著高于985、211、大学本科以及全国院校。

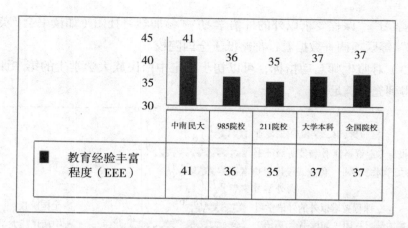

图 3-29 中南民族大学与各类院校在"教育经验丰富程度"上的比较

2. 中南民族大学为学生提供了较为丰富的学习增值的机会，但在大三到大四的升学就业的关键时期，与学生高涨的期待相比，学校提供的学习增殖支持还有改进的空间。

图 3-30 中南民族大学不同年级在"教育经验丰富程度"上全国百分位等级情况

3. 原因分析。

（1）中南民族大学在学生第一课堂之外的辅修、考证、实习、志愿服务、社会调查等方面投入了更多的精力。学生在"修读第二学位／第二专业""社会实践或调查""报考专业资格证书／技能等级证书"等方面显著高于全国院校；"实习""社区服务或志愿者""参加学术、专业、创业或设计竞赛"等方面与全国院校无明显差异。

（2）中南民族大学学生在培养"国际视野"方面还未得到有力支撑。从

"海外学习""课程要求以外的外语学习""参加学习社团（如读书会 / 英语社团等）"等题项调查数据看，都略低于全国院校。

（3）对照生师互动指标，可以初步认定中南民族大学学生的第二课堂需求未得到充分满足。

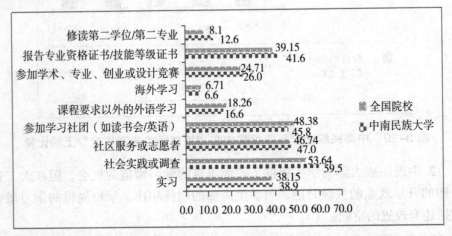

图 3-31　中南民族大学与全国院校在"教育经验丰富程度"指标上的比较

（五）校园环境支持度

校园环境支持度（SCE）是指学生所感受到的学校为帮助其成功而营造的积极校园环境及所提供的物质和精神方面的支持与帮助程度。本次调查主要从"学业支持""经济支持""人际关系 / 情感支持"等方面进行考察。

1. 中南民族大学"校园环境支持度"高于 985、211、大学本科以及全国院校。

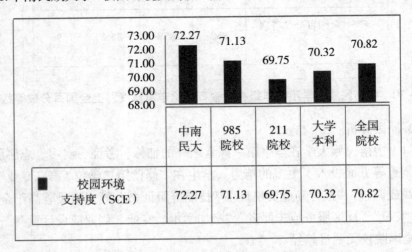

	中南民大	985院校	211院校	大学本科	全国院校
■ 校园环境支持度（SCE）	72.27	71.13	69.75	70.32	70.82

图 3-32　中南民族大学与各类院校在"校园环境支持度"上的比较

2. 中南民族大学学生感受到的"校园环境支持度"较为持续而稳定，体现了学校从支持政策与资源投入等方面为学生学习生活提供了有力保障。

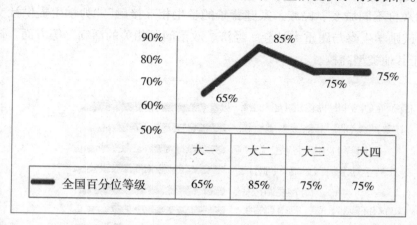

图 3-33　中南民族大学不同年级在"校园环境支持度"上全国百分位等级情况

3. 原因分析。

（1）中南民族大学为学生的学业发展提供了较为全面的支持。在"要求学生在学业方面投入大量时间""为学生的学业提供支持与帮助""为学生的就业提供指导与帮助""鼓励学生在学业中使用信息技术"等题项中，该校均高于其他类型高校。从学生学业预警情况看，学业预警率开始呈下降趋势，2016 年下半年学业预警比例同比 2015 年下半年下降 7.77%，人均不及格课程门次同比下降 7.73%。

学期	预警学生（人）	全校比例	预警学生男女比例	涉及民族(个)	预警学生人均门次
2014—2015 年第一学期	2235	9.22%	2.18：1	47	6.18
2014—2015 年第二学期	2400	9.90%	2.73：1	51	7.03
2015—2016 年第一学期	2524	10.31%	3.16：1	51	6.6
2015—2016 年第二学期	2052	11.33%	3.01：1	48	6.08
2016—2017 年第一学期	2328	9.71%	2.68：1	47	6.09

图 3-34　近 5 个学期学业预警呈现下降趋势

（2）中南民族大学为学生提供了有力的经济资助、身心健康支持和学业帮扶措施等等。在"为学生的身心健康提供支持与服务""帮助学生应对学业、心理健康、经济方面的问题"等方面，该校均高于其他类型高校。

（3）中南民族大学在鼓励学生交往互嵌与跨文化交流方面成效显著。在"鼓励来自不同城乡、民族、家庭背景的学生相互接触""为学生提供社交机会""鼓励学生参与跟重大社会、经济、政治问题相关的活动"等方面，该校均高于其他类型高校。

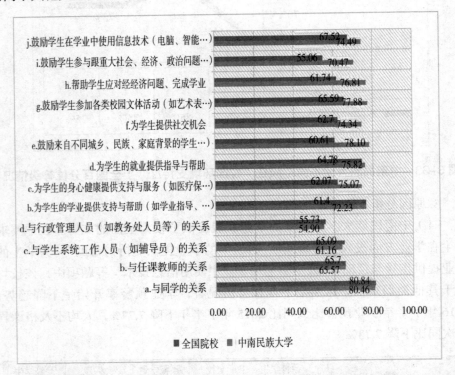

图 3-35　中南民族大学与全国院校在"校园环境支持度"指标上比较

总之，本次 CCSS 专项调查结果显示，中南民族大学在本科人才培养过程中有自己的优势，但也仍存在明显不足，突出表现在如下三个方面：

（1）人才培养质量观还没有落实到人才培养方案的制定与实践过程中。学校确定的"三个面向、三个服务"的办学宗旨、培养"应用型、复合型、创新型"人才的规格要求，培养具有"独立思考、善于沟通、勇于担当、自然宽和、家国情怀、国际视野"特质的目标定位，没有在专业定位、方案设计、课程教学中得到很好支撑。

（2）教育教学质量观还没有很好体现到师生交往过程中。教师与学生在课内与课外的投入失衡，课程教学中价值观教育不足，课程教学互动程度不高，部分第二课堂教育实践活动低水平重复，隐性课堂教育成效有待大力提升。

（3）成长成才质量观还没有渗透到学生学习形态转型过程中。调查显示，部分学生的成长志趣还未得到充分激发，部分学生学习动力还明显不足，部分学生成长"空心病"问题亟待解决；学生高阶认知未得到有效地引领；学生批判性思维不强，卓越意识、创新意识、主动性不够。

五、对策与建议

（一）针对"学业挑战度弱"的问题，建议人才培养方案制定与执行中要充分突出"四个导向"

一是坚持学校目标定位导向，学校培养目标、专业培养目标、课程培养目标要相辅相成。二是坚持学科专业导向，要充分尊重学科认知规律、进阶教学规律，培养学生专业系统思维。三是坚持社会需求导向，有效对接政府、产业、研究、应用需求，从需求侧设计人才培养方案。四是坚持学生主体导向，尊重学生兴趣，研究学习规律，调查校友、用人单位评价于反馈。

（二）针对"主动合作学习不佳"的问题，建议深化人才培养体制机制改革，充分激发学生学习成长动力

一是在全校广泛倡导以"三个面向"为主要内容的"全人教育"理念：面向学生成长全过程，面向学生职业全生涯，面向全部学生，力求师生广泛自觉认同。二是强化通识教育与专业教育的有机融合。通识教育要展示大学之"大"，大胸怀、大格局、大视野；要贯穿"通"字之精髓，"究天人之际，通古今之变"，核心是要培养学生的批判性思维；专业教育不仅传播学科已有知识，更注重培育学生探索知识的方法论教育。三是进一步深化教育教学改革，大力改变传统的灌输模式，倡导教育体验、平等交流，激发学生的参与感、获得感，提升学生的成长幸福感。四是让学生感知自身的学习发展状态，改进课堂教学评价反馈，改进学生综合素质测评体系，开展学生发展指数大数据分析，为学生成长"画像"。

（三）针对"生师互动不足"的问题，建议大力推进学校教育综合改革，通过制度创新，支持提升师生交往的频度与质量

一是通过制度创新，促进生师互动；建立全员导师制，设立学生成长服务工作量考核机制。二是营造教学文化，鼓励生师互动。三是建设学习型校园环境，支持生师互动；优化多功能教室、小教室、宿舍架空层等物理空间；建立智慧教室、网络课堂等信息空间；创建融合阅读、互动、路演等一体的、契

合新一代95后、00后大学生学习新形态的学习支持中心。四是实施第二课堂成绩单，出台第二课堂学分制；引导一二课堂深度融合，实施隐性课堂设计。五是运用互联网思维，为学生提供更加丰富的学习成长资源；整合校内外资源，探索分群、分类、分层教育机制，包容一体多元价值，创建多元文化交流，倡导多元评价方式。

（四）开展成才导航，推动学校思想政治工作发挥更大作用

一是推进教师思政工作与学生思政工作融合，进一步形成全员、全过程、全方位育人的共识。二是把价值观教育贯穿学生成长全过程，"要教航海技巧，也要引导学生的价值之锚"。三是构建教学共同体，创设学生成长与教师的学术、教学成长同向同行的机制。四是构建责任使命共同体，教育引导师生与学校发展目标、民族工作目标、国家复兴目标同命运。

全心育人——全功能发展型资助工作模式

学生资助事关教育公平与社会公平，事关脱贫攻坚和共享发展理念的落实。学校高度重视家庭经济困难学生资助工作，围绕立德树人根本目标，结合校情生情实际，着力资助机构建设，不断完善资助育人体系，全面推进精准资助，落实"奖、助、贷、勤、减、免、补"七位一体资助体系，打造全功能发展型资助工作模式，以社会主义核心价值观为引领，培育受助学生的科学精神、思想品德、实践能力和人文素养，让受助学生能够顺利入学、安心学习、圆满就业、成人成才，兑现"不让一名学生因家庭经济困难而失学"的庄严承诺。

一、全功能发展型资助模式指导思想

基于民族高校的生源特点，民族高校的家庭经济困难学生比例、困难程度明显高于一般院校[①]，致困原因复杂，主客观因素多层叠加。学生资助不仅要"应助尽助"，更要立足立德树人根本任务，为学生健康成长成才服务。学校围绕"资助体系健全化""资助对象精准化""资助形式多样化""资助措施人性化""经费来源多元化""育人活动项目化"六个方面，构建全功能发展

---

① 张京泽，王丽萍，覃鹏．关于民族院校贫困生的资助措施及思考[J]．民族教育研究，2004，5.

型资助工作新模式，取得了良好的效果。

（一）资助体系更健全，践行"一个都不能少"资助理念

资助中心自成立以来，秉承"以学生为本，资助育人"的宗旨，坚持"经济上予以资助，生活上予以关心，思想上予以引导，心理上予以关爱，学业上予以帮扶，就业上予以支持"的资助育人思路，依托"奖、助、贷、勤、减、免、补"七位一体资助体系，将社会主义核心价值观教育与解决学生实际困难相结合，加强生命教育、价值观教育和成才引导，形成"全面覆盖，全程助学"育人格局。

学校不断强化资助工作队伍建设，在学院选配 21 位专职辅导员担任学生资助工作联系人，成立了新长城中南民族大学自强社、爱心超市、校外勤工基地、勤工助学指导中心、《与你同行》杂志社、阳光工作室等资助育人团队。开设面积 200 多个平方米的学生资助服务大厅，配备现代化办公设备，为学生提供一站式资助服务。

（二）资助对象更精准，资助经费用在刀刃上

家庭经济困难学生认定精准是做到资助对象精准的前提。学校严格落实上级文件精神，根据武汉市经济发展水平、居民最低生活保障标准、物价水平、学校收费水平、学生家庭经济状况等多重因素，借鉴兄弟高校好的经验做法，制订了科学的认定体系。学生到校后向所在学院提出家庭经济困难认定申请，通过班级民主评议，辅导员、班主任调查走访，对学生家庭经济状况进行量化打分。学校依托数字化校园，运用大数据分析，建立家庭经济困难学生动态数据库。在寒暑假期间开展"辅导员边疆行"家访、家庭经济困难学生"同城互访""校友走访"、赴民族地区发放高考录取通知书等活动，走访家庭经济困难的边疆少数民族学生家庭，确保家庭经济困难学生认定结果的真实性、时效性。

科学分配资助资源，将钱花在刀刃上。学校将家庭经济困难学生分为一般困难、比较困难和特殊困难三个等级（困难程度依次递增），统筹考虑不同专业、不同年级的学生经济困难程度和"建档立卡"学生、边疆少数民族地区家庭经济困难学生分布情况，以及学生困难程度、已受资助金额、生源地经济发展水平、专业特殊性等多方面因素，盘活用好校内资助资源，对特殊困难学生高额资助，对一般困难学生适当资助，确保每一位家庭经济困难学生就读无忧。

（三）资助形式更多样，同学们接受资助有更多选择

学校资助政策体系呈现"解困、奖优、引导"复合型多元结构。"解困"

如国家助学金、国家助学贷款、临时困难补助、大病救助基金、学费减免等，彰显教育公平；"奖优"如国家奖学金、国家励志奖学金、优秀学生奖学金、学业进步奖学金和社会奖学金等，突出激励效应；"引导"如勤工助学、基层就业代偿、应征入伍服兵役和直招士官代偿，体现价值倡导。

随着学校学生资助理念由"经济保障型"向"全功能发展型"转变，学生资助工作的根本目的和最终价值体现，不仅仅是让每一个家庭经济困难学生顺利入学，更要让他们健康成长成才。在"经济保障型"资助模式下，学校以物资或资金的形式帮助家庭经济困难学生，这种"授人以鱼""输血式"的资助能帮助学生解决生存问题，但不足以解答学生的发展困惑。"全功能发展型"资助更关心家庭经济困难学生的身心、品格和能力的全面发展，通过构建多元的心理健康教育、朋辈支持、学业发展、勤工助学、社会实践等资助育人体系，促进家庭经济困难学生心理健康、品格完善、能力提升，实现"授人以渔""造血式"的发展型资助育人成效。

（四）资助措施人性化，同学们接受资助更有尊严

既要助学，更要保护学生隐私，念好学生资助的"好经"[①]。如何避免家庭经济困难学生被"标签化"，让他们有尊严地受助，是学校十分关心的问题。随着数字化校园建设进程的推进，学校运用大数据分析，对学生消费数据、奖助数据、家庭背景等数据进行多维度分析，实施最低消费预警与高额消费备案，对消费过低的同学直接发放餐饮补贴，在保护学生隐私的基础上做到精准识别、精准帮扶。在2008年汶川地震、2010年玉树地震、2013年东北洪灾发生时，学校专门拨款，对受灾学生及家庭施以援手。

同时，学校构建了经济资助、精神帮扶、心理健康、学业资助、实践支持、就业指导等全方位、全过程的发展型全功能资助育人体系。成立了阳光工作室和新长城中南民族大学自强社，把经济资助和感恩教育、诚信教育、励志教育、社会责任教育、心理健康教育、职业规划教育等协调开展，大力弘扬"流自己的汗、吃自己的饭"的勤工精神，激励一代又一代家庭经济困难学生健康成才。

（五）经费来源更多元，学生享受的资助资源更加充足

经多年发展，高校学生资助逐步形成了以国家财政投入为主、学校和社会资金为重要补充的经费筹措渠道，构建了政府主导、学校社会广泛参与的

---

① 赵婀娜.隐私受到保护　资助更有温度[N].人民日报，2018-01-03.

"三位一体"资助格局[①]。一是国家重点解决资助工作全局性问题、一般性问题，不断加大财政投入，充分发挥公共财政在促进社会公益事业上的基础性保障作用。二是学校重点针对资助工作的局部问题和特殊问题，按照相关要求，从事业收入中提取一定比例用作学生资助经费，进一步织细补牢兜底网。三是社会爱心组织和个人积极捐资助学。任何一名家庭经济困难学生，不管是长期性，还是临时性、突发性经济困难，都能享受得到相应资助，确保"应助尽助"。

（六）育人活动项目化，让每个孩子成为有用之才

"办好人民满意的教育，提高家庭经济困难学生资助水平"，在"不失学"的基础上，对高校资助育人工作提出了更高的要求。资助育人归根到底，是做人的工作，是为了让家庭经济困难学生拥有人生出彩的机会[②]。学校遵循高等教育发展规律和学生成长成才规律，突破"经济保障型"资助模式，推动"全功能发展型"资助模式高质量开展，通过价值引领、学业帮扶、科研指导、社会实践、心理辅导、骨干培养、创新引领、就业指导等项目驱动的方式，着力提高学生的综合素质和社会竞争力。

学校深入开展以"笃信、好学、自然宽和"为核心的校园精神教育，在新生训练营、典礼仪式、校庆日等活动中阐释校训内涵，诵读校训铭，奏唱校歌。通过开展"家史家风家训"调查实践、"迎新生家长见面会"活动、"爱在同城"社会实践、毕业生论坛、勤工论坛、国奖标兵专刊、"共度大学美好时光"专题访谈等活动，弘扬"流自己的汗、吃自己的饭"的勤工精神，让学生了解了家庭发展变迁、民族团结进步价值传统，引导学生树立健康生活、团结协作、敬业守德的价值观念和服务民族团结进步事业的成功观。

学校成立新长城中南民族大学自强社、阳光工作室、校外勤工基地、少数民族骨干训练营，开办了"西部少数民族卓越法律人才实验班""西部少数民族卓越行政管理人才实验班"。开展专题读书讨论、形势政策辅导、志愿社会服务、时事专题调研、工作技能培训、领导力培训等活动。同时，鼓励家庭经济困难学生参加学科竞赛、社会实践和科技创新活动；对他们的短期国（境）外交流项目给予路费和部分生活费资助，帮助学生提升专业水平，拓展国际视野；对因病丧失劳动能力、家庭遭遇重大自然灾害、家庭成员患有重大疾病以及经济收入特别低的学生，给予学费减免或无息借款；为家庭经济困难

---

① 杨振斌 . 做好新形势下高校资助育人工作的实践与思考 [J]. 中国高等教育，2018（5）.

② 陈宝生 . 进一步加强学生资助工作 [N]. 人民日报，2018-03-01.

的毕业生发放求职补贴，使学生"轻装上阵"，更好地走进社会。

二、全功能发展型资助政策体系构建

（一）民族院校家庭经济困难学生特点

据统计，学校现有在校本预科学生 2.4 万余人，家庭经济困难学生占比达到 35%，其中特殊困难学生占比约 10%，困难学生基数大，贫困程度重。家庭经济困难学生在校生活、学习呈现如下几个特点。

1. 来自边疆少数民族地区的家庭经济困难学生体量大。学校立足"面向少数民族和民族地区，面向地方，面向全国，为少数民族和民族地区服务，为党和国家的民族工作服务，为国家战略需求服务"的办学宗旨，每年向少数民族地区投入大量招生指标，少数民族在校生比例达到 56%。我国区域经济发展不平衡，边疆和少数民族地区经济社会发展和高等教育事业发展较为滞后，来自边疆少数民族地区的家庭经济困难学生总量在不断增多。

2. 家庭收支的客观因素导致家庭经济困难程度高。从经济学角度看，经济困难是指由于主体的货币收入低，导致支出匮乏，并影响到其参与基本社会活动的能力。部分学生家庭遭受重大自然灾害或其他重大变故，例如洪涝灾害、飓风地震；部分学生的父母患重病欠下巨额医疗费、一方或双方下岗、残疾丧失劳动力、离异后均不愿承担孩子学费；部分学生来自多子女家庭，尤其是来自农村的少数民族家庭，家中接受非义务教育的孩子多等。

3. 被父辈寄予厚望，学业及全面发展面临压力大。父辈饱经知识文化欠缺带来的困扰，基于自身的生活经验，往往对子女的未来定位在"读大学"上，期望他们能够学有所成，找到一份薪资较高的工作，改善家庭的经济状况，在支持他们求学方面可谓倾其所有，极力排除影响孩子学习的所有不利因素，重视学习成绩，而或多或少地忽视了对孩子沟通协调能力、社会实践能力的培养。

4. 在学习成长方面的可支配资金不足。对于在收入较为拮据的家庭成长起来的学生，能够深切感受到父母长年累月辛勤劳动的不易，比较珍惜自己的学习生活，也养成了较为节约的消费习惯。据了解，他们的消费主要集中在伙食上，在学习辅助材料、服装及化妆品、电子通讯设备、同学聚会等方面支出较少。

5. 通过校外兼职改善自身经济状况愿望强。为了改善自身的经济状况，很多家庭经济困难学生选择校内勤工或校外兼职，由于必须兼顾学习，利用寒暑假的完整时间段到企业中兼职，成为他们的首选。校外兼职可以让学生早些接触社会，扩大交际面，锻炼独立精神，提高学生的综合素养和适应社会的能力，获得一定的物资和精神上的回报。但部分同学未能调整好校外兼职与专业学习之间的关系，将过多精力投入兼职而忽视了学习，而大部分岗位对学生所学专业无关，空耗了宝贵的学习时间。同时，"黑中介""黑单位"等侵犯学生合法权益的现象也需要警惕。

6. 家庭经济困难学生所承受的心理压力较大。一是有自卑心理。家庭经济困难学生在经济上处于"窘境"，由于成长环境和教育条件的差异，自身能力与环境需求有一定的落差，由于正处青春期，在于他人的交往过程中易敏感，容易自我否定，从而滋生自卑心理。二是过度自尊或虚荣。他们担心别人看不起，过度在意外界的评价，有时表现出过于偏执的心理倾向，例如为了面子和虚荣心，在拿到资助金后购买高档奢侈品、请客吃饭等。三是感恩意识欠缺。古语云"滴水之恩，当涌泉相报"，但部分家庭经济困难学生将其抛之脑后，一面一味向父母索取，超前消费、盲目跟风，不能体会家庭的艰辛；一面认为自己领取国家资助金是理所应当，过度自我，而不愿对他人施以援手。

（二）不断完善的"七位一体"学生资助体系

从时间上看，我国高等教育资助政策演变经历了三个时期[①]。一是高等教育免费期（新中国成立至 1989 年 7 月），这一时期高校学生资助政策经历了单一的人民助学金制度、人民助学金制度和奖学金制度并存、奖学金制度和校内无息借款制度三个发展阶段。二是高等教育收费改革时期（1989—2007年），以原国家教委、物价局、财政部联合出台《普通高校收取学杂费和住宿费的规定》为标志，初步形成了以国家助学贷款为主体，"奖、贷、助、补、减"五位一体的高校家庭经济困难学生资助政策体系。三是建立国家奖学金、国家励志奖学金、国家助学金、国家助学贷款、勤工助学、特殊困难补助和学费减免等多种措施并举的高校学生资助政策体系（2007 年至今），以 2007 年5 月国务院发布《关于建立健全普通本科高校、高等职业学校和中等职业学校家庭经济困难学生资助政策体系的意见》为标志，师范生免费教育、生源地信用助学贷款、义务兵代偿、直招士官代偿、基层就业代偿、退役士兵教育资助政策等出台。

学校已经全面构建资助政策 15 项，形成了"奖、助、贷、勤、减、免、补"

---

① 指的是普通高等学校学生资助政策体系的建立和成效。

七位一体资助体系，主要包括七方面内容：一是国家奖学金、励志奖学金和专业奖学金制度，激励学生树立自立自强观念。二是国家助学金制度，对象为高校全日制本专科（含高职、第二学士学位）在校生中的家庭经济困难学生，平均每人每年 3000 元。三是国家助学贷款政策，分为校园地国家助学贷款和生源地信用助学贷款两大类。四是勤工助学政策，学生在学校的组织下利用课余时间，通过劳动取得合法报酬。五是学费减免，对确因经济条件所限，交纳学费有困难的学生，特别是其中的孤残学生、少数民族学生及烈士子女、优抚家庭子女等，可以申请减免学费。六是学费补偿贷款代偿，分为服兵役代偿和基层就业代偿两大类，其中服兵役代偿含服义务兵役代偿、直招士官代偿和退役士兵教育资助。七是其他资助项目，例如新疆籍少数民族家庭经济困难学生资助金、救助基金、临时困难补助等。

表 3-15　学校"七位一体"的资助政策体系

出台年份	文件名称	政策对象	基本内容
2007	《中南民族大学家庭经济困难学生认定工作实施办法（试行）》	全校学生	对家庭经济困难学生认定的适用范围、组织领导、认定标准、认定程序等做出了规定
	《中南民族大学勤工助学管理办法》	全校学生	对岗位设置、管理、申请、考核及酬劳发放进行了规定
2012	《中南民族大学国家奖学金管理实施办法》（民大学管〔2012〕7 号）	在籍全日制本科二年级（含）以上学生	每生每年 8000 元
	《中南民族大学国家励志奖学金管理实施办法》（民大学管〔2012〕8 号）	在籍全日制本科二年级（含）家庭经济困难的学生	每生每年 5000 元
	《中南民族大学国家助学金管理实施办法》（民大学管〔2012〕9 号）	在籍在校的家庭经济困难全日制本科生	一等 3500 元/年，二等 3000 元/年，三等 2500 元/年
	《中南民族大学应届毕业生基层就业学费和国家助学贷款代偿暂行办法（试行）》	到中西部地区和艰苦边远地区基层单位就业，服务期在三年以上的学生	代偿学费或助学贷款，本科毕业生的代偿金总额最高不超过 8000 元/年 * 学制，研究生毕业生的代偿金总额最高部超过 12000 元/年 * 学制

续表

出台年份	文件名称	政策对象	基本内容
2012	《中南民族大学应届毕业生服义务兵役学费补偿及国家助学贷款代偿暂行办法（试行）》	应征入伍服义务兵役的本科、研究生应届毕业生	代偿学费或助学贷款，本科毕业生的代偿金总额最高不超过8000元/年*学制，研究生毕业生的代偿金总额最高不超过12000元/年*学制
	《中南民族大学在校生应征入伍服义务兵役学费补偿和国家助学贷款代偿及退役复学后学费资助暂行办法（试行）》	应征入伍服义务兵役的本科、研究生在校生	代偿学费或助学贷款，本科毕业生的代偿金总额最高不超过8000元/年*就读年限，研究生毕业生的代偿金总额最高不超过12000元/年*就读年限。对退役后复学的学生，可以申请学费资助
	《中南民族大学退役士兵考入我校就读学生申请学费资助暂行办法（试行）》	退役一年（含）以上，参加全国统一高考并被我校全日制本科专业录取的退役士兵	分年申请，分年资助，资助标准按照学校现行学费标准执行，每年最高不超过8000元
	《中南民族大学学生救助基金管理办法（试行）》	家庭发生突然重大变故或患有重症疾病且家庭经济特别困难的全日制在籍的学生；	患一类重大疾病学生可一次性申请5000~10000元生活救助补助；患二类重大疾病学生可一次性申请3000~5000元生活救助补助；家庭突发重大变故的，可一次性申请500~2000元生活救助补助
2014	《中南民族大学学费减免管理办法（试行）》	在校在籍家庭经济特别困难的本科学生	根据学生上一学年的综测成绩，可以减免20%~100%的学费
	《中南民族大学校内无息借款管理办法（试行）》	因突发事件导致经济困难的在校在籍本科学生	在校期间每人每学年借款金额原则上不超过2000元
	《中南民族大学临时困难补助管理办法（试行）》	家庭经济特别困难的在校在籍本预科生	同一学年原则上只能申请一次，金额为200~500元，

出台年份	文件名称	政策对象	基本内容
2015	《中南民族大学新疆籍少数民族家庭经济困难学生资助金管理办法（试行）》	在籍在校家庭经济困难的新疆籍本、预科少数民族学生	资助金分为三个等级发放，以当年拨付资助金额来确定发放标准。

三、全功能发展型资助模式特征分析

"让贫困家庭的孩子都能接受公平的有质量的教育"是促进公平的基础性、先导性工作。为切实解决好家庭经济困难学生上学问题，学校进一步建立健全全功能发展型资助工作新模式，不断提升资助能力与工作水平。

（一）资助体系完善

学校全面落实党和政府的重大决策部署，从校情出发，坚定不移地持续强化资助机构建设，完善混合多元的学生资助制度体系。学生资助政策体系从不完整逐步走向完善，资助项目从少到多，资助面从窄到宽，资助力度由弱到强，实现了"学生大学生涯全程助学"和"家庭经济困难学生全覆盖"。

（二）"三位一体"资助格局

国家财政支出、学校事业收入提取、社会捐资三足鼎立，搭建了政府主导、学校社会广泛参与的"三位一体"资助格局。在政府织密织牢学生资助兜底网的基础上，学校和社会进一步织细补牢兜底网，在功能上实现了无缝对接。

（三）育人内涵丰富

学校构建了"解困、奖优、引导"复合型多元结构的资助体系。以助学贷款、助学金等为家庭经济困难学生"解困"；以各类奖学金对各方面表现突出的学生进行"奖优"；以勤工助学、基层就业和服兵役代偿对学生的事业观进行"引导"。同时，围绕"扶困助学——立德树人——唱响中国梦"资助育人内涵，学校实现了从"经济保障型"到"全功能发展型"资助工作模式的重大转型，以学生资助为载体，围绕受助学生成长成才需要，培育他们的思想品德、科学素养和实践能力。

（四）资助成效突出

学校不断加大学生资助经费投入力度，数以万计的家庭经济困难学生在资助政策帮助下顺利完成学业。学校现有资助项目30多个，每年各类资助金近8000万元，年均资助学生近3万人次，让家庭经济困难学生共享社会发展成果，赢得人生出彩的机会。学校连续四年在全国学生资助管理中心开展的年度资助工作绩效考评中被评为优秀，涌现出全国大学生年度人物李军、全国大学生年度人物提名马晓岸、"十佳村官"王东海等先进典型；桑吉措成为我校首个获得"国家奖学金"的藏族学生；维吾尔族学生伊利米努力尔获得全国演讲比赛、法国杯演讲赛金奖。大批毕业生积极扎根中西部基层和艰苦行业，服务扶贫攻坚，投身国防建设。

表 3-16　资助项目一览表

项目类型	序号	项目名称	设奖、助单位	资助标准
一、国家层面				
国家奖助学金	1	国家奖学金	教育部	8000 元 / 生 / 年
	2	国家励志奖学金	教育部	5000 元 / 生 / 年
	3	国家助学金	教育部	一等 3500 元 / 生 / 年，二等 3000 元 / 生 / 年，三等 2500 元 / 生 / 年
国家助学贷款	4	校园地国家助学贷款	教育部	本科生不超过 8000 元 / 年，研究生不超过 12000 元 / 年
	5	生源地国家助学贷款	教育部	
学费补偿贷款代偿	6	基层就业学费补偿贷款代偿	教育部	本科生不超过 8000 元 / 年，研究生不超过 12000 元 / 年
	7	服兵役学费补偿贷款代偿	教育部	
	8	退役士兵教育资助	教育部	
二、学校层面				
学校奖学金	9	优秀学生奖学金	学校	一等 1400 元，二等 1000 元，三等 600 元
	10	学生标兵	学校	1500 元
	11	三好学生	学校	800 元
	12	优秀学生干部	学校	500 元
	13	先进班集体	学校	1000 元
	14	文艺体育优秀奖	学校	团体：一等 800，二等 500，三等 300；个人：一等 500，二等 300，三等 100
	15	"西部计划"奖学金	学校	2000 元

续表

项目类型	序号	项目名称	设奖、助单位	资助标准
学校助学金	16	学费减免	学校	当年学费的 20%~100%
	17	无息借款	学校	上限 2000 元
	18	临时困难补助	学校	300~500 元
	19	勤工助学	学校	固定岗 260 元 / 月
	20	新生送温暖送爱心系列资助	学校	1、爱心大礼包，含学习生活用品、慰问金等，2、棉衣棉被，3、寒假路费补助
	21	学生救助金	学校	500~10000 元
三、社会资助				
社会团体奖助学金	22	华饴奖学金	校友	特等奖 10000 元，一等奖 5000 元，二等奖 3000 元，三等奖 2000 元
	23	"同路人"爱心奖学金	校友	个人奖 3000 元，团体奖 5000 元
	24	自强奖学金	校友	2000 元
	25	"成之"新闻奖学金	校友	一等 3000 元，二等 2000 元，三等 1000 元
	26	"克勤"奖学金	校友	团体 5000 元
	27	新疆籍少数民族学生资助金	新疆教育厅	分三个等级，按照拨款金额划分
	28	广发银行奖学金	中国青少年发展基金会、广发银行	3000 元
	29	建设银行少数民族成才计划奖学金	建设银行	3000 元
	30	宁夏燕宝慈善奖助学金	宁夏燕宝慈善基金会	4000 元
	31	"春华秋实"西部助学金	上海慈慧基金会	3000 元
个人奖助学金	32	吴泽霖教授奖学金	吴泽霖教授	一等 4000 元，二等 3000 元，二等 2000 元
	33	海承校友助学金	校友	2500 元

（五）社会效益凸显

资助工作体现了教育的公平，"授人以鱼不如授人以渔"的理念在促进脱贫、防止返贫方面发挥了基础性、根本性和可持续性的作用，促进了人才培养质量的提升。让家庭经济困难学生获得均等的受教育机会、学业成功的机会，体现了教育起点和结果的公平，通过提供物质的帮助和精神的激励，弥补家庭经济困难学生在受教育过程中资源的不足，保证了其与其他同学处于相同的竞争地位。大批家庭经济困难的优秀学子在国家资助政策的帮助与激励下，树立了正确的价值观，奋发学习，重新获得发展自我、改变命运、阻断家庭贫困代际传递的机会，培育了诚信、感恩、自强精神，成为推动学校人才培养和经济社会发展的重要力量。

四、推动全功能发展型资助模式进一步完善

（一）新形势新任务新要求

党和国家高度重视学生资助工作，结合学校实际，在新形势下，学校明确了资助工作的两个主要目标和任务：

要在实现"精准资助"上下功夫。一是要做到对资助对象的精准识别，依托数字化校园，结合家庭收入、在校消费、奢侈品购置等进行大数据分析，对受资助学生画像，将非家庭经济困难学生从受助范围内挑出来，把真正需要资助的学生纳进来。二是要采取精准的资助措施，建立学生资助档案，对家庭经济困难学生的资助需求进行分类，制作资助项目套餐，供学生选用适合自身情况的资助项目。三是要精准控制"资助力度"，根据家庭经济困难学生的困难程度等级，避免"过度资助"和"平均分配"的现象。

围绕"立德树人"，打造"全功能发展型"资助模式。学生资助工作已经从"经济资助"阶段过渡到了"发展资助"阶段，除了要帮助学生顺利入学、完成学业，更要进行精神上的资助，将资助与育人紧密结合起来，要把十八大提出的落实"立德树人"根本任务和"人人成才"教育目标融入资助工作全过程。通过开展"诚信、励志、感恩"主题教育活动，引导学生积极进取、立志成才，并树立牢固的诚信意识，诚信做人，履行自己的社会责任和义务。

（二）当前学生资助工作面临的主要问题

1.国家助学贷款的重要性有待进一步体现。经过多年的探索与实践，国家助学贷款由于金额高，稳定性强，成为缓解家庭经济困难学生学费和住宿

费压力的主渠道。相比其他的"无偿资助"，国家助学贷款的"有偿性"对培养学生的社会责任感和强化学习动力都有一定的推动作用，也更有利于发挥公共财政支出的最大效用。

2.资助政策需进一步发挥"激励引导"作用。国家奖学金、社会奖学金、专业奖学金等政策由于与学生的学业表现、综合表现挂钩，具有一定的"有偿性"特点，学生既得到了直接的资助，又获得了荣誉，因此，学习主动性和积极性得以提高。但是现行的各类奖学金门槛较高，而家庭经济困难学生由于基础薄弱、学习资源相较其他学生稍差，虽然他们付出了更多的努力，但仍然难以品味到获奖的喜悦。

3.诚信、励志、感恩主题教育需进一步强化。学生不仅要在经济上脱贫，更要在精神上脱贫。近些年来，国家助学贷款还款违约率偏高，部分学生认为"国家对大学生采取资助措施理所应当"，对自身所担负的社会责任视而不见，甘冒诚信透支风险。因此，在资助政策的制定和实施过程中，加强思想政治教育，强化大学生的诚信、励志、感恩品质尤为重要。

（三）发展对策与思路

提升资助政策实施实效，要以"立德树人"为根本目标，在公平与效率并重的基础上，通过完善政策体系，优化工作手段与措施，提升服务意识，强化思想政治教育和成才引导，构建"经济资助保底线，全功能资助促发展"的"一个都不能少"资助格局。

1.强化国家助学贷款政策宣传和教育。国家助学贷款可以让学生用未来的收入支付现在的求学费用，贷款上限为本科生一年8000元，研究生一年12000元，学生就读期间利息全部由财政补贴，还款年限已延至20年，还建立有国家助学贷款还款救助机制，学生贷款、还款的手续逐步简化。在此基础上，学校将从贷款政策宣传和诚信还款教育入手，切实提高家庭经济困难学生的贷款积极性和还款诚信度，并将是否申请了国家助学贷款作为资助力度的参考依据，进一步加强与银行之间的合作，强化国家助学贷款在资助政策体系中的主体作用。

2.将"激励机制"贯穿到资助的全过程。在国家助学贷款、国家助学金保障家庭经济困难学生基本求学与生活需求的基础上，通过增加学校和社会捐资设立的"激励引导"性奖学金种类，覆盖家庭经济困难学生的各个学业发展状态（优秀或普通），或设计"受助实践项目"，打破"大锅饭"，改变"等靠要"和"做与不做一个样"的不良现象。以"奖优"为导向，改变单纯以"学业优秀"作为唯一的评价标准，激励家庭经济困难学生个性化发展、全方位成才。

3.强化思想政治教育的引导作用。将社会主义核心价值观培育贯彻于资助政策落实的每一个环节，通过生活化、人文关怀式的资助育人过程，将思想政治教育渗透进学生心中，培养"穷且益坚，不坠青云之志"的宝贵品格，珍惜资助资源，增强感恩情怀，树立诚信意识，强化社会责任感，外化为对国家、社会、学校和他人的感恩和奉献行动。

全域育人——"赢在民大"新生成长训练营

习近平总书记在全国高校思想政治工作会议上强调："把思想政治工作贯穿教育教学全过程，开创我国高等教育事业发展新局面。"[①]高校的中心任务是人才培养，高等教育的任务是立德树人，要始终坚持育人为本，德育为先。面临新形势、新问题，高校思想教育工作者应当牢牢把握立德树人这一中心环节，把思想政治教育贯穿教育教学全过程，实现全程育人、全员育人、全方位育人。如何切实地遵循教育发展和学生成长的基本规律？如何在大学生同质化教育的基础上，加大非同质化个性培养，激活大学生成长的内驱力？带着这些思考，我们以新生成长训练营的时间为范本，对我校自上而下实行的系统性、整体性、协同化的育人模式深入思考，是推进全程育人、全员育人和全方位育人的全新探索。

一、理论依据

全域育人，以"全人教育"理念作为理论依据。全人教育论，是日本八大教育主张之一。即培养"完美和谐的人"的教育或"全人格"的教育，亦是人的多方面和谐发展的教育。日本教育家小原国芳1921年8月在八大教育主张讲演会上首次提出。在20世纪70年代从北美兴起，它以促进人的整体发展为主要目的，对现代教育的功利性和忽视人的自然天性进行批判，在教育界中掉起了新的教育思潮。"全人"就是全面发展、人格完善的人；"全人教育"的培养目标应该是培养多方面和谐发展的人，使人成为具有"完全人格"

---

① 习近平总书记在全国高校思想政治工作会议上的重要讲话 [N]. 人民日报，2016-12-09（01）.

的人，它注重挖掘人的潜能、尊重人性。综合各国教育学者的主要观点，可以将全人教育概括为：以人的全面、完整的发展为核心理念，以"全人"为出发点，关注受教育者在知识、技能、道德、情感、创造力、灵性等各方面全面发展的教育。

20世纪末以来，全人教育逐渐进入中国教育界的视野，全人教育以人为本的理念也逐渐渗入中国的教育理论和实践中。大学中的教育管理活动，归根到底是对人的教育管理，教育管理模式的不同，源于成长观的不同，在这个倡导受教育者在其成长中实现"人"的逐渐回归和时代，是着眼于将人"管"住，还是使人懂得自主管理，这是一个是否坚持以人为本管理理念的问题。《国家中长期教育改革和发展规划纲要（2010—2020年）》提出，"坚持以人为本、全面实施素质教育是教育改革发展的战略主题，是贯彻党的教育方针的时代要求，其核心是解决好培养什么人、怎样培养人的重大问题，重点是面向全体学生、促进学生全面发展，着力提高学生服务国家服务人民的社会责任感、勇于探索的创新精神和善于解决问题的实践能力。"以"全人理念"为基本教育理念，"新生成长训练营"以新生入学教育为起点，从新生的实际需求出发，着眼于新生发展的个性化、多元化和持续性，致力于培养新生成为一名合格大学生应当具备的素质。

二、政策支持

中共十九大的胜利召开标志着中国特色社会主义进入新时代，明确指出要优先发展教育事业，要落实立德树人根本任务，新生成长训练营以人格养成、身心和谐、责任担当、卓越精神为目标，整合社会主义核心价值观教育、民族团结进步教育、校园精神教育、生活德育等资源，贯彻落实全员、全域、全心、全程、全媒"五全"育人，为全体大学生的全面发展提供全方位、全过程的支持，是贯彻落实高等教育立德树人根本任务的重要手段和创新模式。

（一）新生成长训练营以人才培养为目标

立德树人是高校在新时代背景下的中心任务。高校应该结合教育发展的时代背景和历史特征，抓住大学生思想政治教育工作的特点，遵循学生成长成才规律，创造性地开展好新时期大学生思想政治教育工作。训练营以大学生入学之初为起点，以人格养成、身心和谐、责任担当、卓越精神为目标，整合社会主义核心价值观教育、民族团结进步教育、校园精神教育、生活德育等教育内容，在育人的具体环节和育人全过程中，提供规范化的指导和科学化的建议，助推大学生的健康成长和全面发展。

（二）新生成长训练营以立德树人为任务

十年树木，百年树人。实现大学生的全面发展，是一个系统的、连续的和动态的长期发展过程。2016 年 12 月，习近平总书记在全国高校思想政治工作会议的讲话中强调，"高校思想政治教育关系高校培养什么样的人、如何培养人以及为谁培养人这个根本问题上。要把立德树人作为中心环节，把思想政治工作贯穿教育教学全过程，实现全程育人、全方位育人，努力开创高等教育事业发展新局面。"[①] 十九大报告明确提出，"要全面贯彻党的教育方针，落实立德树人根本任务，发展素质，推进教育公平，培育德智体美全面发展的社会主义建设者和接班人"。[②] 中南民族大学新生成长训练营强调以学生为本，尊重学生的主体地位和内在需求，着眼于思想政治教育的微观层面，在教育全过程中注重分类、分层次和规范化、系统化，在各类教育的具体指引中，鼓励大学生个体发展的个性化和多元化。

三、实施过程

（一）主要思路——成长训练营出发点：明确学生需求

新生阶段是大学生成长的起始阶段，对新生的引导成为高等教育的首要环节，对大学生的整个大学生涯具有基础性和导航性作用。根据当前的社会环境以及学生的特点，借鉴国外高校素质教育的成功经验，大学的教育不应只着眼于"人力"，还应着眼于"人性"，尤其注重学生个体人格的养成和健全。在这样的目标和理念下，构建了新生成长训练营的框架，包含十大模块教育内容：党的精神宣传教育、爱国主义与民族团结教育、社会主义核心价值观教育、大学适应教育、校园精神和校史校情教育、学业规划与职业规划教育、身心健康与心理健康教育、校纪校规教育与安全教育、创新创业教育、诚信教育与生活德育。各学院按照训练营总方案的要求，结合学院具体的专业特点和学生实际，制定内容丰富、操作性强的"新生成长训练营"计划，帮助新生在大学校园顺利实现融入、拓展和赋新。

同时，学校编印了《赢在民大——大学生成长手册》，手册包含四大板块，

---

① 习近平总书记在全国高校思想政治工作会议上的重要讲话 [N]. 人民日报，2016-12-09-（01）.

② 习近平. 决胜全面建成小康社会为夺取新时代中国特色社会主义伟大胜利 [A]. 党的十九大报告辅导读本 [C]. 北京：人民出版社，2017，10（1）：41—42.

分别为：发现民大、成就自己、追求幸福和成长案例。学生通过问卷自答的形式，客观了解自身成长现状和发展需求，可以通过不同类型成长案例指导建议，满足自身学习、日常生活等发展性需求。新生成长训练营为学生提供一种科学、立体、高效的教育模式，引导学生尽早明确个人目标，提升综合素质。

（二）实施步骤——基于需求，模块化推进

"新生成长训练营"由学生工作部统筹规划，学生教育管理服务相关部门、各学院共同参与，按照"'全人'理念、学生主体、追求实效"的原则，实施本年度新生入学相关教育。基于新生的需求，"新生成长训练营"以三大模块来引导新生全方位、全过程立体的了解、适应并融入入学这一特殊阶段的学习生活。

适应必修。主题思想政治学习等 11 项刚性必修教育，通过专题讲座、座谈会、微课等形式帮助新生迅速了解所处的方位、能做的事和身边的集体，帮助新生内在接受转化为班级融入、学院归属和校园认同，主动践行各项规则。

提升必修。生涯规划教育、民族团结进步教育、党团教育、信息素养教育、国际教育、创新创业教育、现代技术应用教育共 7 项内容，以课堂、互动等形式引导学生自主了解并思考在学生阶段应当发展的素质。

自主选修。包含人际交往能力教育、榜样教育、社会实践与志愿精神教育、跨学科学习教育、批判性思维训练五项内容，在解决专业学习和职业生涯规划的基础上，引领学生结合个人的发展指向形成个性化、多样化、差异化的发展路径，实现个人的全面发展。

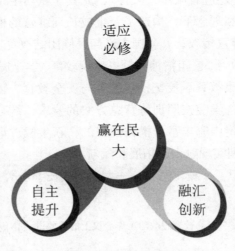

表 3-36 "新生成长训练营"的框架

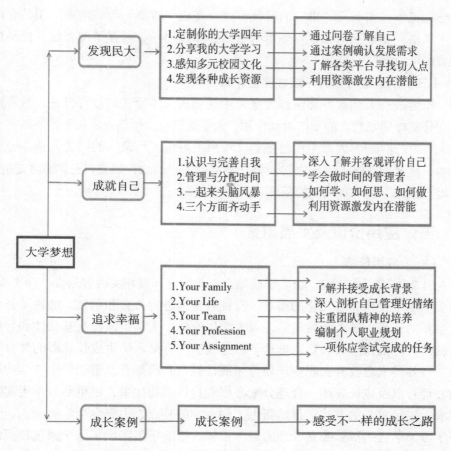

图 3-37 《赢在民大——中南民族大学学生成长手册》框架图

注：该手册运用于新生成长训练营的大学适应教育阶段。

四、实施成效

（一）注重由学生话语体系发出学生声音，增强认同感

思想政治教育在于引领，在于发声。学生成长手册运用大量的案例教育，用学生的特有表达方式传递信息，在坚持政治性、教育性、青年性、时代性的基础上，坚持个体理性原则，开展思想的平等对话，探索一条学生乐于参与、能指导学生顺利开启大学生活为四年整体规划形成有效铺垫的引领路径。

（二）问卷调研和互动分享相结合，增强交互性

新生成长训练营的配套手册《赢在民大》，采用严密的问卷和问答方式，将问题摆在学生眼前，将问题深入学生内心，在问答和互动分享中，做有益

引导和探索，摒弃只"讲"的传统方式，变成"叙事"与"沟通"相结合的整体风格，凸显互动和观点剖析的生动性和传播性，增强了交互性，使手册充满青年的温度。

（三）从身边寻找青年成才典型，增强亲和力

新生成长训练营各类课程大量采用现场式、体验式的教育方法，教育过程充分发挥朋辈教育的示范带动作用，大量选用学生生活、成长和发展的"身边人""身边事"，大量采用使他们"可感、可信、可亲"的同龄人奋斗经历样本，使他们在进入大学之初就树立坚定的理想信念，确立自己的成才之路，缩短"梦想"到"实现"的距离。

五、应用价值及发展愿景

（一）应用价值

自 2016 年实施以来，由各学院结合专业特点开展相关内容的设计和实施，注重学生个性化和多元化的需求，有针对性地进行教育和引领，加快了新生适应新的环境，融入新的生活，对大学生的整个大学生涯具有基础性和导航性的作用。依托入学教育，推动了思想政治教育融入学生成长发展的教育功能。将各类主题教育和职业规划等拓展性教育有机融合，遵循学生入学阶段的心理特点及成长规律，合理分配必修和自选模块比重，以更贴近学生实际需求、实际感受的方式，帮助新生了解大学的特点、引导学生学会做人、学会学习、学会生活，确立合理的奋斗目标，帮助学生实现了入学角色转换的"关键一步"，为本科教育质量的提升打下了坚实的基础。

（二）发展愿景

进一步优化模块内容，使实施力度与青年温度相结合，提升"入学教育"的实效性，在原来内容模块的设计的基础上，选择学生感兴趣的切入点，采用更贴近学生的"话题内容"和"话语方式"，使教育的内容、过程和方法更生动易懂，更有利于促进学生思想和行为的内在转化。进一步使实施力度与学生的青年温度更加契合。进一步丰富传递方式，使思想引领与青年声音相结合。在传统的讲座、座谈会、访谈、话题互动的传递方式的基础上，充分利用新媒体的传播规律，采用"微课""微视频"等方式，增强教育的互动性和观点传递的生动性，吸引学生的注意力；同时，要让青年发声，充分听取他们对相关模块设计的意见和建议，激发他们的主动性和积极性，满足自我教育、自我管理、自我服务的需求，使训练营的发展更加贴近学生、贴近生活、贴近实际。

全媒育人——"资讯民大"网络育人实践

秉持"创新网络思想政治教育模式、提升大学生活品质、促进民族团结进步"的理念，学校充分结合民族院校大学生思想政治教育的特点，搭建和运营了生活服务和德育养成在线空间，在线空间由"资讯民大"微信公众号、大学每日一拍微博和学生地带门户网站组成，关注人数达到 5 万余人，提供直接服务模块 32 个，原创文章一千余篇，其中内容涵盖思想引领、学业引导、就业指导、艺术审美、生活服务等多个类别。在线空间建设重在通过在线网络服务和思想教育，呼应学生日益增长的网络生活成长发展的多样性需求，直面青年学生思想多变、文化多元和价值诉求多样的网络原住民现象，更加重视"内涵发展"和"质量建设"。在立足做好思想性、教育性、服务性、互动性的同时，注重把握规律、主动发声、加强引导，促进了各民族学生交流、交往、交融，对学校提高人才培养质量、营造清朗网络空间、增强思想政治教育实效性和针对性起到重要作用。

一、理论依据和育人理念

（一）网络育人必须要因事而化、因时而进、因势而新

随着现代信息技术的迅猛发展，网络对传统的教育模式提出了新的挑战，也为进一步改进和加强大学生思想政治教育工作带来了机遇。如今，网络化生活已经成为当今大学生生活的常态，特别是进入 2018 年以后，大学生整体进入"00"后，成了出生在网络、生活在网络和成长在网络的原住民一代，"无人不网""无处不网""无时不网"成为这个群体网络生态的真实写照。与此同时，伴随着新兴媒体的迅速推广和全面使用，网络舆论空间场域呈现倍速增长，使得网生代信息流动的及时性、交互性和多向性特征愈发明显，给大学生思想行为带来了全方位、深层次的影响。差异、平等、自由和共生等价值原则得到进一步彰显。从积极意义上看，信息网络技术的普及为思想政治教育提供了条件，带来了更加丰富的教育资源，也为传统思想教育方式的变革提供了可能，助动了多种教育方法的融合。同时教育对象也发生着新的变化，在面对思想教育时，青年学生已经由传统单一科层制信息的接收者，转变为网络信息时代下多类、多层、多样信息的汇集和交换者，他们渴望由自发的教育受动者，转变为主动教育实践者，由行为受影响者转变为自觉行为

转化者。可以说，教育场域、教育者和教育对象发生的巨大变化，推动着思想政治教育在网络时代由传统显性手段为主，转变为显隐结合甚至更加侧重隐性手段；教育方式由单向引领变为以引领为主下的多向互动，教育者和受教育者的主体性（主动性、能动性、积极性和创造性）都要求得到激发。以上这些现象都是因"网"而生、因"网"而兴、因"网"而增，是当前高校思想政治教育必须直面的新情况、新问题。

（二）高校网络育人必须要以学生为本，要贴近实际、贴近学生、贴近生活

"两微一端"是当代青年学生主要使用的主力网络媒介。其中微信公众号，是唯一能同时融合思想教育和直接生活服务功能的媒介，微博是唯一能提供无差别交互和对等信息传播的媒介。学生网站由于手机自媒体的普遍使用，其在青年中的影响力日渐式微，但仍然是学生自主管理和服务的重要网络空间，因此这些都受到高校思想政治工作者的高度重视。高校微信公众号和微博，多以高校管理部门管理和运营下的官方媒体以及学生团体或者个人运营的非官方媒体两大类为主，众多官方媒体拘囿于传统思想教育，因其形象刻板、内容语言形式陈旧、界面"不友好"和功能单一，青年学生不点、不赞、不转、不粉，这些投入了大量人力和物力建立的媒体平台，最后变成了官方单一宣传的自娱自乐。相反，一些非官方媒体因其内容鲜活、元素多样、呈现方式灵活等特点，深受青年学生的喜爱，具有很好的用户体验感和粉丝黏合度。中南民族大学"资讯民大"微信公众号、大学每日一拍微博和学生地带门户网站，是由官方在册、教师指导和学生团队自主运营管理的官方校园生活媒体，共同组成了中南民族大学集生活服务和德育养成的在线综合育人空间，它们以学生生活服务为切入点，融合课表查询、考试推送、成绩查阅、晨跑打卡、校内一卡通使用、学生市场、就业发布等多个服务模块，同时又以"深度""视觉""民人志"及好书共读分享等特色专栏，潜移默化传递教育内容，在结合丰富的线下活动基础上，兼顾思想性、教育性、服务性、互动性，走近了学生社区，融入了学生生活，贴近了学生心灵，取得了较好的育人效果。

二、实施方法与过程

（一）服务切入，思想引领：微信公众平台"黏着度"的支点和保证

对思想政治教育来说，网络不仅是工具，也是环境；不仅是虚拟社会，也是现实反映。目前，微信月活跃用户数量已达6亿，其用户群中大学生是主体，

这表明微信作为一种新型的社交媒体已经成为大学生社会交往和获取信息的重要渠道。与此同时，传统思想政治教育在学生思想中的影响的中心地位和权威日趋弱化。鉴于此，学校积极组织建设"资讯民大"微信公众平台，主动提供学生切实需求的服务，丰富网络思想文化供给，掌握学校网络思想政治教育话语权，打造高效网络思想文化高地。

"资讯民大"微信公众账号由学校相关老师和 3 名大三学生发起创建，日常运营在学生工作部领导和老师的指导下进行，粉丝已达 26373 人。目前，"资讯民大"已经成为我校向学生发布政策措施、传达关心关爱的重要媒介，成为学校加强和改进大学生网络思想政治教育、传递正能量的重要平台，在我校学生自我教育、自己管理、自我服务过程中发挥了重要作用。

"资讯民大"还和学校职能部门、各级学生组织建立起稳定、友好的合作关系，第一时间推送校园权威资讯，极大方便了广大师生的校园生活。

一是提供学生迫切需求的便捷服务。"资讯民大"为广大师生提供基本的生活查询和学习查询服务，学生通过"资讯民大"平台，可以轻松查询天气、快递、常用电话、地图、火车车次、公交地铁以及个人课表、校历、考试安排、课程成绩、图书借阅等信息。切实满足学生日常学习、生活需求的优质服务供给，从根本上保证了粉丝群体的"黏着度"。

二是加强校园突发事件的舆论引导。"资讯民大"作为新媒体平台，发布的内容贴近学生，语言轻松活泼，各个栏目紧跟学生需求，不断推陈出新，例如微信心理咨询栏目"微咨询"和人物访谈栏目"民人志"等深受学生喜爱。经过不懈努力，平台已经成为初步具备吸引力强、可信度高、影响力大的特点，在一些学校日常教育、管理的重要节点，能够有效占据主动、赢得人心。其中，通过"资讯民大"快速介入，主动发声处理的两起突发事件值得借鉴。

案例一——【空调收费事件】：2014 年下半年，经过一段施工期后，我校全体宿舍都安装上了空调。由于空调的安装，12 月份，学校根据宿舍不同向学生要求收取安装空调调整费用 60~120 元不等，引起学生大量不满，并在 QQ 空间、QQ 群、微博、微信等平台发布相关信息，许多信息还是在未经核实情况下发布的，短时间内大量不满情绪的蔓延开始影响学校正常的教育秩序。针对这个事件，"资讯民大"及时将消息通知到位并详细解释了收费缘由（详见图文素材《【独家】空调收费事件真相大！揭！秘！》），收集了学生的意见及建议。几小时内此篇推送学生阅读量就突破 6000 人，大家在后台留言并及时反馈给学校相关领导。针对学生意见的反馈，学校做出了相应的说明，"资讯民大"也及时通过图文形式反馈给我校学生（详见图文素材《【小塔想知道】关于同学们意见建议的反馈》)。在此次事件中，资讯民大在快速反应、信息传递以及收拢和引导舆论方面起到了重要作用。

案例二——【宿舍搬迁问题】：为落实校园网格化管理，逐步实现按学院集中住宿，学校于 2015 年 8 月发布通知，要求涉及宿舍搬迁问题的学生于 8 月 25—30 日期间完成宿舍搬迁。由于正值学校暑假，事发突然，大多数学生已经购买好回程的火车票，搬迁时间紧任务重，具体细节不明，消息一出就引起大批学生的不满，各种质疑和问题也在不同平台迅速扩散。了解到相关情况后，"资讯民大"在第一时间主动介入，收集学生问题，并积极联系与宿舍搬迁相关的学工、后勤、保卫等部门取得联系，将学生反映的问题汇总、分类后一一给予解答。发布的宿舍搬家图文（详见图文素材《搬宿舍问题的最新情况》）一天之内的阅读量突破 10000 人。

（二）信息速递，资源共享：校园资讯门户网站的渠道和优势

网站以其及时性、移动性、互动性的特点，成为当代青年学生"无人不网""无处不网""无时不网"生活状态的首要选择。学校立足思想引领、遵循"内容为王"的建设规律，充分发挥组织资源优势，抓住学生刚性需求，打造学校学生生活第一门户网站"学生地带"。

"学生地带"成立于 2010 年，是由学校学生工作部主办，学生资讯集团独立负责"日常运营"，以提升大学生活品质为核心的学生门户网站。成立四年以来，"学生地带"努力贴近当代大学生的日常实际生活，为大学生提供了校内校外各种最新资讯和新闻动态，以其年轻富有朝气的运营团队向广大师生展现了当代大学全方位丰富多彩的精神面貌。网站下分资讯、故问、视觉、深度、视频、杂志、寻物 7 个频道，以师生需求为导向，将信息、资源、服务与思想等通过文字、图片、视频、动画多种形式传递给受众，依托用户互动带来大量的高价值内容，实现师生内容创造与分享。从文章到图片到音像都充满了学生的活力和朝气。同时学生地带鼓励所有有共同兴趣的大学生积极参与、投稿和实现自我价值，让该网站真正成为为学生服务的综合性学生门户网站。

（三）文化熏陶，扎根基层：微博渗透力、吸引力的拓展和延伸

微博的草根性、原创性、便捷性和"背对脸"交互方式让其拥有数量庞大的用户群体。虽然当前受到新兴社交媒体、平台的冲击，微博的热度和影响力逐渐式微，但其仍旧是大学生群体获取网络资讯、发表个人观点的重要平台。

学校积极研究微博的网络传播规律，把握时、度、效，围绕学生爱听爱看、产生共鸣的内容需求，建设和运营"大学每日一拍"微博平台，通过发布学生自己拍摄的具有学校人文气息的图片、文字，增进学生对学校的归属感、认同感和自豪感。同时，努力将微博的文化熏陶与用户现实体验结合起来，实现微博网上、网下工作联动机制。"大学每日一拍"运营团队"新微社群"与新浪合作成为"新浪微博墙"在中南民族大学的唯一代理，通过"微博墙"开展的微话题、微讨论成为学校大学生举行活动中现场网络宣传的首选。据不完全统计，在中南民族大学，凡是有"微博墙"的地方，90% 以上都可以见到"大学每日一拍"和新微社群团队的身影。可以说，"大学每日一拍"既掌握了网络信息传播交流的基本规律和原理，又坚持思想政治教育基本规律和方法，较好实现了思想政治教育在虚拟世界与现实世界相互渗透、相互补充、相互转化，也增强了网络思想政治教育的实效性。

三、主要成效及经验

聚焦网络思想政治教育基本问题，探寻网络思想政治教育规律，找到网络思想政治教育工作创新发展的突破口和增长点，提高网络育人工作的前瞻性、针对性和实效性是当前学校创新网络思想政治教育、迎接信息时代新挑战、新机遇的出发点和落脚点。从坚持系统思维、强化问题意识、探寻工作规律等方面来看，中南民族大学生活服务和德育养成在线空间创建有如下的成效及经验。

（一）成效：工作体系立体交叉，受众影响积极深远

中南民族大学生活服务和德育养成在线空间创建，是学校在坚持系统思维、加强工作统筹的基础上，整体设计、系统规划、统筹推进而逐步形成的集网站、微博、微信为一体，信息推送、资源共享、交流互动、思想引领于一身的立体交叉思想政治教育平台。

中南民族大学全校拥有本预科学生 24000 余人，经过几年的积累和发展，网站、微信、微博吸引了广泛而忠诚的用户群体和美誉度：其中，"学生地带"网站凭借其在平台卓越、思想引领、资源共享等方面的优势在教育部思想政治工作司、教育部中国大学生在线主办的第七届全国高校百佳网站评比中，荣获"全国百佳网站"荣誉称号；"资讯民大"目前已有粉丝 26000 余人，成为学校第一大公众账号，在整个民委系统排名也是名列前茅，在"南方周末数据实验室"发布的全国校务机构微信影响力排行榜中，2015 年"资讯民大"两次排名全国第一，平时影响力长期稳定在全国前十；"中南民大每日一拍"

目前拥有粉丝 11800 余人，在学生中的影响还在不断加深，"新浪微博墙"业务在新浪 2014 年底考核中名列华中区第二名，成效显著。

（二）经验：资源整合系统化、学生参与主体化、思想引领隐形化、队伍建设长效化

在围绕落实立德树人根本任务、明确网络思想政治教育工作主线的基础上，学校广泛整合学校资源、强化学生参与主体，在学生喜闻乐见的信息推送和交流互动中加强社会主义核心价值观教育，推进民族团结进步教育，开展"爱学习、爱劳动、爱祖国"活动。同时，建立工作动力机制、激励工作典型，切实保障网络思想政治教育工作的长效发展。

1. 资源整合系统化

对于学校而言，整合学校职能部门队伍、辅导员队伍、思想政治理论课教师队伍、大学生党员队伍以及各级各类学生团队资源，强化学校"全员、全过程、全方位"育人的协同效应，对于网络思想政治教育的开展意义重大。日常运营中，"资讯民大"设置三支信息整合队伍：队伍 1 负责联系和学生相关的学工、宣传、教务、后勤、保卫、图书馆等部门，推送信息、反馈需求，为学生提供一站式服务，提升网络思想政治教育服务黏合度和使用影响力；队伍 2 建立 QQ 群等平台，负责联系全校各级各类学生团队，秉承开放、共建、共享的理念，把广泛的学生层面的各类线上、线下校园文化"产品"资源拉入进来，形成强大的学生自我教育"教育物流网"；队伍 3 负责整合学生网络资源，另两支队伍一起形成网络育人合力。

2. 学生参与主体化

学校生活服务和德育养成在线空间创建，充分突出和尊重学生在活动中的主体地位，采用"学校组织、网络搭台、学生唱戏"的模式，实现学生自我教育、自我管理、自我服务。为了确保网络、微信、微博三个平台持续健康发展，学校专门在学工部成立"学生资讯集团"这一学生团队，该团队下设 8 个在学校具有较大影响的学生团队：学生工作通讯社（负责新闻采写、网站编辑）、学生工作通讯杂志社（负责 COSA 杂志编印）、叁壹策划（负责活动组织）、点石调研（负责学生信息调查研究）、月芽影像（负责视频制作）、比特工厂（负责网站建设和技术维护）、资讯民大（负责"资讯民大"微信公众号运营）、新微社群（负责"中南民大每日一拍"微博运营及新浪微博墙业务），整个"学生资讯集团"团队学生近 400 人，成员广泛分布全校各学院、年级，各团队工作相辅相成、协调共进，宛如中南民族大学一艘"资源航母"。

3. 思想引领潜隐化

当代青年学生主体意识强烈，不喜欢被灌输说教，崇尚追求自我展现。针对这一特点，学校生活服务和德育养成在线空间创建，将社会主义核心价值观、中国特色社会主义和中国梦教育，融入学生喜闻乐见的资讯推送、资源分享、服务支持中，在"无时不有、无处不在"的网络世界中建立"时时可得、处处可及"的情景空间，引导学生通过互动体验和共建共享将社会主义核心价值观融入于血脉、彰显于言行。

4. 队伍建设长效化

"学生资讯集团"下属的8个学生团队近400名学生，既是学校开展网络育人的参与者、执行者，也是受益者。学校根据需要，分别为每个团队提供不同额度的经费支持、物质保障；每个团队都建立了完整的工作评价考核制度，增强工作动力、形成绩效激励。同时，还建立学生团队职业能力评价制度，通过定期培训、朋辈辅导、素质拓展不断提升学生综合素质。

四、展望

学校将密切关注人才培养过程的规律性、前沿性问题，将网络思想政治教育放在深化教育领域综合改革、推进教育现代化进程中统筹谋划，紧跟时代步伐，因势利导，提升网络思想政治教育工作科学化水平。

全员育人——大学生创新实践能力培育
——电子信息工程学院大学生"求真杯"创新创业训练营模式

习近平总书记在全国高校思想政治工作会议上指出，"好的思想政治工作应该像盐，但不能光吃盐，最好的方式是将盐溶解到各种食物中自然而然吸收。"对于工科学生而言，通过开展创新教育活动，丰富"第二课堂"，将思想政治工作的"盐"融入学生的专业学习、兴趣培养和发展规划中，便是根据新形势下的新特点，做到了因事而化、因时而进、因势而新。将思想政治工作的"盐"撒在学生的日常培养中，让思想政治工作在工科学院的人才培养中发挥积极作用，推进高校思想政治工作的改革创新。2004年开始，中南民族大学电信学院根据学院特色、专业特点和学生特征，设计开办了"求真杯"创新教育活动。在"求真杯"的推动下，2009年，学校电子设计协会正式成立，电子设计大赛成为"求真杯"系列赛事的重点项目。电子设计协会以创新实验室为依托，以全国大学生电子设计大赛、全国大学生智能汽车竞赛、"蓝桥杯"全国软件和信息技术专业人才大赛为抓手，将培训与竞赛相结合，以日常培训为基础，注重学生创新意识和创新能力的培养。"求真"的基本意思为追求事物发展真理所在及客观规律。著名教育家陶行知先生"千教万教教人求真，千学万学学做真人"更是提出了对教育的要求。通过十多年的探索和发展，"求真杯"创新教育活动已成为电信学院引导学生点燃专业兴趣，培养创新意识，提升综合素质的重要平台，成为学院开展思想政治工作的有力抓手。2015年，李克强总理在政府工作报告提出："大众创业，万众创新"。电信学院积极响应这一号召，于2016年将"求真杯"系列活动正式更名为"求真杯"创新创业训练营。

一、理念与工作思路

（一）创新创业育人理念与思路

2018年5月2日，习近平总书记在北京大学师生座谈会上，对当代青年提出了"爱国　励志　求真　力行"的寄语，"求真"成为新时代青年的标签之一。从最初创办到历时十余载的发展，"求真杯"不拘泥于具体模式，活动特色鲜明，活动形式丰富灵活，参与人数多，获奖面广，趣味性强，不仅能激发我院学生勤奋学习、刻苦钻研的精神，也是培养创新精神和提高创造能力的重要途径，为我院学生综合素质的提高提供了平台。将学生的思想政治工作与专业学习、创新教育和实践锻炼相结合，培养出真正"有理想、有本领、有担当"的大学生。

（二）创新创业训练营方案设计与实施

1. 丰富"第二课堂"，撒好工科学生思政工作的"盐"

工科学生普遍面临着专业学习压力大，课程难度大的问题，学生对专业学习的关注度远远超出了对思想政治素质提升和综合素质培养的关注度。因此，要做好工科学生的思想政治工作，将学生的关注点放大，就需要在保证学生专业学习的基础上，将学习从专业学习延伸到兴趣培养，将专业教育与文体活动、志愿服务、创新教育等素质拓展类活动相结合，丰富"第二课堂"，提升"第二课堂"的吸引力。"好的思想政治工作应该像盐，但不能光吃盐，最好的方式是将盐溶解到各种食物中自然而然吸收"。[①] 开展工科生的思想政

---

① 习近平总书记在全国高校思想政治工作会议上的重要讲话 [N]. 人民日报，2016-12-09.

治教育，要抛开大而空的理论讲授，将理论与实践相结合，将教育管理与自我教育、自我管理相结合，尊重学生特性，发挥学生主动性，用学生听得懂的语言、用学生喜闻乐见的方式开展寓思想政治教育于"第二课堂"当中。

2. 丰富活动形式，提高学生参与的积极性

"求真杯"开展以来，活动形式丰富多样。历经十五届的不断尝试，目前，"求真杯"创新创业训练营已经形成"1+2+3"的固定模式，即"1 项公益活动 +2 项专业创新活动 +3 项文体活动"，融知识性、专业性和趣味性于一体，既能够充分展现电信学院特色，也能够引导学生将专业与热心公益相结合、与创新创业相结合、与成长成才相结合。通过不断创新活动形式，扩大活动规模，丰富活动内容，健全活动体系，全力提高新活动质量、提升活动品位，努力建设具有"青春、活力、健康、向上"的电信特色品牌活动。2018 年 3—5 月的第十五届"求真杯"开展了"趣里求真，乐由信生"趣味运动会，让户外竞技变得更加有趣；"爱心助跑，点亮星辰"校园公益活动，将运动与公益相结合；"青春正好，不止不罔"班级风采大赛，将班级的凝聚力通过荧屏去展现；"权军出击，身临其境"权益保障活动从多角度诠释维护自身权益的重要性；"模拟实践，锻炼自我"暑假"三下乡"模拟申报大赛，让广大同学体验社会实践的实况和气氛，掌握更多专业知识；"用心创造，精彩无限"电子设计大赛，扎实学生的专业基础，提高学生对专业课的兴趣，培养学生的创新能力，让学生进一步感受团队协作的力量。活动形式丰富多样，参与人数达到了近年来的最高水平。2017 级学生参与人数多达 350 余人，占年级总人数的 85% 以上，其中，充满学科特色和创新魅力的电子设计大赛吸引了 50%以上同学参加。

3. 活动与竞赛相结合，增强创新培养的连续性

"求真杯"以电子设计大赛为主打项目。全国大学生电子设计竞赛每两年举办一次，是我国目前影响力最大的学科竞赛之一，是信息学科领域的顶级专业赛事。电信学院历来注重对学生实践创新能力的培养，大力支持和鼓励学生参加相关竞赛。学院建有设施优良的创新实验室，组建了专门的教师指导团队，长年组织优秀本科生进行系统培训。自 2006 年首次组织学生参加全国大学生电子设计竞赛以来，截至 2017 年 9 月，学院共获得全国一等奖 4项、全国二等奖 4 项、湖北省特等奖 2 项，获湖北省一、二、三等奖 100 余项，培养了一大批创新人才。2016 年，在第十一届"恩智浦杯"全国大学生智能汽车竞赛、2016 年全国大学生电子设计竞赛及第八届蓝桥杯全国软件和信息技术专业人才大赛——个人赛省赛（软件类）中获得了优异的成绩，创

下了电信学院创新竞赛获奖新纪录。其中，在第十一届"恩智浦杯"全国大学生智能汽车竞赛中，产生华南赛区一等奖二项、国家级一等奖一项、二等奖一项；在全国大学生电子设计竞赛中产生省级一等奖一项、二等奖四项、三等奖七项；在第八届蓝桥杯全国软件和信息技术专业人才大赛——个人赛省赛（软件类）中，1 人获省一等奖，11 人获省二等奖，省三等奖 21 项。2017 年，电信学院学生在第十二届全国大学生智能汽车竞赛中也取得了历史最好成绩，"安全第一队"获光电四轮组全国一等奖，"瞳仁神水队"获光电追逐组全国一等奖，另有 3 支队伍获华南赛区一等奖。电信学院组建 20 支学生队伍参加 2017 年全国大学生电子设计竞，其中王智慧、汪婷、韩帅小组荣获全国一等奖，李牡琦、张聪辉、郭志超小组获全国二等奖。此外，还有 3 支队伍获湖北省一等奖、4 支队伍获湖北省二等奖、7 支队伍获湖北省三等奖。

二、工作实效

（一）丰富开展思想政治工作的手段，培养全面发展的大学生

"求真杯"创新创业训练营活动特色鲜明，形式丰富多样，有专业类活动、公益类活动、文体类活动、技能类活动等。其中，专业类活动包括电子设计大赛、软件设计大赛、网页设计大赛等，公益类活动包括荧光公益跑、班级公益大赛等，文体类活动包括趣味运动会、才艺大赛、班级风采展、情景剧表演等，技能类活动包括求职模拟大赛、"三下乡"社会实践技能培养等。通过开展公益类、文体类和技能类活动，为学生提供专业学习之外的补充，引导学生在学习中丰富思想，在实践中提升能力。"求真杯"创新创业训练营通过设计主题鲜明、形式多样、内容丰富的活动，让学生在参与中提升专业兴趣，提高思想活跃度，增进与他人的交流，增进学生对他人、对集体、对社会的关注。

（二）"授人以鱼不如授人以渔"，形成了学生自我教育、自我管理、互帮互助的良好院风学风

"求真杯"期间，学院通过组织学生参观实验室、开展电子设计大赛等相关培训，提高学生对专业的认识度和兴趣度，有效激发学生们对本专业更高的追求。在多年的坚持和积累下，学院形成了综合能力较强的创新指导团队，其中有专业指导老师，也有高年级的竞赛骨干，在学院中形成了以专业兴趣为基础的多个团队，也实现了学生自我教育、自我管理、互帮互助的传承。目前，电子设计协会形成了每年 9 月招新培训的模式，经过约一年的培训后

产生相对稳定的团队。通过在团队中的继续培训，继续产生最终参加全国大学生电子设计大赛的队伍。获奖选手结束比赛后，又返回团队参与下一届的招新、培养和选拔。智能车实验室也是如此。

（三）提升了学生专业学习的兴趣，学院创新竞赛成绩逐年创新高

十年来，参与"求真杯"电子设计大赛的人数在逐年增加，在大一新生总人数中的占比也逐年提高。经过电子设计协会的培训后，学生也可报名参加智能车实验室、四旋翼实验室、机器人实验室，由各个实验室组织培训和选拔。在学习、培训和竞赛中，学生对专业学习的兴趣不断提升和稳固。多年来，学院在全国大学生电子设计大赛、全国大学生智能汽车竞赛等顶级竞赛中获奖频繁，不断创造新的高度。在 2017 年的全国电子设计大赛中，我院派出 20 支参赛队伍，其中 16 支获得国家级、省级奖项，获奖率达到 80%。在 2018 年的第九届"蓝桥杯"大赛全国总决赛中，我院 5 位同学与来自全国千余所高校的 5000 余名选手一起云集京城，最终获得软件类二等奖 1 项、三等奖 3 项、优秀奖 1 项，5 位选手不负众望，实现 100% 获奖，为历届我院参赛的最好成绩。创新竞赛成绩逐年刷新记录，也激发了学生的参与度。学生凭借在全国大学生电子设计大赛、智能汽车竞赛等的获奖经历，成功保送至华中科技大学、北京邮电大学等知名高校。

三、特色与经验

（一）创新创业训练营典型特征

1. 活动形式丰富多彩，吸引力较强

目前，"求真杯"创新创业训练营已经形成"1+2+3"的固定模式，即"1项公益活动 +2 项专业创新活动 +3 项文体活动"，融知识性、专业性和趣味性于一体，既能够充分展现电信学院特色，也能够引导学生将专业与热心公益相结合、与创新创业相结合、与成长成才相结合。通过不断创新活动形式，扩大活动规模，丰富活动内容，健全活动体系，全力提高新活动质量、提升活动品位，努力打造具有"青春、活力、健康、向上"的电信特色品牌活动。每年的 6 大赛事能够吸引 85% 以上的大一学生的积极参与，为学院创新竞赛、体育竞技等活动选拔和储备人才。

2. 活动内容主题鲜明，教育性较强

"求真杯"创新创业训练营的每一项活动都围绕"点燃专业兴趣，培养创新意识，提升综合素质"的宗旨，具有鲜明的主题和较强的教育意义。例如，

第十四届、第十五届"求真杯"连续举办了关爱自闭症儿童的 4·2 爱心公益跑，共筹集善款达 3 万余元。电子设计大赛、简易智能车竞赛增强了学生对本专业的了解，不少学生对学院的电子设计协会、智能车实验室、四旋翼实验室、机器人实验室等创新实验室有了更多了解，对学生明确大学规划有很强的指导意义。

3.活动机制基本成熟，延续性较强

经过十五年的不断尝试和发展，"求真杯"创新创业训练营举办的时间、活动类型等基本机制基本成熟。在学院的统筹安排下，"求真杯"依托学院每一届的团委学生会、电子设计协会、创新实验室如期开展，具有很强的延续性。同时，结合不同时期大学生的特点，活动内容也在进行调整。例如，结合学生暑期社会实践积极性的提升，在第十五届"求真杯"新增"模拟三下乡"活动，提升学生社会实践的能力。

（二）主要经验

1.丰富了工科学院开展思想政治工作的手段，履行高等教育"立德"重任

"好的思想政治工作应该像盐"，在开展工科学生的思想政治工作中，只有通过学生喜闻乐见的方式、学生能听得懂的语言、学生感兴趣的内容，才能将思想政治工作犹如盐溶于水般，被学生接受、吸收，事实证明，将专业教育与志愿服务相结合、与文体活动相结合、与创新创业相结合，丰富了工科学院开展思想政治工作的手段。

2.形成了学院专业的品牌活动，提升学生的专业素质

"求真杯"历时十五届，既是学院学生工作的品牌活动，也是每年一次的专业盛事，在学生中间知名度高、认可度高、参与度高。形成有影响力、有可延续性的学院专业品牌活动，正是服务于高等教育"立德树人"的根本任务。

第四篇　校本特色研究

　　民族院校是我国高等教育的一个重要组成部分，是我们党民族理论和民族政策在高等教育领域的充分体现，是党和国家培养民族工作人才、做好民族团结工作、推动民族地区发展的一条成功经验，也可以说是世界高等教育史上的一个伟大创举。

　　中南民族大学自 20 世纪 50 年代创办 60 多年来，特别是 1980 年复办以来，学校乘着改革开放的浩荡春风，蓬勃发展，为国家输送了 13 万余名各民族大学毕业生，为民族地区经济发展和社会进步、民族团结和边疆稳定做出了重要贡献。60 多年来，中南民族大学学生思想政治教育逐步完善，并形成了一条成功经验。特别是少数民族大学生的思想政治教育工作更是特色鲜明、成效显著。本章主要选取中南民族大学大学生民族团结进步教育、少数民族大学生教育管理服务特色实践、"三个特别"各民族优秀人才培养三个重要方面，认真总结和深入梳理民族院校大学生思想政治教育中的成熟做法，探索民族院校大学生思想政治教育的特殊规律和典型做法，总结和归纳出具有典型意义的工作经验和创新举措，固化经验、打造品牌、形成特色，加强交流、逐步推广、形成指导，进一步提升我国各高校少数民族大学生教育管理工作的质量和效益，进而推动少数民族大学生人才培养质量的提升。

民族院校民族团结进步创建实践育人有益探索

　　2014 年 12 月，习近平总书记在中央民族工作会议上明确指出，民族团结是我国各族人民的生命线，加强各民族交往交流交融，尊重差异、包容多样，创造各族群众共居、共学、共事、共乐的社会条件，让各民族在中华民族大家庭中手足相亲、守望相助。民族团结进步既是民族院校的生命线，也是发展主线。民族院校应自觉将民族团结进步创建融入人才培养全过程，探索民族团结进步创建育人实践，促进各族学生相互尊重、相互理解、相互信任、友好相处，共同成长为"三个特别"特质优秀人才。

一、创建互嵌校园，构筑民族团结进步创建育人空间

接触理论认为，群际接触具有改善群际关系、减少群际偏见的作用。把民族团结进步创建纳入学校人才培养全领域，创建"学习互嵌、生活互嵌、师生互嵌、文化互嵌"的互嵌型校园，推动民族团结教育润物无声、嵌入学生成长全过程。

（一）坚持学习互嵌，释放朋辈激励效应

实行混合编班，统筹民族因素、区域因素及城乡因素，合理分散生源于学院与学科专业，强化班团意识，培育各族学生集体荣誉感。创新学习组织形式，采用学长制、新生成长训练营、海外归来话成长、优秀学长经验分享、课堂小组讨论、课外小组作业等，促进学生在学习交流中柔性互嵌。坚持学业毕业标准统一，"一把尺子量到底"，引导各族学生树立统一的学业质量观。坚持日常行为规范统一，实行"一本手册管到底"，不分地域、民族、性别、年级，一律遵循《学生手册》制度规范，引导各族学生树立正确的纪律观念。

（二）坚持生活互嵌，增进手足相亲情感

坚持分散居住制度，按照同民族同地域分散的原则分配宿舍，实现学生同室不同民族不同地域，扩大各族学生交往空间。开展文明寝室建设，开辟思想政治教育第三课堂，组织"寝室十一同""七彩寝室""最美寝室"等教育实践活动，促进各民族学生和睦相处。推进学生自治自律，成立学生生活与权益保障委员会、"情满家园"楼栋自律委员会、安全保卫委员会、网格管理委员会等，让各族学生在自我管理与自我服务中增进友谊。

（三）坚持师生互嵌，构建共同成长空间

通过师生午餐会、教师特色工作坊、师生下午茶、创新创业咖啡吧等活动，形成师生交流常态机制。实施边疆少数民族学生"成长守望"计划，1名机关干部联系1~2名边疆和人口较少民族学生，资助1名家庭经济困难学生，密切师生情感联系，增强学生学习动力。实施机关干部联系班级，引导机关干部与班级结对子，每学期至少参加3次班集体活动，每两周安排召开1次主

题班会。开展学生领导面对面，设立校领导接待日，校长、院长、处长信箱，定期举办开学、期中、重大节庆、重要节日学生代表座谈会、交流会，面对面为学生释疑解惑。

（四）坚持文化互嵌，培育美美与共文化

开展民族文化知识教育，设置通识教育、学科基础、专业平台、实践平台4个民族团结进步教育课程模块，开设民族理论与民族政策必修课、中国少数民族文化、民族史等专业课、选修课，民族团结进社区等实践课。开发"民族团结教育"隐性课堂，通过"光影图绘"核心价值观教育画展、"青春励志"微电影、《额吉》等话剧、民族文化墙校园景观等形式，让民族团结意识生活化、大众化、鲜活化。开展民族文化体验活动，依托民族文化活动月、民族团结日与古尔邦节、藏历新年、春节等重要节日，举办茶马古道民族文化节、民族美食文化节、民族文化风情展、丝路情缘等体验性活动，增强各民族师生美人之美、各美其美、美美与共的文化共融意识。

二、丰富校园文化，培育民族团结进步创建育人生态

加强中华民族大团结，长远和根本的是增强文化认同。用社会主义核心价值观引领校园文化建设，积极营造民族院校民族团结主流文化，构筑各民族大学生共有精神家园，把中华民族共同体意识教育融入中国梦、发展梦、团结梦和个人梦教育之中，融入学生学习生活成长场景之中，为各族青年学子理想信念"补钙"，为民族团结进步事业"立心"，指导青年学生"扣好人生第一粒扣子"。

（一）旗帜鲜明反分裂，坚守民族院校价值底线

在学校大学章程、发展规划、重要文件之中旗帜鲜明反对分裂。制定学生工作问责制，在人才引进与培养、师德师风评比、学生综合素质测评、学生评优评先、学生日常行为管理、单位目标考核中实施一票否决制。建立全员导师制，设立教师学生成长服务工作量制度，绝不让一个学生因思想偏差而成长错位。

（二）丰富核心价值观实践形式，让社会主义核心价值观神形并茂、融入学生学习生活全境域

开展家史家训调查，举办家风育人主题班会、少数民族优秀家风文化节，开展社会主义核心价值观进寝室建设活动，开办核心价值观"光影图绘"画展，征集"核心价值观"公益广告创意，举办"青春励志"微电影大赛等，让社

会主义核心价值观为各民族学生喜闻乐见，并内化于心、外化于行、融化于众、固化于魂。

（三）开展"中国梦、民大梦"主题教育，共筑民族高等教育事业愿景

把"中国梦"教育与"民大梦""发展梦""团结梦"教育相结合，广泛开展"中华民族一家亲，同心共筑中国梦"主题演讲比赛，组织"中国梦"宣讲团，开发"中国梦""民大梦"系列党校、团校课程，实施青年马克思主义者培养工程，开展校史校情主题教育活动，增进各民族师生对于建设特色鲜明、人民更加满意的高水平民族大学的民大梦的认同。

（四）搭建民族团结进步创建实践平台，营造民族团结文化氛围

成立学校民族团结进步创建工作专门机构，制定《深入开展民族团结进步创建活动实施方案》，创建"民族团结进步创建专题网"，开通学校微博、微信平台，开辟"民族团结进步创建活动"宣传专栏，建设以民族大团结为主题的系列校园景观，举办"大学生民族团结进步论坛"，每年5月举办"民族团结教育活动月"，每年3月举行"中小学生民族教育开放周"，每年12月组织"中华民族文化周"活动，创建"大手牵小手""伴飞计划""高原书屋"等志愿服务项目，"民族团结教育进社区"活动，让民族团结真正成为各族师生共同呼吸的空气、共同沐浴的阳光。

三、搭好"三交"平台，构建民族团结进步创建育人机制

民族团结从根本上讲是一个各族人民之间和谐互动、构建良好民族关系的过程及结果，所以，具体的民族交往体验对于社会个体民族团结意识与能力的养成具有不可替代的作用。民族院校大学生思维活跃、思想开放、积极上进，加强各民族学生之间的交往交流交融，促进各民族学生在交往交流交融中，尊重差异，包容多样，求同存异，增进友谊。

（一）搭好手足相亲、守望相助的民族团结舞台

发挥民族院校的独特优势，坚持把思想政治教育与民族团结进步创建相结合，充分发挥民族团结进步创建政策的引导作用，以"民族团结教育活动月"为载体，举办"民族风情文化展"，开展民族知识宣传、民族知识竞赛、民族歌舞比赛、演讲比赛、大学生创意民族团结进步主题社会实践策划大赛等系列活动为载体，积极为各族学生提供挑战自我的擂台、展示才艺的平台、增强才干的舞台，着力营造手足相亲、守望相助的民族团结进步创建校园氛围。

（二）搭好敢于担当、乐于奉献的志愿服务平台

发挥民族高校资源优势、弘扬志愿服务精神，在服务社会的过程中培育各民族学生"五个认同"意识。学校开展"伴飞"志愿服务计划，结对学校所在地民族中小学，实行"一对一"结对帮扶，让各民族学生在走进社区、走进民族中小学，在开展民族团结进步创建活动中，获得最为真切的民族团结体验，提升民族团结志愿服务获得感。

（三）搭好促进交流交往交融的文化讲台

实行混合编班、分散居住、集体生活，积极为各族学生搭建促进文化交流交往交融的讲台，各美其美，美人之美，美美与共，着力培养各族学生的中华民族共同体意识。学校紧紧围绕"热爱伟大祖国，建设美好家园""民族魂·中国梦"主题，广泛开展民族知识宣传、民族歌舞比赛等系列活动，在重大节庆日和民族传统节日走访、慰问少数民族学生，促进各族师生相互了解、相互帮助、相互欣赏、相互学习。

（四）搭好"同心圆"进寝室帮扶前台

以增进"五个认同"为目标，以学生寝室为载体，积极搭好帮扶支点，深入开展"同心圆"帮扶活动。即以"帮助学生成长、促进民族团结"为圆心，结合学业预警帮扶、志愿者服务活动，开展"学习圆""生活圆""纪律圆""心理圆"等"四个圆"活动，以"一对一""多帮一""一寝对一寝"形式帮助成绩后进型、家庭贫困型、交往困难型和纪律松散型的学生，推进学生文明寝室建设"十一同"：就寝同舍、学习同步、语言同学、民俗同尊、困难同渡、进餐同桌、娱乐同享、节日同庆、校园同护、纪律同守、和谐同创，着力促进各民族学生互帮互学互助、共居共融共进。

四、注重成长关怀，提升民族团结进步创建育人实效

民族院校中少数民族学生占比一般高达 60%，从生源背景、成长环境、学习基础等方面看，他们当中还有"内高班""民考汉""民考民""宗教信仰""生活习俗""留守儿童""流动儿童"等差别，成长背景、学习能力、学业基础、发展资源等差异极大。让每一个学生能安心学习、顺畅学习、正确学习和快乐学习是民族院校教育教学的中心任务，也是提升民族院校民族团结进步创建育人实效的必然途径。

（一）加强学业辅导，绝不让一个学生因学习困难而掉队

成立大学生学业发展中心，定期开展学生学情分析，完善学业预警机制，

加强学业生涯规划教育，着力构建学生学习支持体系，加强学生学习过程管理、跟踪帮扶，积极关注学业困难学生群体，尤为关注来自边疆少数民族地区学业困难学生群体，帮助他们摆脱学业困境，建立学业和生活自信。

（二）加强经济帮扶，绝不让一个学生因经济困难而辍学

牢固树立"资助育人"的工作理念，成立资助工作"阳光工作室"，探索"全功能发展型"资助新模式；坚持帮困与育人相结合，弘扬"流自己的汗，吃自己的饭"勤工精神，发挥资助育人功能，完善以资助为载体，以教育为基础，以成长成才为目的的全方位、立体式、多层面的资助体系，确保学生不因家庭经济困难而辍学。

（三）开展辅导员"边疆行"，把思想政治工作送到学生和家长的心坎上

深入贯彻落实全国高校思想政治工作会议要求，不断加强大学生思想政治教育实效性研究，开展"辅导员边疆行"活动，通过辅导员深入了解学生家庭状况与成长背景，增强学生工作的使命感与责任感，并帮助家庭经济困难、边疆及人口较少民族学生等学生群体解决最需要、最期盼的实际问题，促进学校与家庭、辅导员与家长的沟通联系，建立"全天候"学生工作联系机制，把思想政治教育工作做到学生和家长的心坎上，形成学校教育和家庭教育的强大合力，促进民族团结进步创建育人深度发展。

少数民族大学生教育管理服务创新发展实践
——以中南民族大学少数民族大学生教育管理为例

民族高等教育是我国高等教育的一个有机组成部分，是我们党民族理论和民族政策先进性和优越性在高等教育中的充分体现，是我们党培养民族工作人才、做好民族团结工作、推动民族地区发展的一条成功经验，也是世界高等教育史上的一个伟大创举。中南民族大学创建于 1951 年，是一所直属国家民族事务委员会的综合性普通高等院校。长期以来，学校始终坚持社会主义办学方向，贯彻落实党的教育方针和民族政策，始终坚持党的民族工作规律与高等教育规律相结合、民族高等教育的特殊性与普通高等教育的普遍性相结合，遵循高等教育的一般规律，尊重民族高等教育的特殊要求，不懈探索办好民族院校的新路子。近年来，学校面对新常态，以培养"三个特别"①

---

① 注：三个特别：明辨大是大非的立场特别清晰、维护民族团结的态度特别坚定、热爱各族群众的感情特别真挚。

民族工作人才要求为根本，以大力提升人才培养质量为主线，高度重视大学生党建与思想政治教育工作，全面推进各民族学生综合素质的提升与创新创业能力的培育，在少数民族大学生思想政治教育与日常行为管理中，探索出了一条成功的路子，积累了丰富的经验。

一、中南民族大学少数民族大学生概况

中南民族大学主要面向少数民族和少数民族地区，以招收少数民族学生为主，在校大学生中，少数民族学生比例长期保持在 60% 以上。2017 年，学校共有来自 31 个省市区的 56 个民族的全日制学生 26593 人，其中本科生 23823 人，预科生 494 人，研究生 2210 人，留学生 66 人。在校本预科学生中，少数民族学生 14712 人，占比为 60.5%，包括全国 55 个少数民族；男生 10025 人，占 41.23%，女生 14292 人，占 58.77%；来自全国五大自治区的学生为 4899 人，占全校总人数的 20.15%，其中少数民族学生 3646 人，占全校总人数的 14.99%；来自西部 12 省市自治区的学生为 10198 人，占全校总人数的 41.94%，其中少数民族学生 7544 人，占全校总人数的 31.02%；来自 28 个人口较少民族 [1] 学生为 308 人，占全校总人数的 1.27%。学校共有本预科学生党员 3369 人，占学生总数的 13.91%。中南民族大学少数民族学生呈现如下几个典型的总体性特征：其一，少数民族大学生人数明显高于一般普通高等院校，是一所典型的少数民族大学生占主要比例的大学。其二，来自五大自治区、西部地区的少数民族大学生较为集中，特别是来自边远地区的大学生占比较大，而且来自这些地区的少数民族大学生占比较大。其三，来自人口较少民族的大学生，虽然人数不多，但分布非常广泛，并且差异很大。

二、中南民族大学少数民族大学生思想特点分析

少数民族大学生是大学生群体中的一个特殊群体，由于历史文化传统、风俗习惯、语言文字、宗教信仰、地域环境等方面的差异，少数民族大学生既有一般大学生的共同特点，又有诸多不同于一般大学生的特别之处，具体

---

[1] 28 个人口较少民族是指全国总人口在 30 万人以下的 28 个民族，具体是：珞巴族、高山族、赫哲族、塔塔尔族、独龙族、鄂伦春族、门巴族、乌孜别克族、裕固族、俄罗斯族、保安族、德昂族、基诺族、京族、怒族、鄂温克族、普米族、阿昌族、塔吉克族、布朗族、撒拉族、毛南族、景颇族、达斡尔族、柯尔克孜族、锡伯族、仫佬族、土族。

表现在思想、心理、行为、人际交往、文化交流等方面。思想是行动的先导，深入研究和准确把握少数民族大学生的思想特点，对于做好少数民族大学生思想政治教育工作尤其重要，并决定着思想政治教育工作的成效。少数民族大学生的思想特点具体表现在政治态度、道德观念和价值追求等方面，本研究以"2014年全国民族院校大学生思想政治状况调查"为基础，选取中南民族大学的调查数据为研究对象，对少数民族大学生的思想特点展开归纳与分析。本次调查共发放问卷2000份，回收2000份，回收率为100%，其中有效问卷1992份，有效率为99.6%，有效问卷中来自民族自治州或自治县的比例占31.60%，来自农村的占56.08%，来自城镇的占43.92%，本科生占94.22%，其他（包括预科生、硕博士生）占5.78%，家庭月平均收入在2500元以下的占35.21%，2500~5000元的占91.16%，5000~10000元的占19.44%，10000元以上的占4.19%。

（一）思想意识积极进步，理想信仰总体向好

这一代少数民族大学生绝大部分是90后群体，他们成长于国家改革开放深入推进、经济社会建设快速发展的年代，同时，他们还是党和国家大力支持民族地区、边远地区基础教育事业发展的受益者和亲历者，所以，他们思想观念积极向上，理想信仰稳定向好。"全国民族院校大学生思想政治状况调查"中的数据显示，91.59%的学生都赞同"实现中华民族伟大复兴，就是中华民族近代以来最伟大的梦想。"86.89%的学生认同"我国必须坚持走中国特色社会主义道路，不能搞民主社会主义和资本主义，既不走封闭僵化的老路，也不走改旗易帜的邪路。"88.82%的学生都认为"我国必须坚持中国共产党领导的多党合作和政治协商制度，要积极借鉴人类政治文明有益成果，但绝不能照搬西方政治制度模式。"86.87%的学生赞同"中国共产党是中国特色社会主义事业的领导核心。"85.62%的大学生认为"中国共产党有能力把自身建设搞好。"92.44%的学生对"中国特色社会主义事业进一步发展，综合国力增强，国际地位提高。"持"非常乐观"和"比较乐观"的态度。可以看出，包括少数民族大学生在内的民族院校大学生在大是大非面前，政治意识是正确的，对中国共产党领导、中国特色社会主义道路和中华民族伟大复兴中国梦等信仰较强。但需要注意和引起高度重视的是，包括少数民族大学生在内的民族院校大学生部分人对国家民生建设目标的实现持保留态度，如有18.08%的学生对"到2020年，国内生产总值和城乡居民人均收入比2010年翻一番。"表示"说不清楚"。有18.28%的学生对"收入分配差距缩小，中等收入群体持续扩大，扶贫对象大幅减少。"表示"说不清楚"。分别有16.09%、

6.79%、1.34%的学生对"社会保障全面覆盖，人人享有基本医疗卫生服务，住房保障体系基本形成，社会和谐稳定。"表示"说不清楚""不太乐观"和"很不乐观"，这三者总体达到24.22%，也就说，在这一调查中，有近1/4的学生对这一目标的实现持"谨慎"态度。可见，加强思想政治教育、社会实践教育和改革开放历史教育，让大学生深入社会一线，深刻感悟社会的发展进步，提升大学生改革开放建设成就获得感在当前尤为必要和重要。

（二）对党的民族政策评价很高，民族宗教观念理性

调查显示，大部分学生赞同党和国家的民族政策，他们对民族平等和民族团结、民族区域自治制度等普遍认同，对当前我国民族关系普遍比较满意。在"坚持民族平等和民族团结"的态度意愿调查中，持"赞同"态度的学生占98.83%，其中持"非常赞同"的占86.55%；对"坚持和完善民族区域自治制度"的态度调查中，持"赞同"态度的也高达95.66%；对"促进各民族共同繁荣发展"的赞同者达97.50%；对"巩固和发展平等团结互助和谐的社会主义民族关系"赞同者达97.83%；可见，包括少数民族大学生在内的民族院校大学生对党和国家的民族政策是非常满意的，普遍认同党和国家的民族工作，支持党和国家在涉及民族问题上的一系列基本做法和战略措施，在"您认为拉萨'3.14'事件、乌鲁木齐'7.5'事件是什么性质？"问题的调查中，有74.85%的学生选择认为这是"境内外敌对势力策划组织的严重暴力犯罪事件"，在"如果有需要，您是否愿意为国家安全出力"的问题回答中，有66.08%的学生选择"非常愿意"，有25.40%的学生选择"比较愿意"，两项之和达91.48%，表明当前少数民族大学生正确的民族观念和国家意识。在宗教信仰方面，大部分学生认为，宗教教义教规已经演化成民族风俗的一部分，有的还承载着一定的人生规则和生活信条，少部分同学有宗教信仰，只要能正确处理，坚决遵守国家校园管理规定和宗教信仰政策，是可以理解的。在对"尊重少数民族风俗习惯和宗教信仰自由"的态度调查中，有83.96%的学生选择了"非常赞同"，有14.54%的学生选择了"比较赞同"，两项共达98.5%，足以说明当代少数民族大学生在对待宗教信仰的态度上，显得非常理性，他们能够正确理解和积极评价国家现行的民族宗教政策，普遍认同"三个离不开"的思想，坚持国家统一，反对民族分裂行为。在日常学习和生活中能够自觉与民族分裂主义、极端宗教势力及其他不法分子及组织划清界限。

（三）价值取向主流，更加注重个人能力提升

当前民族院校大学生与所有在校大学生一样，以90后为主，他们成长于我国改革开放深度推进、社会结构、社会观念剧烈变化的时代，市场经济大

潮之下的"利益至上"观念也深深地影响着他们的思想心理，虽然他们在日常生活与个人发展选择上比较注重个人需求的满足与个性表达，但价值取向仍倾向主流，也更加注重个人能力的提升。如在"人世间的一切幸福都是靠辛勤的劳动创造的"态度调查中，有90.78%的同学都持"比较赞同"和"非常赞同"的态度；在"个人只有在集体中才能更好地得到发展。在考虑利益问题时，应首先考虑国家利益和集体利益。"的调查中，有89.27%的同学选择"非常赞同"和"比较赞同"，但也有10%左右的同学选择模糊态度或很不赞同的观点；在"如果您是学生党员或入党积极分子，那么您入党的最主要动机是什么"的选项（单选）调查中，占比由高到低的选择是：选择"追求理想和信念"的占31.52%、选择"增强就业竞争力"的占26.82%、选择"谋求仕途发展"的占18.44%、选择"寻求政治荣誉感"的占12.15%、选择"对党的执政地位和执政理念有信心"的占10.06%，还有1.01%的同学选择了"其他"；在"您觉得学校最应加强对学生哪方面的培养"的单项选择中，占前五位的分别是"社会责任感"（20.12%）、"思想道德素质"（19.28%）、"实践能力"（18.86%）、"创新创业能力"（12.66%）和"学习科研能力"（9.39%）；在"为了更好地帮助大学生就业，您认为学校最应该做什么"的单项选择中，有23.72%的学生选择了"提高教学质量，强化实践环节，提升就业能力。"可见，当前的少数民族大学生在强调环境条件因素的同时，已经逐步关注到在社会竞争与发展中个人能力培养的重要，而不是一味地沉迷于对客观条件的期盼。

（四）人际交往融洽，身心健康和谐

少数民族大学生的人际交往能力在逐步增强，他们在本民族之间团结互助的氛围比较浓厚的同时，与其他民族学生的交往也十分热情、真诚、友爱。但也有少部分学生，因汉语表达能力较弱，在与其他民族同学的交往中，还存在一定的障碍。少数民族大学生普遍比较热爱体育运动，身体状况良好，心理健康和谐。在"您认为参加志愿服务活动最主要的目的是什么"的调查中，占比前五位的分别是"奉献社会"（41.16%）、"开阔视野"（18.78%）、"增长才干"（13.91%）、"认识社会"（11.99%）、"磨练意志"（10.56%），这都鲜明地彰显着少数民族大学生强烈的求知欲望和社会参与意向，以及乐于通过这样一些主流渠道开展人际交往活动，以获取知识、提升能力和更好地融入群体；在"在学校教育中，哪些对您的思想言行和成长影响最大"的调查中，占比最高的是"同学、室友等同辈群体"（18.75%），在"当您感到自己有心理压力时，您最倾向于选择哪种方式应对"的调查中，占比最高的是"向亲戚、朋友、同学倾诉"（45.85%），进一步说明当代少数民族大学生的开放与自信的心态。在"您在大学期间最大的压力来自什么"的调查中，45.60% 的同学选择了"就业和发展前景问题"，只有 8.30% 的同学选择"人际关系问题"、5.70% 的同学选择"自身适应问题"、3.19% 的同学选择"情感问题"。

三、中南民族大学少数民族大学生思想政治教育的基本做法

中南民族大学历来高度重视各族学生的教育管理与服务工作，深入落实党的教育方针和民族政策要求，按照"保底线、创特色、铸品牌"的总体要求，根据少数民族大学生思想心理行为特点，在少数民族大学生的思想政治教育工作中，牢固树立"一本手册管到底、一把尺子量到边、同在一片蓝天下"的工作理念，力求做到"八个坚持"。

（一）坚持步调一致，健全机制、创新发展

完善的体制和高效的工作运行机制是做好学生思想政治教育工作的重要保证，学校党委高度重视少数民族大学生思想政治教育工作，成立了以党委书记、校长为组长的学生工作领导小组，在校级层面，加强和完善学生教育管理制度设计，探索构建了校院两级学生思想政治教育与管理工作体系，建立了从日常生活、行为管理、学业帮扶、经济资助、心理健康教育、思想政治教育、创新创业教育、就业支持等覆盖学生成长全过程的制度体系和以"成长守望计划""学长计划""校长接待日"等为载体的全员育人机制。与时俱进，创新发展，于 2014 年进一步提出了"保底线、创特色、铸品牌"的学生工作要求，厘定了"趋势把握、政策制定、资源调配、工作指导、过程监控、重点督办、规律凝练、经验提升"的学生工作部八大工作职能和"政策执行、学院统筹、管理主体、协同创新、把握重点、服务学生、培育特色、塑造品牌"的学院学生工作八大职能，确定了"底线保公平、高压线保稳定、冲刺线保发展"的学生工作三条线法则，凝练了"价值引领、项目推送、个性定制、清单管理"的学生工作新方法。

（二）坚持趋同化管理，促进各民族学生交往交流交融、砥砺成长

趋同化管理是指在学生教育管理工作过程中，对所有教育管理对象实行相同的管理，是依据教育本源性意义以及部分教育对象的特殊性而提出的一种学生教育管理模式，趋同化管理的核心目标就是"去异求同"，即让带有一定特殊性的教育对象与一般教育对象获得同等的教育机会、推行同样的教育标准，让这些带有一定特殊性的受教育者更好地融入教育全过程。中南民族大学在学生思想政治教育过程中，严格实行趋同化管理制度，一是实行各民

族学生混合编班、混合居住制度，充分营造"同在一片蓝天下"的民族团结环境。要求各民族学生混合组成专业班级，并严格按照专业、年级、班级统一安排宿舍，最大限度地安排各地域、各民族学生同住一个宿舍，促进学生在日常生活中营造民族团结氛围，培育和感受民族兄弟友情。事实证明，这项制度是成功的，学校创办 60 多年来，未发生一起学生因民族团结问题而爆发的群体性事件。二是实行相同的行为准则要求，"一本手册管到底"。坚持各民族学生在校纪校规面前人人平等，强调《学生手册》的制度刚性约束，无论学生来自哪个地域、是哪个民族，在《学生手册》面前一律平等，同等要求，享有同样的权利，承担同样的义务，绝不搞任何特殊化。三是实行学业、毕业、人才评价统一标准，"一把尺子量到边"。在学生大学学业、毕业标准要求、人才评价、评优评先等工作中，学校始终坚持"一把尺子量到边"的原则，不搞任何特殊化、特别化、差别化。但在具体教育培养工作中，高度关注所有经济困难、学业困难和行为管理、时间管理、心理调适能力较弱的学生，在全校学生中推行学业预警制度，重视学生学业发展的全过程管理。学校 2015 年上学期开学伊始，即在 2014 年学业考试结果的基础上，结合学生历年学业完成情况，对 2235 名补考科目较多、或学分修读进度完成不足的各族学生实施学业预警，并采取一系列学业帮扶措施。从实践来看，通过统一标准的倒逼，学生自我管理、自我规划、学业学习能力不断提升。同时，学生凭借过硬的本领，在就业市场中的竞争能力不断增强。

（三）坚持以人为本，严慈相济、爱心启迪，营造情暖人心的民族团结教育生态

爱是教育的本源性要求，没有爱就没有教育。中南民族大学在教育教学过程中，特别是在少数民族大学生思想政治教育工作中，长期以来，始终秉持"严""爱""细""融"四个字：在管理上突出一个"严"字——学校长期坚持校纪校规底线、法律法规红线、民族团结高线，民族地域虽不同，校规国法无例外。纵到底，横到边，无论是谁，一视同仁。在教育上强调一个"爱"字——来自民族地区的各民族学生因为多种因素，他们在学业发展和成长成才过程中，常常比一般学生面临更多困难，所以，学校全体教师和管理服务工作者历来视学生为亲人，思想困惑及时解答，心理困扰及时纾解，生活困境及时帮助，学业困难及时帮扶，让各民族学子真切地感受到民族大家庭的关爱与温暖。在服务上强调一个"细"字——细节就是民生、细节决定成败。学校已经形成一种充分尊重各民族学生的风俗习惯和学生学习成长规律的教育氛围和优良传统，从食堂饮食品种、寝室热水空调到自习室开放、图书采

购、校院文化设计等等，有关学生学习生活成长的各个细节，学校都不遗余力、无微不至，充分考虑各民族学生的需求与文化特色，为各民族学生创造良好的成长条件。在文化上强调一个"融"字——学校坚持以举办民族文化节、少数民族饮食文化节等系列重大民族节庆活动，通过报纸、杂志、广播、网站、微博、微信、文化墙、大型 LED 屏等公共平台，广泛深入开展民族团结进步主题教育，把民族团结教育融入校院生活之中，促进各民族学子交往交流交融。各民族学生对学校的认同度和满意度不断提升，近几年，经第三方调查，学校在学生中的满意度排名，两次名列湖北地区高校首位。

（四）坚持资助育人，构建全功能发展型学生资助工作新模式，助力学生纾危解难，引领学生轻装发展

学校已经建立起包括经济资助、精神帮扶、心理健康、学业资助、实践支持、就业资助等在内的全方位、全过程育人体系，促进各民族学生成长成才。一是经济资助和精神资助相结合。建立完善"奖、勤、贷、助、减、免、补"七位一体资助体系，在全力保障经济资助的同时，成立学生资助"阳光工作室"，注重对学生进行感恩教育、诚信教育、励志教育，根据少数民族经济困难大学生在经济、学业、心理、成长等多方面的需求，采用个性定制方式，设计各色"资助包"，探索建立"全功能发展型"资助工作模式。2014 年我校向学生发放各类奖助学金 9400 多万元，开展资助教育成效显著，2013 年获"湖北省高校家庭经济困难学生资助工作先进基层单位"荣誉称号，2014 年获得财政部学生资助工作绩效考核评估全国 32 名，获拨绩效奖励 800 万，使我校的学生资助工作跃上一个新台阶。二是加强学生成长指导与心理健康教育。建立了心理委员、辅导员、学院学生成长指导与心理健康教育工作站、学校学生成长指导与心理健康教育中心四级工作体系，通过体育文化健心工作坊、民族音乐健心坊、民族舞蹈健心坊、心理健康教育中心开放日等多种形式，促进学生跨文化交流，帮助学生健康成长。三是为学业困难学生提供学业资助。2014 年学校成立学生学业发展中心，建立了校院两级学业发展中心，在已有学生奖学金制度基础上，针对学业落后学生，特别设立了"学业进步奖"，投入 100 多万元，专门用于学习困难学生学业帮扶和学业落伍学生学业发展奖励，并重点关注藏族、维吾尔族等边疆地区和小少民族学生学业困难问题。实施分级教学、学业预警、学业生涯规划教育，构建学生学业发展全过程支持体系。四是加强就业资助服务。学校对享受城乡居民最低生活保障家庭的毕业生给予一次性求职补贴 800 元，对经济困难的毕业生每人提供 300 元的就业援助金，对毕业志愿服务西部边远地区的学生实行生活补助政策。

（五）坚持队伍为先，提升能力、善于担当，为各民族学生成长成才保驾护航

大学生思想政治辅导员是大学生日常思想政治教育和管理工作的组织者、实施者和指导者，是大学生的人生导师与健康成长的知心朋友，一支优秀的辅导员队伍是做好少数民族大学生思想政治教育工作的重要保障。学校按照专兼职结合 1：200 的比例配备辅导员，其中专职辅导员按 1：400 配备，学校现有学生工作副书记 21 人，专职辅导员 71 人，兼职辅导员 43 人；辅导员中高级职称 2 人。学校把提升辅导员工作能力水平作为做好学生思想政治教育工作的第一要务。一是选拔优秀少数民族干部充实辅导员队伍，实现少数民族大学生思想政治教育工作中教育者与受教育者的思想"零距离"。近几年来，学校从本校优秀少数民族本科毕业生中，培养、选拔了 3 名政治可靠、素质全面、能力较强、热爱民族高等教育事业的维吾尔族毕业生和 1 名藏族毕业生留校担任专职辅导员，收到了良好的成效。他们当中的维吾尔族女辅导员玛利亚于 2014 年荣获"全国民族团结进步模范个人""2015 年湖北省青年五四奖章"。二是加大政工干部的培训力度，通过辅导员职业训练营、辅导员学术沙龙、学术骨干支持计划、辅导员工作精品建设支持计划、辅导员国内外进修交流计划、辅导员团队建设等十项措施，加快辅导员队伍专业化、职业化、专家化步伐。在学校教师教育发展中心下，设立辅导员职业发展中心，将辅导员队伍建设培训纳入全校教师队伍建设培训总体规划之中，大力提升辅导员培训专业化程度。三是建立学生学业辅导工作室。根据新时期学生工作新特点、新规律、新要求，学校根据学院特色及学生工作特点，组建了第一批包括"好巴郎""雁行""蓝途""小荷""阳光""熙力""石榴红""冈拉梅朵"在内的八个学生学业辅导工作室，推动学生工作和学业发展指导工作的专业化发展，通过辅导员工作室建设制度，既围绕中心、助力学生学业发展，又瞄准目标、提升辅导员学业指导能力，更形成示范，推动辅导员工作向专业化、专家化方向发展。四是完善政工干部队伍的考评激励体系。学校一方面在严格辅导员年度考核、学院学生工作考核的基础上，通过政工干部津贴、缺岗补贴、辅导员专项奖励等形式加大对政工干部队伍的物质激励。同时，探索建立学生工作"目标管理、责任清单"制度，对出现安全稳定事故的责任人和单位实行年度考核一票否决。同时，通过科研课题委托、学习交流培训、干部晋升等渠道为思想政治教育工作者提供发展激励。

（六）坚持主题导引，守住底线，把握命脉，突显民族团结教育引领作用

民族团结进步既是民族院校的工作底线，也是生命线。学校始终把民族

团结进步作为人才培养的主要内容和基本目标，始终遵循"三个特别"的人才培养总要求，出台一系列体制机制，有效保障民族团结教育进方案、进教材、进课堂、进头脑，切实做到全员、全程、全方位、全媒体推进民族团结进步教育。一是将民族团结教育课程纳入人才培养方案，构建了民族团结进步教育通识课、学科基础课、专业课、实践课四个课程模块，为少数民族大学生民族团结进步教育搭建平台。二是依托民族学一级学科博士点，以民族理论与民族政策这一国家级精品课程建设为重要载体，深入开展民族团结进步教育教学研究，进一步提升民族理论和民族政策教育教学水平，为少数民族大学生民族团结进步教育提供实践支持。三是设立国家民委属民族团结进步创建研究中心，建立省级少数民族大学生思想教育研究中心，成立校级民族院校大学生教育管理研究所，进一步加强民族团结进步创建教育专题研究，为提升少数民族大学生民族团结进步教育实效性提供理论支撑。四是丰富民族团结教育课堂教学形式，开发"民族团结"隐性课程，从理论政策修养、社会实践锻炼、跨文化交往交流等方面提升各族学生的"五个认同"意识。五是通过"成长守望计划"，搭建学生、领导、老师直接交流平台，打通学校干部与学生联结的"最后一公里"，实现学校干部与学生成长的"共同空间"和生活关怀及情感交流的"同频共振"。

（七）坚持创新示范，搭建平台、营造氛围，引领少数民族大学生思想政治教育提质增效

学校成立大学生创新创业中心、大学生创业就业教育研究中心，构建了全覆盖、分层次、有特色的创新创业教育体系，在全校形成了创新示范、创业榜样的良好氛围。一是鼓励学生开展学术研究，深化学生专业学习。2013—2014年全校本科生公开发表论文132篇：其中被SCI收录文章6篇，EI收录1篇，中文核心期刊发表31篇；共获专利80项。二是打造学科竞赛品牌，激发学生专业兴趣。2013—2014年学生获得省部级以上奖项919项，获得国家级奖项132项，其中一等奖15项、二等奖39项、三等奖42项、优秀奖36项。在"数学建模""电子设计""广告设计""智能汽车"等国际国内竞赛中形成了品牌。三是加强学生创业教育，推动学生全面发展。学校成立了"大学生创业就业教育中心"，开设了走进神奇的创业之旅、企业经营模拟等8门创业课程，开设直录直播创业视频公开课，实现创业教育模块化教学。组织"全球创业周"进民大、"青桐计划"·微路演、"青桐计划"进校园暨大学生创业政策宣讲、武汉市就业创业校园行等系列活动。四是搭建学生创业平台，促进学生走向实践。学校在北区学生公寓建设近1000平方米的"大学生创业

孵化基地"。目前，共有63个创业企业和创业团队提交创业孵化基地入孵申请，37家学生创业公司入驻，鼓励学生积极投身创业活动。目前在校学生注册公司30余家，吴琼同学的武汉狂享教育科技有限公司等12个项目获湖北省大学生创业扶持项目，资助金额34万元；刘顺利同学的武汉乐点科技有限公司等3个项目获武汉市高校毕业生创业资助项目。

（八）坚持骨干引领，培育精英、打造品牌

将体验式、参与式教育理念引入少数民族学生骨干培养过程，成立少数民族大学生骨干训练营、少数民族大学生成长训练营，以"三个特别"少数民族人才标准为指针，着力培养少数民族精英人才。一是严格选人标准。选拔了一批政治可靠、能力较强、富有人格魅力、发展意愿强烈、在学生中有影响力的少数民族学生骨干。二是科学设计培训体系。开展理论学习专题教育，制定读书计划，开展形势与政策讲座，增强营员大局意识与政策水平。三是加强实践锻炼培养。开展素质拓展、志愿服务、岗位模拟、时事专题调研、学生工作技能培训等，寒暑假组织营员学生前往新疆、西藏、宁夏等边疆民族地区进行实践走访和专题调查，增强营员责任意识与实践能力。四是拟定队歌、队训，让营员感受到学校与师长的关怀，感受到中华民族一家亲的温暖，在训练营的学习锻炼中快乐成长。少数民族学生骨干训练营已培养各民族学生骨干40多人，他们个人综合素质发展成效显著，并在一些突发事件应急处置中发挥了快速而准确的积极作用，成为学校维稳工作的中流砥柱，这种创新方式得到了教育部民族司调研组、湖北省教育厅的高度评价。北京市教委率60所在京高校前来我校学习少数民族学生教育管理经验；武汉市公安局组织省内相关高校在我校召开现场会议，学习交流少数民族学生教育管理经验。2015年，中央新疆办来学校调研，我校少数民族大学生教育管理经验得到新疆办领导的高度肯定，新疆办以工作简报的形式进行了专题介绍。目前，训练营已覆盖到全校各学院，被誉为民族学生精英的"摇篮"。

四、中南民族大学少数民族大学生思想政治教育的基本成绩

民族院校学生工作既具有一般普通高等院校学生工作的一般性规律，又具有自身鲜明的特殊之处，这种特殊性不仅来自民族院校教育对象的特殊性，也来自党和国家为民族院校确定的办学宗旨的特殊性，还来自民族院校自身发展的特殊规律。中南民族大学学生工作按照学校党委要求，充分尊重和遵循上述一般规律与特殊规律，推进学生工作创新发展，提升大学生思想政治

教育实效性和针对性。

（一）学生工作制度与平台框架基本确立

制度是保障，是工作的遵循。中南民族大学学生工作注重建章立制，在队伍建设、学生资助、日常管理、绩效考核、岗位激励等方面形成了较为完备的制度。一是出台了《中南民族大学关于进一步加强和改进大学生思想政治教育的意见》《中南民族大学关于加强辅导员班主任队伍建设的决定》《中南民族大学辅导员工作条例》和《中南民族大学辅导员工作考核办法》、中南民族大学《关于印发＜中南民族大学学生工作考核评估办法＞的通知》等一系列加强辅导员队伍建设和学生工作考核的文件，2012—2015 新出台资助政策文件 5 个，修订奖助学金文件 3 个，形成了"奖贷助补减免勤"七位一体的资助制度体系；出台学生学业帮扶与促进政策文件 8 个，初步形成了学生学业预警、帮扶、促进"三位一体"的工作体系。二是建立起了辅导员津贴、缺岗补贴、辅导员专项奖励、学习培训、学术骨干支持计划、精品项目建设等多种形式的政工干部队伍激励体系。三是不断完善学生手册，坚持一本手册管到底，不断探索学生工作"目标管理、责任清单"制度，对出现安全稳定事故的责任人和单位实行年度考核一票否决，形成了要求明确、责任落实、管理规范的学生日常管理制度体系。

学生工作平台建设日趋完备，为学生工作深入开展提供有力支撑。一是不断加强学生资助中心建设，加强资助育人力度，集励志教育、感恩教育、诚信教育三位于一体，探索建立全功能发展型资助工作体系。二是成立了学生学业发展中心，配套实施学生学业预警制度、学业发展辅导制度、导生团队制度，探索建立学业预警、学业帮扶、生涯指导制度，重点关注藏族、维吾尔族、彝族、壮族等边疆地区和人口较少民族学生学业困难问题，构建学生学业发展全过程支持体系。三是着力建设大学生心理健康教育中心，搭建大学生心理健康意识培育、心理健康知识普及、心理健康问题咨询、心理健康疾患应急四位一体的心理健康教育体系，更加注重对大学生心理健康意识培养与心理健康教育，少数民族大学生心理健康教育工作取得显著成效。四是设立学生信息科，依托数字化校园建设成果，加强学生行为数据分析、集成与研判，为客观分析学生心理行为规律、科学把握学生行为轨迹，提高科学支撑，提升学生信息分析与信息服务工作能力。五是创立了少数民族大学生骨干训练营、少数民族大学生成长训练营，在学校安全稳定工作中发挥了积极作用，探索的边疆与小少民族学生骨干的教育管理经验，受到上级部门的广泛好评。六是成立民族院校大学生教育教育管理研究所，聚焦学生成长，关注热点问题，回应现实关切，提供政策咨询，获得学校中央高校基金支持立项研究项目3项。

（二）学校"三育人""三全育人"工作不断深化

中南民族大学全面贯彻落实中发〔2004〕16号文件和国家民委《关于进一步加强和改进民族院校大学生思想政治教育的几点意见》以及全国加强和改进大学生思想政治教育工作座谈会、2014年中央民族工作会议、湖北省2015年高校学生党建工作会议精神，努力开创大学生思想政治工作新局面。切实把大学生思想政治教育工作摆在更加突出的位置，真正落实教书育人、管理育人、服务育人工作，充分发挥全体教职员工全员育人、全方位育人、全过程育人、全媒体育人的作用，全面加强学生的教育与管理。一是设计了成才导航工程，每年在全校学生中举办一次。根据各个阶段国家发展形势与发展战略，设定5~6个主题，充分依托马克思主义学院思想政治理论课教学平台和课程教学教师，探索建立理想导航、价值导航、职业导航、素质导航模式，在思想政治教育实践中提升思想政治教育实效性。二是实施成长守望计划，要求每位机关干部对口联系几名少数民族学生，在思想、学习、生活、成长、心理等方面全天候、全方位、全过程帮扶学生，关注学生健康成长，解决学生实际需求，建立机关干部对边疆民族地区、家庭经济困难等学生群体帮扶机制。三是设立学生事务综合服务大厅，集中为学生提供学籍证明、证书补办、奖助贷勤、心理咨询、选课指导、成绩查询、就业指导、校园网办理、活动审批等30余项服务，实现了学生事务"一站式"服务。四是成立学生学业发展中心，建立了学生学业预警制度，设立学习进步奖，帮扶学习困难学生，形成学生学业发展全过程支持体系。通过这些工作，学生工作基本形成了"教育、管理与服务三位一体""教书育人、管理育人和服务育人三位一体""学校考核、学院评估与学生评议三位一体""学生辅导员、班主任和学生干部工作三位一体"的四个"三位一体"工作机制，形成了全员育人、全过程育人、全方位育人的"三全育人"良好氛围。

（三）思想政治教育工作队伍建设取得新突破

中南民族大学学生工作坚持队伍为先，调整结构，提升能力。一是选拔优秀少数民族干部充实辅导员队伍。从2012年来，学校从本校优秀少数民族本科毕业生中，培养、选拔了一批政治可靠、能力较强的维吾尔族、藏族等民族本科毕业、硕士毕业学生留校担任专职辅导员，搭建少数民族辅导员与少数民族大学生沟通交流的良好桥梁和纽带，少数民族大学生思想政治教育关注收到了良好的成效。二是加大政工干部的培训力度，通过辅导员职业训练营、辅导员学术沙龙、学术骨干支持计划、辅导员工作精品建设支持计划、辅导员国内外进修交流计划、辅导员团队建设等十项措施，加快政工队伍专业化、职业化、专家化步伐。三是建立辅导员工作室，探索辅导员成长指导实践新途径。组建了"好巴郎""雁行""蓝途""小荷""阳光""熙力""石榴红""冈拉梅朵"在内的八个辅导员工作室，既助力学生学业发展，也提升辅导员大学生成长指导能力。四是开展辅导员理论教育与工作实践研究团队建设，根据学校学生工作实践需要，结合当前学生工作热点难点问题，在现有学校学工队伍基础上，组建学生工作团队，开展学生思想政治教育、日常行为管理、学生事务服务等共八个主题、专题研究团队，为学校学生思想政治教育、日常行为管理及事务服务等工作决策提供专题调研和政策咨询。五是实施辅导员队伍编制规划，探索建立"1+N"式辅导员发展晋升渠道。根据1:200 比例配备专兼职辅导员，保证学生工作力量充实，学校现有学生工作专职副书记 21 人，专职辅导员 71 人，兼职辅导员 43 人，学工队伍学历普遍较高，博士学历 6 人，硕士学历 62 人，本科学历 3 人。

（四）思想政治理论课主渠道主阵地作用更加凸显

学校充分发挥思想政治理论课主渠道主阵地作用，不断探索网络思想政治教育新阵地新途径。一是将社科部升格为马克思主义学院。2011 年初，正式成立了马克思主义学院，科学设置课程体系，经费保障到位，调整相关教研室，加强师资引进与培养。二是加强学科建设。2012 年，成立少数民族大学生思想政治教育研究中心，民族地区政策和社会发展研究中心、中国特色社会主义理论研究中心，并先后获批省级重点人文基地。马克思主义理论学科实力不断增强，在教育部全国第三轮学科评比中，马克思主义理论学科在参评学校中位列第 11 名。2013 年，马克思主义理论学科被评为湖北省重点学科。三是加强思想政治理论课教育教学，思想政治理论课四门主干课程全部建设成为精品课程，其中 2 门成为省级精品课程，2 门成为校级精品课程。四是强力推进教学改革，推行启发式、参与式、探究式、辩论式、体验式等教学方法，应用现代信息技术推行微课，开展多种形式的社会实践活动，通过这些扎实工作，学生对思想政治理论课教学效果满意度达到 90% 以上。

（五）网络思想政治教育平台建设取得新进展

当前大学生群体一个突出的特点就是网络化生存状态，充分利用网络等互联网工具，开展网络思想政治教育有着独特的效果与作用。学校高度重视网络思想政治教育平台建设，探索线上线下相结合的思想政治教育新模式。一是结合主题教育开设"南湖思政网"，研究新形势下大学生思想活动的新情况、新特点,创新网络思想政治工作的内容、形式、方法和手段。二是结合学生学习生活服务开设"学生地带"网站,为学生学习生活成长提高全方位服务。该网站荣获由教育部思想政治工作司、教育部中国大学生在线主办的第七届全国"百佳网站"荣誉称号。三是结合新媒体发展开设微信公众账号"资讯民大",以学生最喜爱、最便捷、最快速的方式服务于学生,该微信公众账号于2015年1月和3月在全国高校校务机构微信影响力排行榜上两度名列第一,关注人数突破20000人。

(六)民族团结进步意识不断深入人心

学校始终坚持贯彻"立德树人"的根本任务,牢牢抓住民族团结这一生命线,在"全员、全程、全方位"育人实践中弘扬社会主义核心价值观,构筑中华民族共有精神家园。一是把民族团结教育纳入人才培养方案,组建民族团结进步教育课程模块,开发"民族团结教育"党课团课等隐性课程,开展伴飞计划、民族团结进步创建进社区等活动,深化民族团结教育研究,出版专著《民族思想政治教育学导论》《大学生成才导航工程论纲》《少数民族大学生教育管理研究》,获得工作同行与学术界好评。二是把民族团结教育纳入"三全"育人体系中,建立健全了经济资助与精神育人相结合的资助体系和心理健康教育与危机干预体系,重点关注边疆及人口较少民族等学业基础薄弱群体,鼓励学生建立科研创新团队,为学生发展提供全方位、全过程支持。三是协同推进民族团结教育与核心价值观教育。把社会主义核心价值观融入反分裂教育和"中国梦"教育中,融入学生学习生活和校园文化建设中,为少数民族学生理想信念"补钙",为民族团结进步事业"铸魂"。

(七)社会主义核心价值观教育生动有效

社会主义核心价值观是当代青年的价值共识,是全体青年价值观念的"最大公约数"。中南民族大学结合校情特点,以社会主义核心价值观进寝室为载体,创新主题教育新形式,促进大学生思想政治教育提质增效。一是以社会主义核心价值观为引领,用中国梦的共同理想凝聚大学生,开展"青春践行十八大""与信仰对话"报告会、"百万学子追寻中国梦""我的中国梦"等主题教育实践活动百余场。以继承、弘扬和挖掘中华民族优秀传统文化为目标、以构建现代社会道德伦理体系为基点、以学生寝室为基本阵地开展核心价值观主题实践活动,举办主题辩论赛、寝室文化大赛、感动民大评选等各类线上线下活动,全校累计有3000余个寝室参与,掀起青年学生社会主义核心价值观教育实践热潮。二是建立实体团校,组建多元化、模块化的校院两级团校课程体系,深入实施"青年马克思主义者培养工程",近年来,先后有

3000 多名团学干部接受马克思主义理论培训。选送 1 名学生参加全国大骨班学习、3 名同学入选"青马工程"培训班、3 名学生参加团省委荆楚英才培训班。三是培育先进典型，用榜样带动大学生向上向善。涌现出"2013 中国大学生自强之星""全国十佳支教老师"志愿服务明星马晓岸，全国优秀共青团员、"2011 中国大学生自强之星""2009 湖北大学生年度人物"陆居权，全国第九届志愿服务优秀个人葛上卿，"湖北省首届向上向善好青年"李军等少数民族学生典型。

（八）资助育人、教育均衡、心理健康教育不断推进

中南民族大学历来高度重视少数民族学生党员发展教育和大学生心理健康教育以及贫困生资助帮扶等工作。一是"奖、贷、助、补、减、免、勤"七位一体的资助体系不断完善，并根据学校学生中来自西部地区、边远山区学生比例较大的实际，逐年增加学生资助投入。2011—2015 年，相继出台了《中南民族大学学生救助基金管理办法（试行）》《中南民族大学学费减免管理办法（试行）》《中南民族大学校内无息借款管理办法（试行）》《中南民族大学临时困难补助管理办法（试行）》和《中南民族大学新疆籍少数民族家庭经济困难学生资助金管理办法（试行）》。2014 年，争取国家拨款 56.7 万设立预科助学金，每年资助面覆盖 50% 预科学生。二是大学生心理健康教育工作成效显著。2013 年成立了学院心理健康教育工作小组及工作工作站，心理健康教育工作组织体系进一步完善；2013 年 11 月，获批建设湖北省高校心理上健康教育示范中心项目，心理咨询中心更名为心理健康教育中心，成为我校心理健康教育和心理咨询专职机构，2014 年在北区学生宿舍区建立心理健康教育活动室，2011 年获湖北省心理健康优秀成果二等奖，2014 年获三等奖、优秀奖。长期坚持开办政工干部心理咨询能力培训班，先后 40 余名辅导员获得国家心理咨询师证书。

五、中南民族大学少数民族大学生思想政治教育的基本经验

中南民族大学少数民族大学生占 60% 以上，是学生群体的重要组成部分，也是做好学校思想政治教育工作的重点和难点，学校党委高度重视少数民族大学生的思想政治教育工作，始终坚持把民族团结教育作为学生思想政治教育工作的主线和核心，把营造"平等、团结、互助、和谐"的社会主义新型民族关系作为各项工作的重中之重，在 60 多年的办学实践中，凝练和形成了少数民族大学生思想政治教育工作典型经验。

（一）少数民族大学生思想政治教育必须把民族团结教育放在最高位置

习总书记在 2014 年中央民族工作会议上强调，要培养"三个特别"的人才，这是新时期党中央对民族高等教育的新要求，也是对民族院校党建和思想政治局教育工作提出的新使命。学校党委紧紧围绕这一新时期人才培养的根本任务，牢牢抓住民族团结这一生命线，在"全员、全程、全方位"育人实践中弘扬社会主义核心价值观，构筑中华民族共有精神家园。

1. 完善人才培养方案，为民族团结教育"立法"

学校将民族团结育纳入人才培养方案中，为学校教育教学制定"基本法"，占领民族团结教育主渠道主阵地。同时，在校园文化活动中开发民族团结隐性课程，在田野调查、社会实践活动中加强师生民族团结的实践锻炼，在深化民族团结教育研究中发挥民族院校的民族团结教育示范作用。一是建设民族团结进步教育课程模块。开设民族理论与民族政策、中国传统文化等通识必修课，中国少数民族文化、中国少数民族经济等公共基础课和民族史、宗教史等专业课程，加强对各民族大学生的民族理论和民族政策教育。二是开发"民族团结教育"隐性课程。把校史校情、民族文化等纳入党课团课中，增强各族学生的民族团结意识。三是打造民族团结教育实践平台。组织学生深入民族地区进行社会实践，实施伴飞计划，民族团结进步创建进社区等。四是深化民族团结教育研究。整合马克思主义、民族学等学科资源，建设了民族团结进步创建活动研究中心和少数民族学生思想政治教育研究基地。

2. 建立"三全"育人体系，为民族团结人才培养"立命"

学校少数民族学生占 60% 以上，家庭经济困难学生占 30%（其中特困生比例 20% 左右），心理压力较大学生占比较高。学校始终坚持以学生为本，构建全员、全程、全方位的育人体系。一是确保学生安心向学。建立健全了经济资助与精神育人相结合的资助体系和心理健康教育与危机干预体系，确保没有一个学生因家庭经济困难或心理压力过大而失学。二是确保学生学之以恒。重点关注边疆及人口较少民族等学业基础薄弱群体，实施分级教学；建立学业发展中心，帮助他们提振学业，树立信心；设立"学业进步奖"，奖励学业进步学生。三是确保学生学有所长。鼓励学生成立科研团队、创新工作室，参与创新训练和科学研究，提高创新精神与实践能力。四是确保学生学有所成。深化就业创业教育，建立大学生就业创业实训平台，开办职业训练营，举办优秀毕业生论坛，举办就业创业沙龙，建设大学生创业孵化基地等，鼓励学生创想、创新、创造、创业、创富。

3. 创新思政教育载体，为民族团结进步创建"立心"

学校党委把社会主义核心价值观融入反分裂教育和"中国梦"教育中，融入学生学习生活和校园文化建设中，为各民族学生理想信念"补钙"，为民族团结进步事业"立心"。一是融入反分裂教育，坚守民族院校价值底线。二是融入"梦想"教育，把"中国梦"教育与"民大梦""发展梦""团结梦"教育相结合，塑造民族大学价值愿景。三是融入学生学习生活，开展家史家训调查、社会主义核心价值观主题寝室评选，举办喜闻乐见的民族美食文化节、"光影图绘"主题画展、"青春励志"微电影大赛等主题活动，让社会主义核心价值观内化于心、外化于行。四是融入文化校园建设，建设"民族团结进步创建专题网"、微博微信平台、民族大团结主题校园景观等教育载体，举办"大学生民族团结进步论坛"，"民族团结教育活动月""中小学生民族教育开放周""中华民族文化周"等教育活动，使民族团结教育真正入脑入心。

4. 培育民族学生骨干，为中华民族伟大复兴事业"立人"

习近平同志指出，"做好民族工作，最关键的是搞好民族团结，最管用的是争取人心"。学校创新学生教育管理模式，成立少数民族学生骨干训练营，选拔少数民族骨干教师，着力培养少数民族精英人才。一是严格选人标准，挑选在学生中具有影响力的少数民族学生骨干入营。二是精心设计培训课程，开展多民族国情教育、爱国主义教育、民族团结教育、党史党情教育。三是注意实践锻炼培养，提升营员领导能力与组织能力，增强营员责任意识与实践能力。四是培育和谐团队文化，校领导亲自参与营员文化活动，凝练"崇德明辨、义理华章"队训，确立《砥砺青春振中华》队歌，培育民族团结文化。骨干训练营在突发事件应急处置中发挥了快速而精准的积极作用，少数民族学生骨干训练营员成为学校维稳工作的中流砥柱，被誉为各民族学生精英的"摇篮"。

（二）少数民族大学生思想政治教育必须有一个正确的工作理念

思路决定出路，站位决定定位。做好少数民族大学生教育管理工作，尤其需要有一个正确的工作理念。即：少数民族"不在少数""走向融合""重在平等""难在发展"。

1. 不在少数

少数民族"不在少数"是基本定位，是工作的出发点。少数民族之所以叫少数民族，主要是按人口数量来定义，并不说明它的作用小，更不能说明它的贡献少。习近平总书记在 2014 年全国民族工作会议上明确指出：多民族是我国的一大特色，也是我国发展的一大有利因素。祖国 960 万平方公里陆地面积中，155 个民族自治地方占 64%，全国 2.2 万多公里陆地边境线中 1.9 万公里在民族地区，是包括少数民族在内的民族地区各民族人民群众像钉钉子一样牢牢地守护在祖国的边境线上；民族地区还是我国重要的资源富集区、水系源头区、生态屏障区和文化特色区，民族地区森林资源蓄积量占全国 47%，草原面积占全国 75%，水力资源蕴藏量占全国 66%；有鉴于此，总书记在讲话中饱含深情地指出：只有了解了这个"家底"，才能真正了解我国的基本国情，懂得民族工作有多重要。中南民族大学在校学生中包含了 56 个民族的各族学子，其中少数民族学生占 60% 以上，来自全国 31 个省市区，其中来自边远地区少数民族大学生 6519 人，来自 28 个人口较少民族的学生 355 人。把他们努力培养成我国中国特色社会主义事业合格建设者和可靠接班人，是民族高校的光荣使命和神圣职责。

2. 走向融合

"走向融合"是大势所趋，是发展脉络。马克思主义认为，民族是一个历史范畴，人类最终必将走向民族大融合。促进各民族交往交流交融，是新时期我国民族关系的一个新特点，是在新的历史条件下我国民族关系越来越突出的发展趋势，也是党中央首次提出的"衡量民族工作成效的重要标准"。因此，培养少数民族人才，做好具体的民族工作，就必须准确把握好各民族交往交流交融的历史方向，尊重差异、包容多样，通过扩大各民族大学生之间的交往交流交融，创造各民族同学共居、共学、共事、共乐的条件，让各民族同学在民族大学校园这个多民族大家庭中手足相亲、守望相助。

3. 重在平等

"重在平等"是基石。平等、团结、互助、和谐是我国社会主义新型民族关系的经典概括，是我们党在中国特色社会主义革命、建设和改革实践以及民族工作实践中总结出来的伟大成果，其中，平等是基石，团结是主线，互助是保障，和谐是本质。民族平等是马克思主义的基本观点，在我国，民族平等内涵丰富，主要是指：我国各民族不论人口多少，居住地区大小，经济发展程度如何，语言文字和宗教信仰、风俗习惯是否相同，社会地位一律平等，享受同样的权利，也承担同样的义务。民族平等不仅指汉族与少数民族一律平等，还指各少数民族之间也一律平等。同时，民族平等还重点指任何民族都没有特权，任何民族的权利也没有被限制。在我们的大学生日常教育管理工作中，掌握这一政策基石，尤为重要。在当前民族问题越来越复杂的国际国内环境下，准确理解这一民族关系实质，尤显必要。也只有在这一民族政策基石的基础上，我们才能准确处理日常管理中出现的问题，特别是正确而妥当地处理涉及各民族同学之间的矛盾纠纷问题时，这是一条必须牢牢坚守的政策底线。

4. 难在发展

"难在发展"是考量。习总书记在中央民族工作会议上用五个"并存"对当前民族工作面临的阶段性特征做出了深刻阐述，其中就包括"民族地区经济加快发展的势头与发展低水平并存，国家对民族地区支持力度持续加大和民族地区基本公共服务能力建设仍然薄弱并存"。总体来看，我国民族地区经济基础依然较弱，自我发展能力不强；物质、文化、教育等贫困问题依然突出；社会文化事业发展滞后，教育投入不足，文化生活贫乏等等。加快发展依然是我国民族地区当前最主要的大局。民族地区基础教育一样异常薄弱，广大来自民族地区的大学生普遍面临着比一般大学生多得多的学习困难和成长困惑，特别是生活习俗、文化心理上的不适应，更是进一步放大了广大少数民族大学生的学习生活发展困难。进一步采取切实有效的措施，提升少数民族大学生的学习能力和科学文化知识水平，是对于民族院校的一种政治考量。

（三）少数民族大学生思想政治教育必须有一个准确的工作把握

在长期的少数民族大学生教育管理工作实践中，我们认为要做好少数民族大学生教育管理工作，必须把握好以下四点。

1. 特别但不特殊

由于不同的成长背景、历史文化传统、生活习俗、教育基础、民族心理等，少数民族大学生不同于一般普通大学生，有着自身的特别之处。但不论哪个民族、来自哪一个地方，在大学校园里，他们都共同拥有一个相同的、统一的身份——大学生；他们都有一个共同的使命任务——健康成长，成为中国特色社会主义事业的合格建设者和可靠接班人；都有一个共同的行为约束规范。所以，我们长期以来始终坚持"一本手册管到底"，绝不搞任何特殊，在任何一个民族的民族节日里，我们都始终坚持各民族同学各自拿出本民族的文化精品节目，彼此交流、一起庆贺、相互欣赏，真正做到"各美其美、美人之美、美美与共"。

2. 关爱但不溺爱

在民族工作中，人心比金子还珍贵，民族高等教育工作是民族工作的重要组成部分。习总书记在 2014 年 9 月 9 日同北京师范大学师生代表座谈时的讲话中指出："做一个好老师，要有理想信念；要有道德情操；要有扎实学识；要有仁爱之心。"仁爱之心是一位好老师的核心素质，基本保证。"爱是教育的灵魂，没有爱就没有教育。好老师应该是仁师，没有爱心的人不可能成为好老师。"爱是教育永恒的主题，只有真心真意真情真诚关爱学生，才能让学生"亲其师"而"信其道"。对于广大少数民族大学生，关爱尤其重要。但中国传统文化有道"严父出孝子、慈母多败儿"，关爱不能溺爱，更不能"宠爱"。我们的关爱只能是当我们面对广大少数民族大学生的学习生活需求时，倾其所有，尽其所能；而不是放松要求，更不是放松管理，否则一样会"失之于松""失之于宽""失之于软"。

3. 重点但不污点

根据马克思主义重点论与普遍论原理，在管理工作的关键节点、重要时段、敏感时期，应该有明确的工作重点，也只有牢牢而准确地抓住了重点，我们的管理工作才能不出现"瞎子摸象"的状况和"踏空"的现象。但绝不能搞"标签化"、更不能搞"污点证人"，我们必须时刻牢记和把握我们从事的是天底下最美好的事业——人民教育这一基本立场，为所有受教育者营造一个宽松有序、积极向上、健康和谐的环境，是教育的天职，更是办人民满意的民族高等教育的关键。

4. 骨干而不盲干

培养一支"政治可靠、品德高尚、能力突出、学习优秀"的骨干队伍，是我们教育管理工作的重要保证，只有有了这样一支队伍，我们的教育管理才会底气十足，才可能准确掌握真实情况，才能够在关键时刻把控局面，才不会出现盲干现象，使我们的工作、措施、办法行之有效，对症下药、开出良方、手到病除，才不会出现"灯下黑"现象，才不会在关键时刻盲目、茫然、盲干。

六、中南民族大学少数民族大学生思想政治教育创新思考

民族院校大学生思想政治教育工作在维护民族团结和社会稳定、推动民族地区经济社会发展和培育各民族高级人才等方面都发挥了不可替代的作用。中南民族大学面对新常态、新特点、新需求，深入分析经济社会新需求、高等教育发展新规律、民族高等教育新特点，提出了"三基地一窗口"的新的学校发展总目标：培养各民族高素质人才的重要基地、研究我国民族理论和民族政策的重要基地、传承和弘扬各民族优秀文化的重要基地、展示我国民族政策和对外交往的重要窗口。学生思想政治教育也应在践行学校办学宗旨、提升思想引领水平、增强网络思想教育实效性、促进学生工作国际化等方面发挥更大的作用。

（一）形势研判

1. 高等教育发展竞争步入"新常态"

从人才培养的中心任务看，高校主导的供给驱动逐渐向社会主导的需求驱动转变，高校人才培养模式亟待调整；从社会服务的大学功能看，高校从支持服务角色向服务与引领同步转变，高校日益走向社会的中心；从高校发展竞争手段看，高校外延发展让位于内涵发展与特色发展，拼质量、拼内涵已成不二选择；从高校学生思想政治教育工作看，从注重大学生管理向学生教育、服务和管理并重转变，提升大学生思想政治教育质量成为关注焦点。认识新常态、适应新常态、引领新常态已经成为高等教育新的主旋律。

2. 学生思想政治教育注入"新内涵"

在教育定位方面，学生思想政治教育由"合格"基线向人才培养质量"提升"转变，"引领"的地位日益提升；在教育主体方面，传统教与学的界限日益模糊，教师主导、学生主体格局逐渐形成；在教育内容方面，社会主义核心价值观教育、民族团结进步教育从认知转向情感行为深度融合，并不断走向大众化、生活化；在教育方式方面，网络思想政治教育由过去的人际教育辅助手段转向人际教育与媒介教育并重格局，全媒介教育已经到来；在教育评价方面，思想政治教育效果由定性评价向定性与定量评价相结合转变，学生成长成才成为各项教育的共同旨归。学生思想政治教育的重构与创新已经成为高校思政工作的时代主题。

3. 民族院校学生工作面临"新挑战"

在工作理念上，"全员、全方位、全过程、全媒体"育人的教育服务管理理念还没有形成高度共识；在管理方式上，二级管理机制尚未形成，学生事务管理科学化水平亟待提高；在工作方法上，还过于依赖经验、过于拘囿传统、过于强调灌输、过于注重形式等，新媒体、辅导技术的应用与创新不足；在工作内容上，要重点关注边疆和人口较少民族学生学业发展帮扶、家庭经济困难学生立体资助、心理健康教育普及化日常化、反分裂反暴恐等安全稳定管理等。在工作对象上，学生民族多样、地域差别、家庭分层、文化多元、心理差异、兴趣不同，民族院校学生工作正面临来自学生多元需求、社会多元需求的内外双重压力。

4. 学校学生教育管理提质升档面临"新机遇"

一是 2014 年中央民族工作会议上，习近平总书记明确提出要培养"明辨大是大非的立场特别清醒、维护民族团结的行动特别坚定、热爱各族群众的感情特别真诚"的各民族优秀人才，这要求我们要进一步提升教育管理服务质量、培育符合"三个特别"人才要求的新时代民族工作骨干。二是学校第七次党代会，明确提出了"两个一百"的奋斗目标（即：在学校建校100年时实力排位进入全国前100名），这为学生工作精进提质指明了方向。三是以贯彻落实"四个全面"战略为指导，学校全面推进教育综合体制改革，为学生工作机制改革提供了良好的环境。四是学校正在制定"十三五"发展规划，为学生工作未来一段时间的发展提供了指针。

（二）差距不足

1. 教育理念：缺乏一以贯之的学生工作理念

传统的"三育人""三全育人"理念，在汇聚育人共识，整合教育资源等方面发挥了积极的作用。但这些理念多以学校为主体、部门为主体、教育者为主体，忽略了学生主体作用的发挥。在以学生为本的教育新常态下，迫切需要凝练符合学生需求、契合校本特征、融入时代特色、凸显超越精神的新的思想政治教育及学生工作理念。

2. 管理机制：学生工作现代治理有待深化落实

以科层体制为纵贯线的行政命令式的教育管理模式，虽然有高效迅速的优势，但已经很难适应高等教育大众化时代多元化背景、多样化需求的要求。在高校日益走进社会中心的时代，在以社会需求为导向日益明朗的当下，学生工作既需要在职能部门、学院的二级矩阵机构中探索二级管理新模式，也迫切需要探索去中心化、去行政化的网络联结机制，推进学生工作现代治理体系的构建和治理能力的培育。

3. 队伍建设：辅导员队伍三化水平亟待提升

在高等教育内涵发展、人才竞争格局中的思想政治教育质量竞争，核心是辅导员队伍质量的提升。民族院校学生工作队伍承担的特殊使命与特殊任务，需要辅导员队伍建设在安全稳定底线、民族工作宗旨、高等教育使命之间踩好节奏、踏好步调、寻找均衡，努力探索特色鲜明的辅导员队伍专业化、职业化、专家化建设道路。

4. 工作品牌：学生工作品牌与特色有待彰显

民族院校学生工作不仅在中国高等教育、民族教育方面有其特殊的地位，甚至在世界范围内少数族裔教育公平与正义的探索中都具有积极的意义。以历史的眼光、中国的立场、世界的胸怀，搭建工作平台，培育工作品牌，讲好中国故事，抒写民大情怀。

（三）发展设想

1. "不忘初心"：服务党的民族工作宗旨

结合新时期民族院校办学宗旨实践，加强以政治素质建设为核心的辅导员队伍建设水平；加强学生党建工作，特别是少数民族党员的教育、引导和发展工作，要单列计划、重点培养、过程支持、注重成效；协同推进学科知识教育、公民常识教育与博雅通识教育，推进社会主义核心价值观教育的生活化、大众化，牢牢把握少数民族大学生思想政治教育的领导权、主导权和管理权。

2. 从 "0" 到 "1"：培育各民族骨干精英

发扬延安民族干部学院精神，坚持艰苦奋斗，高扬理想信念旗帜，着力培养各民族领袖人才；通过拔尖创新人才培养、少数民族骨干培养，提升各族大学生的政治意识、精英意识、使命意识和担当精神。

3. 顶 "天" 立 "地"：促进民族地区全面发展

加强少数民族地区经济社会发展人才需求的分析和研究，着力培养回得去、留得下、用得好、信得过、靠得住的各民族大学毕业生；通过民族地区社会实践、志愿活动、辅导员边疆家访行动等，接续民族文化传统，培养大学生民族感情，增强大学生社会责任意识。

4. "中" "西" 合璧：树立国际教育文化自信

一方面要学习西方先进高校的办学理念、办学经验，通过案例研究、比较研究，借鉴先进成果，提升民族高校学生教育管理服务水平。二是发挥民族院校在世界高等教育中的独特性与榜样示范效应，在国际交流、文化交流中推进民族文化软实力建设，树立民族院校教育文化自信。

5. "互联网＋思想政治教育"：推进网络思政教育工作

继续建设好学校 "南湖思政网" "学生地带" 等专题网站；进一步推进 "资讯民大" "出彩辅导员" "ZNMD 资助管理中心" 等微信公众号建设，持续扩大这些新媒体在学生中的影响；充分利用这些网络思想政治教育平台和资源，凝练主题、深化内容、鲜活形式，形成网上网下联动，努力打造 "互联网＋大学生思想政治教育" 的新格局。

"互嵌" 文化引领下 "三个特别" 各民族优秀人才培养路径

作为一个多民族国家，民族工作始终是关系党和人民事业发展全局的一项重要工作。民族院校是高等教育的有机组成部分，办好民族院校、发展民族高等教育，是推动民族团结进步事业发展的重要内容。中南民族大学自创办以来，不忘初心，始终坚持面向少数民族和民族地区、为少数民族和民族地区服务的办学宗旨，秉承"笃信好学，自然宽和"的校训精神，坚持遵循高等教育普遍规律与民族高等教育特殊性相结合，创新少数民族人才培养工作，把培养各民族优秀人才作为办好民族高等教育的出发点和责任使命。形成了坚持以人为本与服务社会相结合，面向全体学生、促进全面发展、引领人生生涯的"全人教育"理念。坚持遵循高等教育普遍规律与尊重民族高等教育特殊性相结合，创新少数民族骨干人才培养工作，把培养"明辨大是大非的立场特别清醒、维护民族团结的行动特别坚定、热爱各族群众的感情特别真诚"的各民族骨干人才作为我们办好民族高等教育的根本出发点和归结点。

一、聚焦民族团结进步教育，探索全体全面全生涯的"全人教育"

民族团结是社会和谐稳定、国家长治久安的根本保证。在大学生中开展民族团结进步教育，就是要各民族大学生更加深刻地认识自己的历史使命，勇于要担当起维护民族团结和国家稳定的神圣使命。我校将民族团结进步教育与"全人教育"相结合，探索着各民族学子全面成长、全面发展的新途径。

（一）坚持办学方向和办学宗旨，突出民族团结进步教育

在 60 多年的办学过程中，学校坚持社会主义办学方向，为党和国家的民族工作服务，以民族团结进步教育为核心，以"止于至善"为追求，确立了"独立思考、善于沟通、勇于担当、自然宽和、家国情怀、国际视野"的中国特色社会主义事业建设者和接班人的培养目标。特别是在思想政治上，突出民族团结进步教育，加强马克思主义世界观、人生观、价值观、民族观、宗教观、文化观和祖国观教育，使他们树立建设中国特色社会主义的共同理想和维护祖国统一、民族团结的坚定信念，使他们政治立场坚定、明辨大是大非。我校学生来自 31 个省市自治区的 56 个民族，他们呈现出成长背景多元、学习能力多元、文化样态多元、价值诉求多元、发展愿景多元的特征。为此，学校努力构建具有时代特征和民族特色的人才培养体系，培养适应民族地区和社会发展需要、具有民族团结进步意识、民族政策水平和民族工作能力，回得去、靠得住、用得上、留得下、扎得住、干得好的应用型、复合型、创新型人才。

（二）践行"全人教育"理念，确保民族团结进步教育落到实处

"全人教育"理念的主要内涵包括三个方面：一是坚持以人为本的人才观。

不仅着眼于学业生涯的全过程管理，也着眼于学生人生生涯的价值观培育。二是坚持平等民主的学生观。不论民族、地域、阶层、宗教信仰等，管理趋同，爱无差等，全面包容。三是坚持全面均衡的发展观，倡导学生德智体美全面发展、特色发展，支持学生自主发展、自由发展，促进各民族学生共同发展、均衡发展。为了使"全人教育"理念落到实处，学校高度重视全体教职员工特别是思想政治教育工作者的民族团结进步教育。每年，学校都通过新进人员集中培训、干部教师民族理论与民族政策学习等活动，组织引导广大干部教师走进少数民族地区，了解少数民族和民族地区，在民族地区接受思想教育，增强教职员工民族团结进步教育的责任感与自觉性，确保民族团结进步教育工作的针对性和实效性。使广大教职员工在教书育人、管理育人、服务育人、全员育人、全方位育人、全过程育人中更好地体现民族团结进步教育。

（三）加强主阵地建设，组建民族团结课程模块

把民族团结进步教育纳入学校人才培养方案，设置了民族团结进步教育的通识教育、学科基础、专业平台、实践平台4个课程模块，开设民族理论与民族政策（国家精品课程）、中国传统文化等通识必修课，中国少数民族文化、中国少数民族经济等公共基础课和民族史、宗教史等专业课程，系统加强对各民族大学生的民族理论和民族政策教育。同时整合学校马克思主义、民族学等学科资源，建设了民族团结进步创建活动研究中心和少数民族学生思想政治教育研究基地，《民族院校国家认同教育教学改革的理论与实践》获国家级教学成果二等奖，《中国共产党与民族文化建设研究》入选《国家哲学社会科学成果文库》,《民族思想政治教育学导论》《大学生成才导航工程论纲》《少数民族大学生教育管理研究》等著作为少数民族大学生骨干培养提供了科学的方法论指导。

（四）浓郁"自然宽和"文化氛围，厚植民族团结隐性教育

以自然宽和校园精神为核心，开发"民族团结教育"隐性课程，把校史校情、民族文化等纳入党课团课中，把"中国梦"教育与"民大梦""发展梦""团结梦"教育相结合，塑造中南民族大学师生价值愿景。通过民族团结进寝室主题教育、"光影图绘"核心价值观教育主题画展、"青春励志"微电影大赛、《额吉》话剧等主题活动，让民族团结意识内化于心、外化于行、融化于众、凝化于魂。建设"民族团结进步创建专题网"、微博微信平台、民族墙主题校园景观等教育载体，举办"大学生民族团结进步论坛""民族团结教育活动月""中华民族文化周"等教育活动，使民族团结教育真正入脑入心。

二、打造学生成长支持体系，促进各族师生全面交往交流交融

学校把民族团结进步教育工作融入学生成长全过程，从学生全面性发展与整体性发展出发，构建朋辈交往、生活互嵌、民主交流、师生交融的全员交往机制和文化交流、学业交流、学术交流、创新交流的全领域交流机制，通过全媒介的方式嵌入学生发展全过程中。

（一）促进全员交往，构筑共同成长空间

一是促进学习生活朋辈互嵌。学校在招生过程中引导少数民族学生积极填报应用型、工程类学科专业，促进各民族学生学业互嵌、均衡发展。统筹民族因素与区域因素，坚持混合编班、分散居住制度，开展民族团结主题教育进寝室"十一同"，组织"五彩寝室""最美寝室"评选活动，促进各民族学生生活互嵌、和睦相处。实施学长制，制定《赢在民大》新生成长手册，实施"新生成长训练营"，通过优秀学长示范、新生成长训练，促进各族学生年级互嵌、团队发展。

二是促进师生成长常态交流。学校继承弘扬师生交流的优良传统，在机关干部联系班级制度基础上，实施了干部联系 1~2 名边疆和人口较少民族学生的"成长守望"计划。各学院开展师生午餐会、教师工作坊、师生下午茶、就业指导趴、创新咖啡吧等活动，形成了师生常态化互动交流机制。

三是促进学生参与民主治校。学校每学期开学、期中都要举办学生代表座谈会，设立校领导接待日，开辟校长、处长、院长信箱，定期听取学生关于教育管理服务的意见建议。学校还设立了学生生活与权益保障委员会、学生提案委员会、宿舍自律委员会、安全保卫委员会等学生自治组织，沟通学校各单位，优化学生成长环境。

（二）促进全领域交流，培育多元一体文化

一是培育"美美与共"文化。学校每年举办民族文化节、茶马古道民族文化节、各民族美食文化节等活动，同时邀请各民族学生共同参与"三月三"、古尔邦节、诺鲁孜节、藏历新年、春节等重要节日，每年吸引校内外 2 万多人次参加，促进各民族文化互相欣赏，培育各民族各美其美、美美与共的文化氛围。

二是培育"笃信好学"学风。学校坚持学业、毕业标准统一，"一把尺子量到底"，在全校范围形成了统一的学业质量观。坚持学业学术诚信污点终身记录，定期举办考风考纪培训会，培育诚信学风考风。定期举办国际教育项

目、交换生项目、考研就业、公务员考试等经验交流会，特别是开展"三支一扶""特岗讲师计划""西部计划"等专题教育活动，引导学生树立为民族工作服务的学习志向，引导学生到西部去、到边疆去、到民族地区去建功立业。

三是培育"四创"文化。学校定期举办南湖大讲堂、调查中国、民族学术论坛等学术交流活动，邀请学术名家、科研明星来校交流学术前沿，出版了《南湖听涛》民大讲座系列书籍。定期举办创新训练项目年展、创业导师讲坛、"青桐计划"进校园、"比度克"大学生创业英雄汇等创新创业交流活动，营造了创意、创新、创造、创业的新文化。

（三）增进全媒介互动，讲好民大成长故事

一是整合媒介注重互动。学校整合报刊电台、横幅、宣传栏、宣传板、易拉宝等传统媒介，大力应用网络媒介、移动新媒体，贴近人才培养中心工作，贴近学生成长成才需求，贴近学生学习生活，加强信息采集、加工与立体传播，力求准确、及时、便利、平等、互动。"学生地带"等网站获全国高校百佳网站。

二是宣传教育入脑入心。学校结合学生成长需求设立了学校官方微信、校务机构微信等一系列新媒体，"资讯民大"微信公众号有粉丝 3 万多人，多次排名全国同类账号第一。学校还推出了"小和""小美""双子星"等卡通人物形象，推进宣传教育工作人格化、生活化。

三是讲好故事触动心灵。学校开展了"寻访最美校友""感动民大""自强之星""向上向善好青年"和"教书育人标兵、先进个人""三育人标兵""十佳青年教工""优秀辅导员"等主题实践和先进典型评比活动，让优秀校友、优秀学生、优秀教工讲述奋斗历程，分享成长经验，激发前进动力。

三、构建学生成长服务体系，培养各族学子成人成长成才

学校少数民族学生占比达 60%，其中边疆及人口较少民族学生占比近 19%。学校学生家庭经济困难占比近 40%，其中特别困难的学生占比近 10%。从生源背景、成长背景、学习基础等方面看，他们当中还有"内高班""民考汉""民考民""宗教信仰""留守儿童""外语零基础""计算机零接触"等差别，成长背景、学习能力、学业基础、发展资源等差异极大。让每一个学生能安心学习、顺畅学习、正确学习和快乐学习是学校最核心也是最日常的任务。

（一）强调价值引领：不让一个学生因思想困惑而错位

一是继承文化价值传统。开展以"笃信好学、自然宽和"为核心的校园精神教育，在新生训练营、典礼仪式、校庆日等活动中阐释校训内涵，诵读

校训铭，奏唱校歌，继承弘扬学校民族团结进步的价值传统。开展家史家风家训调查实践活动，让学生了解家庭发展变迁、家人心路历程、家国互动历史，增进学生与家人情感交流，激发奋发向上动力，培育家国情怀。

二是引导自主价值定位。开展 Your'系列价值观教育，通过Your Life——生活价值观调查、Your Team——朋辈价值观调查、Your Profession——职业价值观调查，让学生在调查中自主发现各民族大学生的价值特征，自主建构新时代大学生价值谱系，自我定位价值发展目标，引导学生树立健康生活、团结协作、敬业守德的价值观念。

三是开展榜样示范教育。注重树立"身边的榜样"，分类培养成长成才典型人物，通过毕业生论坛、勤工论坛、国奖标兵专刊、"共度大学美好时光"等专题访谈活动，树立学习进步榜样、志愿服务榜样、自立自强榜样、创新创业榜样。寻访长期扎根民族地区、奉献民族工作的校友，采编最美校友风采录，引导激励各族学生树立服务民族团结进步事业的成功观。

（二）落实资助育人：不让一个学生因经济困难而失学

一是实施精准识别。学校一方面运用数字化校园成果，运用大数据分析，对消费数据、奖助数据、家庭背景等数据进行多维度分析，建立最低消费与高额消费预警，建设家庭经济困难学生动态数据库。另一方面通过"辅导员边疆行"家访、家庭经济困难学生"同城互访"、赴民族地区发放高考录取通知书、看望基层就业毕业生等活动，走访困难学生家庭特别是家庭经济困难的边疆少数民族学生，增进家校协同，做到精准识别、精准帮扶。

二是开展精准资助。学校建立了奖、贷、助、补、减、免、勤七位一体的资助体系，确保家庭经济困难学生资助全覆盖，近三年每年资助金额接近1亿元，占学校学费的11%。同时，还针对新疆籍学生困难面大的现实情况，设立了新疆学生专项助学金制度。拓展社会资助资源，设立了专门针对贵州籍、福建籍家庭经济困难学生的奖助学金，设立了新闻专业、化学专业等专项奖学金。因资助工作绩效突出，2013年、2014年、2015年分别获得教育部资助工作绩效专项奖励800万元、1000万元、1200万元。

三是拓展发展资助。学校构建了经济资助、精神帮扶、心理健康、学业资助、实践支持、就业资助等全方位、全过程的发展型资助育人体系。成立阳光工作室，把经济资助和感恩教育、诚信教育、励志教育、社会责任教育、心理健康教育、职业规划教育等一同开展，大力弘扬"流自己的汗、吃自己的饭"的勤工精神，激励一代又一代家庭经济困难学生，涌现了哈尼族石春兰、藏族桑吉措等一批自强自立的优秀典型。

（三）开展学业帮扶：不让一个学生因学业困难而掉队

一是开展进阶教学。针对部分少数民族学生学业基础相对薄弱的状况，对高等数学、大学英语、大学物理等基础课程分 A、B、C 班进行分层教学、进阶教学，让学生循序渐进增强学习主动性。开设计算机基础选修课程和图书情报选修课程，提升学生计算机基础能力和信息素养，帮助他们适应现代教育模式。

二是实施学业预警。学校建立了蓝、黄、橙、红四级学业预警制度，定期开展学情分析与研究，研判学生整体学情发展状况。帮助学生分析查找学业问题成因，分析其信心不够、压力不轻、动力不足、挫折不进、目标不清、价值不正等学业预警成因，对学业预警学生进行建档、跟踪等过程管理、动态管理。发挥班主任、专业负责人、学业导师的积极作用，定期开展学业规划教育，引导学生加强学业自主规划、自我管理。近 3 个学期共预警 6700 多人次，有 2000 多人次解除了预警，持续预警学生呈走低趋势，有效提升了各族学生的学业发展意识。

三是探索精准帮扶。学校建立了校院两级学生学业发展中心，根据学生预警类别明确了学业指导、行为矫正、心理支持、价值建构等学业帮扶机制与响应责任主体。建立蓝途、小荷、好巴郎、岗拉梅朵、雁行、熙力等学业发展辅导工作室，分类探索边疆民族学生学业帮扶、创新创业辅助学业帮扶、留级生学业帮扶、家庭经济困难学生学业帮扶、学习动力不足学业帮扶等方面经验。建立了学业帮扶、学业促进、学业提升三类 15 个学业导生团队，通过一对一课程辅导、朋辈辅导、专项能力辅导等方式提升各族学生学习能力。

四、发挥骨干精英示范作用，引领各族学生同心同向同行

学校突破既往以学科专业教育人才培养模式的局限，改变少数民族学生在学习成绩一元标准下的被动、弱势地位，坚持骨干引领，探索以人为本与服务社会相结合的建构教育模式，强化学生的主体性及师生学习活动主体间性，努力培养既适应民族工作需要又符合学生主体发展愿望的各民族骨干精英。

（一）坚持政治素质第一，培养少数民族骨干精英

一是建立"少数民族学生骨干训练营"，培养民族工作骨干精英。首先严格导师选人标准，选拔了 3 名维吾尔族、1 名藏族优秀本科生毕业生担任辅导员。其次，学员入营从优从精，选拔了一批政治可靠、能力较强、富有人格魅力、发展意愿强烈、在学生中有影响力的少数民族学生骨干。成立少数

民族学生成长训练营，形成少数民族学生骨干培养梯队。此外科学设计培训体系，开展理论政策专题学习，制定读书计划，邀请校领导定期作形势与政策报告。加强实践锻炼培养，开展跨域交流、素质拓展、志愿服务、时事专题调研、工作技能培训、大学生领导力培训等。目前骨干营已开展三期，共培养各民族学生骨干 60 多人，他们成为沟通学校、现场处置和维护学校稳定的中流砥柱。其中维吾尔族辅导员玛丽亚于 2014 年荣获"全国民族团结进步模范个人"，新疆籍维吾尔族本科毕业生努尔夏提到三峡大学、买哈巴到华中农业大学担任新疆学生专职辅导员并受到好评，发挥了良好的示范带动作用。这种方式得到了中央新疆办、教育部民族教育司、湖北省教育厅的高度评价。北京市教委组织 60 所在京高校前来我校学习少数民族学生教育管理经验，武汉市公安局组织省内相关高校在我校召开少数民族学生教育管理经验交流现场会。

二是实施青年马克思主义培养工程，培养民族地区社会主义建设接班人。每年在全校范围内选拔 30 人，重点实行"培训 + 实践 + 调研"三位一体的培训方式，实施模块化培训、研究式教学、结构化研讨，把读书、思考、听课、研讨、交流和调研有机结合起来，切实增强教学培训的针对性、实效性。

三是创新人才培养模式，培养西部地区应用型卓越人才。结合西部民族地区经济社会发展人才需求，开办"西部少数民族卓越法律人才实验班""西部少数民族公共管理卓越人才实验班"。注重政治素质培养，加强理想信念、人文素质、中华传统文化、民族工作使命、法治精神教育，在课程教学、思想教育、生活德育过程中强化"五个认同"教育。贯彻卓越人才培养理念，单独制定培养方案，制定卓越课程模块，毕业总学分不低于 150 分，采取单独开班和跟班教学相结合，注重互动教学、案例教学、实践教学，重点培养学生分析问题、解决问题的能力。

（二）注重社会实践体验，增强学生民族工作意识

一是参与学校学生社区自治。引导少数民族学生骨干参与到学生社区管理、安全稳定工作中来，他们参与学校网格化管理，参与学生宿舍楼栋委员会、学生自律委员会、学生保卫组织等学生自治组织，在一些突发事件应急处置、师生日常沟通中发挥了快速而准确的积极作用。

二是引导民族中小学生成长。学校与武汉市教育局合作成立"伴飞计划"，与武汉西藏中学、东湖中学等八所中小学建立对口支援关系，在少数民族中小学生当中深入开展学业帮扶、成长指导、素质拓展、心灵疏导等志愿服务。通过"好巴郎工作室"等平台，组织各民族学生骨干深入各民族中小学、民族社区，结合自身成长经历，现身说法，以身示范，深入开展"中国梦"宣传教育活动。组织研究生支教团、德吉连梦团等团队，长期到民族地区开展支教活动，设立"高原书屋"等，为边远地区少数民族中小学生带去温暖与希望。

三是发挥民族团结示范作用。与学校所在的武汉市洪山区合作成立"洪星连社区实践服务队"，每年暑期开展以"多彩社区，美丽家园"为主题的社区民族团结创建活动，开办民族团结、民俗文化大讲堂，向广大社区居民宣传民族知识、分享民族文化、传达民族友谊，把民族团结教育融入和谐社区建设、文明城市创建、社会综合治理等全过程，团队活动引起中央人民政府网、青年网、青春网等的关注。学校还组织少数民族学生骨干赴澳门参加民族文化交流，赴美国参加国际大学生领导力训练营，赴欧洲、中亚等地区开展少数民族艺术巡演，拓展多元文化视野，学习现代民族工作经验，展示我国民族团结进步成果。

建校 60 余年来，学校从未发生过一起因民族问题而引发的任何纠纷，保持了校园的和谐稳定，已累计为少数民族和民族地区培养和输送了 11 万余各民族政治干部和专业技术人才，为我国的民族团结进步事业做出了应有的贡献。学校多次荣获国务院、国家民委、湖北省、武汉市"民族团结进步模范集体""民族团结进步示范基地""最佳文明单位"等荣誉称号。学校涌现出全国大学生年度人物李军、全国大学生年度人物提名马晓岸等先进典型；桑吉措成为我校中首个获得"国家奖学金"的藏族学生；维吾尔族学生伊利米努力尔获得全国演讲比赛、法国杯演讲赛金奖；2 个团队分别获得首届中国"互联网+"大学生创新创业大赛湖北赛区银奖和铜奖，1 个团队荣获湖北大学生创业之星称号，2 人荣获 2015 年度武汉市"大学生创业先锋"称号，1 人荣获"全国大学生创业英雄百强"称号等。毕业生响应国家"到西部去、到基层去、到祖国最需要的地方去"的号召，涌现出王东海等一批扎根基层、默默奉献、实现自己的人生价值、为民族团结和民族地区的建设发展做出了贡献的优秀校友。学校业已成为"培养少数民族高素质人才、研究我国民族理论和民族政策、传承和弘扬各民族优秀文化的重要基地、展示我国民族政策和对外交往的重要窗口"。

附　录

湖北省第八批援藏干部总领队陈正祥
看望中南民族大学学生党员骨干"两学一做"五践行西藏队

原载湖北日报荆楚网 2016 年 7 月 26 日

荆楚网消息（通讯员薛妮桠、邹先平）7 月 25 日晚 9 点，西藏自治区山南市委副书记、湖北省第八批援藏干部总领队陈正祥，在西藏自治区山南市看望了中南民族大学学生党员骨干"两学一做"五践行西藏队及该校西部计划志愿者。

陈正祥对该校开展的"两学一做"五践行以及"辅导员边疆行家访活动"表示高度肯定，他说这既是充分落实党中央在全体党员中开展"两学一做"的实效之举，又可谓民族团结教育的生动课堂，还是关爱各民族学子的爱心之行，"一举三得"、意义重大。陈正祥对中南民族大学师生一行表示热烈的欢迎和由衷的敬佩，并向大家详细地介绍了西藏自治区山南市的经济社会文化发展情况和湖北省支援西藏山南市的工作成绩，他特别强调，山南的发展需要人才，希望作为民族高校主力队员的中南民大在这方面多贡献。

陈正祥鼓励随队的在校生毕业以后到西藏自治区就业，他表示西藏自治区是一个环境好、幸福指数高的地区，在西藏就业发展空间很大，当地就业部门和企业都会给予就业者安排有发展前景的工作岗位，对于赴藏就业的大学生给予了很高的期望。同时，他也表达了愿望，希望高校可以加大宣传，鼓励更多的非藏族学生到西藏就业，支援缺少人才的西藏。他还就内地学生到西藏就业问题询问了毕业生西部计划志愿者在山南市工作中所存在的困难，表示愿意帮助他们解决在生活中和工作中的困难。希望他们可以通过考试后，留在需要人才的西藏就业。陈正祥在离开前特别嘱咐大家注意防寒保暖，避免因生病引发高原反应。同时也预祝西藏队的家访活动和毕业生回访活动取得圆满成功。

据悉，为扎实做好开展"两学一做"学习教育的各项工作，让实践成为学习教育最好的课堂，中南民族大学从5月份开始在学生党员骨干中开展"两学一做"五践行主题教育实践活动。此次陈正祥看望的是中南民族大学学生党员骨干"两学一做"五践行主题活动中"行走边疆·家校同心"家访行动团队。该团队7位师生利用暑假时间奔赴西藏拉萨市、日喀则市和山南市乃东区走访受助家庭经济困难学生和基层就业校友，并开展相关调研。该团队指导老师介绍："此行主要目的一是宣传国家资助政策，了解受资助学生的家庭经济困难情况，帮助贫困学生解决实际困难，建立科学的回访机制；二是看望长期扎根西藏地区基层平凡岗位的校友，了解他们的成长足迹，分享他们的生活体验，以此激励广大同学努力奋斗、立志成才，激发强烈的'建设伟大祖国，建设美丽家乡'的责任意识。"

中南民族大学开展首届"导航杯"实践教育活动节

原载国家民委网站 2012 年 4 月 12 日

为了加强大学生实践能力，搭架学生创新实践平台，传播先进文化，丰富校园生活，中南民族大学开展为期4个月的以"放飞青春梦想，繁荣校园文化"为主题的首届"导航杯"实践教育活动节。

本次"导航杯"实践教育活动节从3月份开始，一直持续到6月份结束。活动节将通过开展主题征文（感受祖国新变化 喜迎党的十八大）、主题演讲（感动在你我身边）、"走进社会"PPT创意大赛和"中国特色社会主义建设成就"系列讲座等活动，整合学校资源，创新学生活动载体，搭建学生实践平台，推动学校思想政治理论课的实践教学水平，营造浓厚的学术气氛，提高学生的创新实践能力和综合素质。

为了确保首届"导航杯"实践教育活动节的顺利开展，中南民族大学成立了以校长李金林、副书记徐柏才、副校长雷振扬、副书记白江源为顾问，各相关部门负责人为主任和副主任的组委会，全面负责活动的组织和实施，组委会下设办公室，负责活动节相关工作的协调和统一调度。

据悉，目前，中南民族大学首届"导航杯"实践教育活动节各项活动已陆续开始，该校将于 6 月份举行活动节表彰大会，对活动节中获奖的单位和个人予以表彰。

红色领航育英才　教育创新助成长

——记中南民族大学"导航杯"实践教育活动节

蓝永丽　董浩烨　罗高峰

原载《中国民族报》2017 年 1 月 24 日 03 版

"习近平总书记提出，高校要把思想政治工作贯穿教育教学全过程，实现全程育人、全方位育人。这一点，我们从 5 年前就开始探索了。"近日，在中南民族大学马克思主义学院分党委理论学习中心组学习全国高校思想政治工作会议精神专题会上，该院分党委书记李从浩自豪地说。

李从浩提到的探索，是指 5 年前该学院创办的校级品牌活动——"导航杯"实践教育活动节。

2012 年，中南民大马克思主义学院按照"时代特色鲜明，活动内容丰富，学生喜闻乐见"的总体要求，探索主旋律活动育人的新思路和新方法，打造了"导航杯"实践教育活动节。如今该活动节已举办五届，从课堂海选到初赛，再到决赛，开展活动上百次，参与学生达 5 万余名，成为该校育人工作的闪亮名片。高唱主旋律，号召民族青年关注时代发展

"导航杯"实践教育活动节发挥主题引领作用，高唱主旋律，将校园文化活动与主题鲜明的思想教育有机结合，产生了良好的教育作用。

5 年来，活动节主题分别为"感受祖国新变化　喜迎党的十八大""共话梦想　爱我中华""青春　价值　责任""见证改革　青春我行""思想引领　分享成长"，红色领航，主题鲜明。

"每一届导航杯活动节都是围绕着一定的教育主题展开。这里面有青春、梦想、改革、价值、成长等符合青年大学生特点的关键词。这些主题既充满正能量和价值引导，又比较开放和灵活。"该校马克思主义学院院长杨金洲介绍说。

2016 年，中南民大"导航杯"实践教育活动节以"思想引领　分享成长"为主题，开展了 6 大版块的活动："两会观察"案例分析大赛、"时事我来讲"大赛、"大城·小事·温暖"主题摄影大赛、"践行社会公德，我们在行动"——

大学生创意主题社会实践策划大赛、"红色经典诗文赏析"大赛、"绿色理念
美丽中国"演讲大赛。这些活动都经过主办部门的精心设计，汇集了不同
学科专业学者的共同智慧，聚焦当前社会时事热点，学生普遍反映"调高但
是有趣"，参与的积极性很高。

充满正能量，倡导民族学子关心身边现实

"导航杯"实践教育活动节活动的参与群体，以马克思主义学院开设的 4
门公共课和思想政治教育专业学生为基础，内容设置结合每一门课程的特点
和教学内容而展开。5 年来，活动节精心设计活动话题，聚焦国情、社情和校
情，相继在各项赛事中设置了"中国梦""深化改革""法治中国""绿色发展
理念""供给侧改革"等话题。

"'导航杯'实现了理论教学与实践育人、第一课堂与第二课堂、课本内
容与时代特质三个结合。活动节引领各民族青年学生走出校园，以社会责任
感和时代使命感参与实践，树立起为人民、为社会、为国家服务的崇高信念。"
李从浩说。

在"法治中国"一题的讨论中，法学院 2013 级本科生赵正武从呼格案入
手，提出法律应该是一种在理性主导下，对于道德、政治、经济等等的综合
考量，呼吁同龄人培养理性精神，树立法律信仰，建设法治中国。

在践行"绿色发展理念"活动中，公共管理学院 2014 级本科生吴玉洁身
体力行，坚持垃圾分类、骑单车出行。他号召身边的小伙伴们从自身做起，
节约用水用电，纸张正反打印，通过自己的一言一行展示当代大学生的精神
面貌，拒做"空谈家"，争做"实干派"。

在实践成果的展示形式上，学校鼓励参赛学生采用新闻发布会、演讲、
小品剧、微电影、主持采访、访谈等生动活泼的形式，最大限度地展示各自
的实践成果，使内容和形式既"高大上"又"接地气"。

各部门统筹协作，发挥了实践育人的合力

为了保证"导航杯"的顺利开展，中南民大成立了活动组委会，由 3 位
校领导担任活动的顾问，5 位职能部门负责人担任组委会主任。

学校各部门也通力合作，发挥了实践育人的合力。马克思主义学院发挥思
想政治教育主阵地和主渠道作用，承担了活动的具体组织。校党委宣传部利用
报纸、官方网站、校内微信等媒体阵地为活动营造氛围。教务处对活动节中开
展的思想政治教育理论课的效果进行评估和反馈。学生工作部依托学业发展中
心、教练技术工作室为活动提供智囊支持。创新创业中心提供实践基地。

总结活动时，团队指导教师的表现接受组委会考核，直接与绩效工资挂

钩，使整个"导航杯"实践教育活动实现了"八有"：即有计划、有经费、有课时、有组织、有基地、有活动、有考核、有总结，保证了活动的质量。

5 年来，活动参与的人数逐年增加，由最初参赛的 4000 多人逐步增长到7000 多人，覆盖了全校 21 个学院和所有专业。以 2016 年第五届"导航杯"为例，活动历时 4 个月，206 名学生在各类活动中获得个人奖项 25 项，团体奖项 32 项。这些成果对于推进思想政治教育教学改革、提高大学生社会实践能力和创造性、繁荣校园文化起到了积极的促进作用。

"我们牢记习总书记在全国高校思想政治工作会议上提出的'思想政治理论课要坚持在改进中加强，提升思想政治教育亲和力和针对性，满足学生成长发展需求和期待'的要求，将"'导航杯'办得越来越好，让思想政治理论课变成学生们真心喜爱、终生难忘、毕生受益的课程。"李从浩说。

中南民族大学开展首届"导航杯"实践教育活动节

原载国家民委网站 2012 年 4 月 12 日

为了加强大学生实践能力，搭架学生创新实践平台，传播先进文化，丰富校园生活，中南民族大学开展为期 4 个月的以"放飞青春梦想，繁荣校园文化"为主题的首届"导航杯"实践教育活动节。

本次"导航杯"实践教育活动节从 3 月份开始，一直持续到 6 月份结束。活动节将通过开展主题征文（感受祖国新变化　喜迎党的十八大）、主题演讲（感动在你我身边）、"走进社会"PPT 创意大赛和"中国特色社会主义建设成就"系列讲座等活动，整合学校资源，创新学生活动载体，搭建学生实践平台，推动学校思想政治理论课的实践教学水平，营造浓厚的学术气氛，提高学生的创新实践能力和综合素质。

为了确保首届"导航杯"实践教育活动节的顺利开展，中南民族大学成立了以校长李金林、副书记徐柏才、副校长雷振扬、副书记白江源为顾问，各相关部门负责人为主任和副主任的组委会，全面负责活动的组织和实施，组委会下设办公室，负责活动节相关工作的协调和统一调度。

据悉，目前，中南民族大学首届"导航杯"实践教育活动节各项活动已陆续开始，该校将于 6 月份举行活动节表彰大会，对活动节中获奖的单位和个人予以表彰。

认知认同团结互助，共居共融携手前行
中南民族大学深入开展民族团结进步创建进学生寝室系列活动

洪盛志

原载《中国民族报》2017 年 5 月 26 日 05 版

中共中央、国务院在《关于加强和改进新形势下高校思想政治工作的意见》中指出，"高校思想政治工作要把握师生思想特点和发展需求，注重理论教育和实践活动相结合，贴近师生思想实际，强化思想理论教育和价值引领，把社会主义核心价值观体现到教书育人全过程，加强人文关怀和心理疏导"。

中南民族大学一贯坚持大学生思想政治教育改革创新，积极推进大学生思想政治教育的理念思路、内容形式、方法手段创新，增强工作的时代感和实效性。从 2015 年开始，学校深入开展了《民族团结进步创建进学生寝室系列活动》（以下简称"系列活动"），推进"十一同"（团结同心、生活同行、困难同渡、节日同庆、学习同步、语言同学、民俗同尊、娱乐同享、校园同护、纪律同守、和谐同建）寝室文化建设，将大学生寝室的文明建设与民族团结进步创建活动有机结合起来，着力在社会主义核心价值观培育与育人实践的结合融入上下功夫，将寝室建设成为各族学生相互学习、相互激励、相互帮扶的场所，努力创造各族学生共居、共学、共事、共乐的校园氛围，增强各族学生对伟大祖国、中华民族、中华文化、中国共产党、中国特色社会主义的认同，实现各民族学生就寝上同舍、文化间认同、生活中交流、情感上交融、行动上互助、成长中共进。

系列活动时代性强

寝室是大学生学习、生活、交流的最基础单元。在寝室，学生表现自我最真实、最充分、最自由，人际交往最频繁。寝室已成为学生成长和行为习惯养成的重要场所。

中南民族大学深刻认识到学生寝室的育人功能，通过开展以寝室为载体的民族团结进步创建活动，将寝室文明创建与民族团结进步创建活动互嵌起来，使大学生增进交往交流交融，相互了解、尊重各民族的文化习俗，增强文化认同，培育互帮互助精神，强化集体生活理念和技能，营造健康、活泼、文明的生活文化氛围，提升寝室文化内涵，提高学生文明修养，实现寝室文明建设与学风建设的良性循环，把社会主义核心价值观的要求大众化、日常化、具体化、生活化，真正使社会主义核心价值观内化于心、外化于行。

系列活动理念思路清晰

系列活动以践行社会主义核心价值观为主线，以培育中华民族共同体意识为目标，以增进"五个认同"和培育互帮互助精神为关键，以"同心圆"为核心，以推进"十一同"寝室文化建设为根本，实现各族学生认知认同团结互助、共居共融携手前行。

"同心圆"以"连心牵手、成长共进"为圆心，分为"学习圆""生活圆""纪律圆""心理圆"四个"圆"。"学习圆"就是以"学习同步"为目标，开展"一对一""多帮一"的学习帮扶活动，发挥优秀学生的"朋辈教育"功能，不让一个人掉队，切实帮助少数民族学生端正学习动机、树立学业信心、增强学习动力。同时，定期组织各寝室开展"语言同学""民俗同尊"活动，互相学习、了解其他民族的语言文化，增强文化认同，培养对各民族文化习俗相互尊重的意识。"生活圆"就是以"团结同心、困难同渡"为主题，寝室同学定期开展"生活同行、娱乐同享、节日同庆"的主题活动，共吃一餐饭，共度一个节，共娱一件事，互送一件礼，加强交流，增进友谊，共居共融。"纪律圆"就是以"纪律同守、校园同护"为理念，深入交心谈心，督促同室同学遵守校纪校规，养成积极健康的学习生活习惯，文明科学上网，搞好寝室卫生，加强寝室文明建设。"心理圆"就是以"和谐同建"为主题，引导同室同学广泛与各民族学生交朋友，加强职业规划和人际沟通能力，提高集体生活理念，培育和谐人际关系。

系列活动的七个活动（寝室"同心圆"帮扶活动、"寝室杯"民族知识竞赛、"寝室杯"趣味运动会、"同心圆杯"寝室文化设计大赛、"宽和杯"寝室风采大赛暨寻找最美寝室活动、"寝室杯"民族团结海报设计大赛、寝室民族团结文化氛围设计）都是围绕"同心圆"、立足加强"十一同"寝室文化建设来开展的，各个活动主题不同，但相互配合、相互支撑。

系列活动针对性突出

系列活动教育的目的是让学生看得见、摸得着，坚持重在平时、抓好平常，重在行动、抓到实处。根据民族院校学生的特点和思想政治教育工作的新形势，系列活动高度关注各族学生的多方需求，紧紧围绕学生的思想、学习、生活、心理、纪律等实际问题开展活动，做到在思想上用心关注、学业上细心关照、生活上真心关爱、心理上悉心关怀、就业上操心关切，给学生以亲人般的温暖，重点帮助他们解决学习基础薄弱导致学习困难、语言能力不足导致交往交流交融困难、集体生活理念与集体生活技能不足导致宿舍人际关系紧张、自信心和行动力不足导致大学生涯规划与发展欠缺等实际问题。系列活动特别关注边疆及人口较少民族学生的学业发展和职业规划等，引导学生自主管理、自我发展、自我调节，制定科学合理、切实可行的学业发展与职业规划。

"系列活动"的典型特征

一是互嵌性与融合性相协调。社会主义核心价值观践行的过程要广泛进行实践探索，在贯穿、结合、融入上下功夫，在落细落实上下功夫，在坚持不懈、久久为功上下功夫。学生寝室文明创建工作一直是高校的重点和难点工作，各校出了不少硬招、实招和绝招，但高校时不时发生像"XX大学杀人案"之类的案件，引起了社会的高度关注。系列活动把大学生寝室文明创建与民族团结进步创建互嵌起来，把社会主义核心价值观培育与育人实践融合起来，通过开展以"同心圆"为核心内容的系列活动，推进"十一同"价值观进寝室，引导各族学生相互了解、相互尊重、相互包容、相互欣赏、相互学习、相互帮助，营造共居共融、共学共进的氛围。

二是民族性与文化性相融合。中南民族大学近60%的学生为少数民族。民族团结教育是学校工作的主旋律。由于各民族学生在语言、生活习惯、民族风俗、思想文化和价值观等方面存在差异，给各族学生相互适应、相互理解和相互接受带来一定的困难。为此，系列活动根据各族学生的心理特点，以大学生可以接受、乐于接受的方法来开展，注重引导学生了解、尊重其他民族的历史文化、风俗习惯和价值观念，降低排他性，提升包容度。同时，系列活动注重寝室文化内涵建设，积极推进"十一同"健康文化和集体文化建设，引导各民族大学生相互学习、相互欣赏、取长补短，不断增强各族学生对少数民族优秀传统文化和中华文化的认同感和自豪感。

三是生活化与实体化相结合。社会主义核心价值观的培育和践行不能用"漫灌式"教育方式，必须针对大学生的特点，多做"滴灌式"教育，在培育内容、形式、载体和方法上创新，将践行工作重心下移，融入生活，突出生活化和实体化，增强渗透性。系列活动通过民族团结进步创建活动进学生寝室，以寝室为培育的载体，具体践行落实到"十一同"上，使社会主义核心价值观培育和践行与大学生寝室生活、文化认同、学风营造、纪律教育、心理健康教育等对接起来，多类教育方式相互交叉融合，切实增强了社会主义核心价值观培育和民族团结进步创建活动的针对性、实效性。

中南民大"好巴郎"民族团结工作室：
三位一体，呵护边疆学子

保金　杨科

原载《中国民族报》2017 年 7 月 25 日 03 版

"巴郎"，在维吾尔语中是指年轻的小伙子，而"好巴郎"民族团结工作室，是中南民族大学生命科学学院针对边疆及人口较少民族学生的学业成绩提升与"五个认同"教育，于 2014 年底成立的教育创新实践平台。

该工作室成立 3 年多来，已经帮助 600 多名边疆及人口较少民族学生解决了学业、生活、心理、情感等多方面的问题。

师生互动，因材施教助发展

"在建立工作室之前，我们进行了摸底调查，学校有近 40% 的边疆少数民族学生上一学期考试成绩挂科超过一门。这个比例和内地学生比较，相对较高。""好巴郎"民族团结工作室教师文田表示，还有一些少数民族学生不太愿意和其他同学交流，这使得一些教育教学工作无法顺利开展，对于少数民族学生的发展很不利。

2014 年年底，在该校学工部学生学业发展中心的建议和指导下，时任生命科学学院团总支书记玛日耶姆古丽·吾布力喀斯木牵头建立了"好巴郎"民族团结工作室。玛日耶姆古丽·吾布力喀斯木是新疆人，有过辅导新疆学生的经验。

"工作室建立之初，我们主要想对一些边疆及人口较少民族学生开展一对一、一对多的课下学业辅导。"文田说，工作室建立后，效果很好，不管是老师还是学生，积极性都很高。

生命科学学院教师孟艳艳负责讲授《概率论》和植物学实验相关课程，她于 2015 年进入"好巴郎"工作室。

"我在当班主任的时候，发现一些少数民族学生的数理基础较差。来到工作室后，我就专门给他们补这方面的课。"高艳艳说，当时自己怀有身孕，挺着个大肚子，经常在没有空调的小会议室里，站着给学生讲 2 个多小时的课。"当时临近期末，我帮他们总结复习。我看他们都听得很认真，也就越讲越有力气。"孟艳艳说。

工作室通过建立师生互动模式，让老师和学生尽可能多地交流，将老师的指导和服务贯穿到学生的学习、生活、工作等各方面。

"加入工作室,使我有机会更加深入地了解边疆少数民族学生的特点和需求,对民族文化也有了更深层次的理解和认识。"孟艳艳说。

如今,加入"好巴郎"工作室的老师中,有楚天学者、获得"全国五一巾帼标兵岗"称号的优秀教师,也有参加工作不久深受学生欢迎的青年教师。

"'好巴郎'工作室的成立,对于促进边疆少数民族学生的全面发展意义重大。"工作室指导老师陈思礼教授说。

学生共融,团结互助共筑梦

"'好巴郎'工作室助我打开了心结,让我这个来自边疆的女孩能够顺利融入学校大家庭。"该校生命科学学院食品质量与安全专业大三学生阿依佐合热·图尔贡来自新疆,刚入校时,她一时不太适应内地的生活,没有归属感,不愿和别人交流。在老师的建议下,她进入了"好巴郎"工作室。

在工作室,老师对她悉心照顾,同学之间互帮互助。阿依佐合热·图尔贡逐渐适应了学校生活,学习成绩快速提高。

如今,阿依佐合热·图尔贡是"好巴郎"工作室的学生负责人,协助老师开展工作室的各项活动。"我可以从学生的角度考虑学生的需求与心理状态,在学生和老师之间扮演桥梁的角色。"阿依佐合热·图尔贡说。

来自宁夏的 2016 级学生马军虎,刚进学校时也因为不太适应大学生活而感到迷茫。在老师的推荐下,他走进了"好巴郎"工作室。"在这里,我找到了志同道合的小伙伴,我们有共同的目标和方向,平时都会相互鼓励和帮助。"马军虎说。

工作室还充分发挥边疆少数民族学生能歌善舞的特长,组织他们参加各类文体活动,带动各民族学生在愉悦的气氛中学习和感受多元民族文化。

家校协同,同心同力共呵护

自 2015 年 8 月以来,"好巴郎"工作室连续开展"暑期辅导员走边疆"活动,老师们深入边疆及人口较少民族地区开展家访活动,与家长建立联系。同时,在民族地区开展"推送国家民委微信平台"活动,通过新媒体平台宣传党和国家的民族政策。

"好巴郎"工作室还搭建了家校联系微信群、QQ 群,便于家长随时掌握孩子在学校的学习、生活状况。

在不断的探索实践中,"好巴郎"工作室总结出了"家校协同共同体、师生互动共同体、学生共融共同体"的三位一体帮扶形式,以此促进各族师生在交往交流交融中团结互助,在互联互动互学中共同进步。

据介绍，在今后的发展中，"好巴郎"工作室将会扩大帮扶范围，帮扶对象不只限于边疆及人口较少民族学生，而是致力于将工作室打造成各民族学生的"温暖之家"。

边疆学子身边的"好巴郎"

本刊通讯员 / 蓝永丽　杨科

原载中国民族网 2017 年 8 月 24 日

图 1　民族地区家访

2014 年 9 月，阿依佐合热·图尔贡告别从小生活的新疆，来到中南民族大学求学。初到内地，阿依佐合热不太适应新环境，加上普通话不那么流利，她变得不爱与人交流。在学院老师的建议下，阿依佐合热走进了"好巴郎"民族团结工作室。工作室里，老师和同学们亲人般的关心和爱护，让她很快找到了归属感，学习成绩也迅速提高。"工作室帮我打开了心结，让我顺利融入了学校这个大家庭"。入学第二年，阿依佐合热还成功申报院级大创项目，在校园生活中愈发自信起来。

　　对藏族学生更吉卓玛而言，"好巴郎"工作室同样让她印象深刻。2014年深秋，正是大家埋头复习考研的关键时候，同样复习考研的更吉卓玛却状态不佳，情绪低落。工作室的老师了解情况后，主动找到更吉卓玛，和她谈心聊天，不断鼓励她调整备考状态。最终，更吉卓玛如愿以偿考取了中国科学院西北高原生物研究所的研究生，找到了自己新的人生方向。

图2　"全国民族团结先进个人"辅导员玛丽亚在乡村支教

　　为促进边疆少数民族学生的学业发展与"五个认同"教育，中南民族大学学工部学生学业发展中心以生命科学学院为依托，于2014年年底成立"好巴郎"民族团结工作室，主要面向学业困难的边疆及人口较少民族学生，对他们进行一对一或者一对多的课下学业辅导。

　　生命科学学院教师孟艳艳是2015年年底加入工作室的，负责给学生讲授概率论和植物学实验课程。此时临近期末，工作室的小课堂总是座无虚席，怀有身孕的她经常在会议室里站着给学生讲课，一讲就是两个多小时。"他们听得认真，我就越讲越有力气！通过工作室，我自己也能更加深入地了解学生们的特点和需求。"如今，越来越多的老师加入了"好巴郎"工作室，其中不乏楚天学者和获得"全国五一巾帼标兵岗"称号的优秀教师。

图 3　工作室组织"伴飞"活动

　　"好巴郎"工作室成立 3 年多来，不断探索帮扶新形式，逐渐成了中南民族大学教育创新实践平台一个响亮的品牌。截至目前，有 600 多名边疆及人口较少民族学生从工作室获得了学业、生活、心理、情感等方面的帮助。

　　2015 年暑假开始，"好巴郎"工作室连续组织"暑期辅导员走边疆"活动，深入边疆及少数民族地区家访，加强家校互联。同时，搭建家校联系微信群、QQ 群，便于家长随时掌握孩子在校的学习、生活状况。通过创新"家校协同共同体、师生互动共同体、学生共融共同体"三位一体的帮扶形式，工作室有效促进了学校各族师生在交往交流交融中团结互助，在互联互动互学中共同进步。

图 4　民族地区家访

"通过充分调动各方的积极性，真正做到人人动起来，大力开展帮扶活动，有针对性解决问题。工作室的成立对促进学校边疆少数民族学生的全面发展意义重大。"工作室指导老师陈思礼教授如是说。

随着工作室的不断壮大，今后它还将扩大帮扶范围，帮扶对象不再限于边疆及人口较少民族学生，让"好巴郎"来到每个学子身边，筑起中南民大的温暖之家。（责编 姜东昊 龙慧蕊）

桑吉措：从倒数第一到保研学霸

保金 蓝永丽 杨科
原载《中国民族报》2017 年 5 月 2 日 03 版

毕业季临近，很多大四学子都在忙着找工作。中南民族大学文学与新闻传播学院汉语言文学专业大四学生桑吉措，已经在为赴澳门学习进行准备了。作为中南民大第一位获得国家奖学金的藏族学生，桑吉措凭借 4 年来漂亮的成绩单被保研至澳门科技大学。

这个上大学前生活圈子不超过县城的青海藏族姑娘，至今还记得，在 2013 年 7 月收到大学录取通知书那一刻的兴奋心情。她知道，崭新的人生要开始了。

然而，进入大学后，桑吉措傻眼了。她的高考成绩在大学班级里排名倒数第一，且远远落后于倒数第二名。这个现实让这个曾经的"优等生"无比自卑。上课时，她也屡屡感受到学业上的差距。尤其是英语，她学得格外吃力。"感觉其他同学不需要很用功，站起来读课文的时候，很流畅清晰，不像我那样磕磕巴巴。"

在生活上，同班同学都有自己的兴趣爱好，桑吉措却因为家里经济条件有限，从小没培养什么兴趣和特长。每当其他同学忙着做喜欢的事情，她只能默默地看书。

看到了差距，桑吉措在学习上更加努力了。每次上课，她总是第一个到教室选前排坐下。课堂上，她用手机将老师的课件一张张全部拍下来，回寝室后，再一个字一个字整理。不到一学期，她就用完了 3 个厚厚的笔记本。

桑吉措记得，有一次上文学课，老师让她到讲台上读自己写的文学评论。"当时我很紧张，因为阅读量很少，自己的评论写得很一般，内容也不是很充实。"桑吉措说，从那以后，只要是老师推荐的书目，她都会及时去图书馆借来读。"每次借来的书,我都会读两三遍,再回忆一两遍,直到弄明白作者的写作意图和实质内容,才把书还回去。"

功夫不负有心人。大一期末考试,桑吉措的成绩排名到了全班中上游水平。

桑吉措的进步,辅导员李锋看在眼里。"入校时,她因为成绩差而自卑,不爱说话,坐在教室里甚至不敢乱动。学习彻底改变了她。"李锋说,大学4年,桑吉措从来都没有松懈过,坚持上课记笔记,坚持课前预习,和老师谈论最多的事情是学习,去得最多的地方是图书馆。到大二下学期,桑吉措这匹"黑马"的成绩已经冲到全专业第一名。

凭借在学习上的不断努力,桑吉措相继获得了2014至2015年度国家奖学金、专业一等奖学金,2015至2016年度国家励志奖学金、专业一等奖学金。她也是全校第一位获得国家奖学金的藏族学生。最终,她凭借着优秀的成绩获得了赴澳门科技大学电影管理专业攻读硕士学位的资格。

桑吉措说,她将在新的学习环境中努力成长,不断充实自己。"中文专业的学习,让我学会独立思考,独立对人生做出规划。在中南民大养成的这种能力,也许是我一生中最宝贵的财富。"

现在,在桑吉措的家乡——青海省海西蒙古族藏族自治州都兰县,她是亲人们的骄傲,也是家乡孩子们的榜样。

"是教育改变了我的命运。"桑吉措说,毕业以后,她想回到家乡,尽自己的微薄之力帮助那些上不了学的孩子。"我一个人能为家乡做的事情很有限,但我可以影响更多的人,并且一起将这个接力棒传下去。"

践行"一个都不能少"理念　创建民族团结进步校园

——中南民大培养少数民族优秀人才纪实

魏大江

原载《中国民族报》2017年7月28日06版

中南民族大学(以下简称"中南民大")的少数民族学生占全校学生总数的近60%,其中边疆地区少数民族学生及人口较少民族学生占全校学生总数的近19%,这些学生在成长背景、学习能力、学业基础、发展资源等方面都存在着不同程度的差异。针对这些差异,中南民大践行"一个都不能少"的理念,通过强化组织领导、价值引领、资助育人、学业帮扶、骨干培养等各项改革,为各民族学生安心学习、正确学习和快乐学习提供了有力支撑。近年来，中南民大涌现出一批全国先进典型，涌现出一批扎根基层、为民族团结和民族地区的建设发展做出重要贡献的优秀校友，学校业已成为"培养少数民族高素质人才、研究我国民族理论和民族政策、传承和弘扬各民族优秀文化的重要基地，展示我国民族政策和对外交往的重要窗口"。

一、强化顶层设计：践行各民族学生"一个都不能少"理念

一是主要领导牵头改革。中南民大成立了深化教育综合改革领导小组，学校主要领导均担任学校教育教学改革领导小组、民族团结教育领导小组、学生学业发展指导委员会、学生思想政治教育领导小组等机构的组长、主任，形成了主要领导牵头，分管校领导主抓，职能部门落实，相关部门、学院协同的强有力的组织领导体系，保证了以学生成长为中心、以中华民族共同体意识培育为主线的各项改革工作的推进，力图让每一个学生都有改革的获得感。

二是完善全人教育体系。中南民大坚持"面向全部学生、面向学生全生涯、服务全社会"的全人教育理念，构建了涵盖民族理论政策、民族历史文化、民族地区社会实践的民族团结教育体系；成立了学生学业发展中心，构建了学业帮扶、学业促进、能力提升三级学业规划指导体系；建立了就业创业教育研究中心，开发了《大学生职业生涯规划》教材，建立了较为系统规范的生涯规划教育指导体系；出台了《加强心理健康教育工作的意见》《心理健康教育标准化建设实施办法》，形成了心理健康意识、心理问题调适、心理危机干预、身体健康教育工作体系；开设了美术、形体、音乐、书画、民族体育、非物质文化遗产等选修课程，充分利用美术馆、博物馆、体育馆、图书馆、音乐厅、大礼堂等场馆，形成了"美美与共"的审美教育体系。

三是落实全员育人机制。中南民大制定出台了《加强和改进大学生思想政治教育的意见》《辅导员、班主任工作管理办法》《学生工作考核办法》《学业导师制实施办法》《学长计划实施办法》《教育育人、管理育人、服务育人先进集体与先进个人评选办法》等文件，形成了服务学生成长的成长导师、学业导师、创新导师、创业导师、人生导师的全员育人体系。

二、注重价值引领：不让一个学生因思想困惑而错位

一是继承文化价值传统。中南民大深入开展以"笃信、好学、自然宽和"为核心的校园精神教育，在新生训练营、典礼仪式、校庆日等活动中阐释校

训内涵，诵读校训铭，奏唱校歌，继承弘扬学校重视民族团结进步的价值传统。通过开展"家史家风家训"调查实践、"迎新生家长见面会"活动，让学生了解了家庭发展变迁、家人心路历程、家国互动历史，增进了学生与家人的情感交流，激发了学生奋发向上的动力，培育了学生的家国情怀。

二是引导自主价值定位。中南民大通过广泛开展 Your'系列价值观教育，如"Your Life——生活价值观"调查、"Your Team——朋辈价值观"调查、"Your Profession——职业价值观"调查，让学生自主发现各民族大学生的价值特征，自主建构新时代大学生价值谱系，自我定位价值发展目标，引导学生树立健康生活、团结协作、敬业守德的价值观念。

三是开展榜样示范教育。中南民大注重树立"身边的榜样"，分类培养成长成才典型人物，通过毕业生论坛、勤工论坛、国奖标兵专刊、"共度大学美好时光"等专题访谈活动，树立学习进步榜样、志愿服务榜样、自立自强榜样、创新创业榜样。通过寻访长期扎根民族地区、奉献民族工作的校友，采编最美校友风采录，引导激励各民族学生树立服务民族团结进步事业的成功观。

三、落实资助育人：不让一个学生因经济困难而失学

一是实施精准识别。中南民大一方面推动了数字化校园建设，运用大数据分析，对学生消费数据、奖助数据、家庭背景等数据进行多维度分析，实施最低消费与高额消费预警，建立了家庭经济困难学生动态数据库。另一方面通过"辅导员边疆行"家访、家庭经济困难学生"同城互访"、赴民族地区发放高考录取通知书、看望基层就业毕业生等活动，走访困难学生家庭特别是家庭经济困难的边疆少数民族学生家庭，增进了家校协同，做到了精准识别、精准帮扶。

二是开展精准资助。中南民大建立了"奖、贷、助、补、减、免、勤"七位一体的资助体系，确保家庭经济困难学生资助全覆盖，近三年每年资助金额接近 1 亿元。同时，学校还针对新疆籍学生困难面大的特点，设立了新疆学生专项助学金制度。通过拓展社会资助资源，设立了专门针对贵州籍、福建籍家庭经济困难学生的奖助学金，设立了新闻专业、化学专业、经济管理专业、生物医学专业、民族学专业等专项奖学金。因资助工作绩效突出，中南民大于 2013 年、2014 年、2015 年分别获得教育部全国资助工作中心资助工作绩效专项奖励 800 万元、1000 万元、1200 万元。

三是拓展发展资助。中南民大构建了经济资助、精神帮扶、心理健康、

学业资助、实践支持、就业资助等全方位、全过程的发展型全功能资助育人体系，成立了阳光工作室，把经济资助和感恩教育、诚信教育、励志教育、社会责任教育、心理健康教育、职业规划教育等结合起来，大力弘扬"流自己的汗、吃自己的饭"的勤工精神，激励了一代又一代家庭经济困难学生，涌现了哈尼族学生石春兰、藏族学生桑吉措、土家族学生李军等一批自强自立、受助助人的优秀典型。

四、开展学业帮扶：不让一个学生因学业困难而掉队

一是开展进阶教学。针对部分少数民族学生学业基础相对薄弱的状况，中南民大将高等数学、大学英语、大学物理等基础课程分 A、B、C 班进行分层授课、进阶教学，让学生循序渐进，增强了学生学习的主动性。通过开设计算机基础选修课程和图书情报选修课程等，提升了学生计算机基础能力和信息素养，帮助他们适应现代教育模式。

二是实施学业预警制度。中南民大建立了蓝、黄、橙、红四级学业预警制度，定期开展学情分析与学业发展研究，研判学生整体学情发展状况，帮助学生分析查找学业问题成因，分析其信心不够、压力不轻、动力不足、挫折不进、目标不清、价值不正等学业预警成因，对学业预警学生进行建档、跟踪等过程管理、动态管理。学校还通过发挥班主任、课程负责人、学业导师、导生团队的辅导作用，定期开展学业规划教育，引导学生加强学业自主规划、自我管理，有效提升了各民族学生的学业发展意识。

三是探索精准帮扶。中南民大建立了校院两级学生学业发展中心，根据学生学业预警类别明确了学业指导、行为矫正、心理支持、价值建构等学业帮扶机制。建立了多个学业发展辅导工作室，分类探索了边疆民族地区学生学业帮扶、创新创业辅助学业帮扶、留级生学业帮扶、家庭经济困难学生学业帮扶、学习动力不足学业帮扶等帮扶模式，建立了专门帮助学业困难学生的学业帮扶、素质促进、能力提升等三类、15 个学业导生团队，通过一对一课程辅导、朋辈辅导、专项能力辅导等方式，提升了各民族学生的学习能力。

五、培育民族精英：引领每一个学生骨干追求卓越

一是坚持理想信念引领。中南民大每年选拔具有良好的价值追求、人民立场、宽阔视野、思维能力、担当意识和务实作风的 30 名优秀学生参加青年

马克思主义培养工程，坚持"培训、实践、调研"三位一体，实施模块化培训、研究式教学、结构化研讨，引导这些优秀学生注重修身、修德、修养、修学，精读细读马列主义经典原著，提升思想洞察力与人格魅力。该工程坚持学用结合、学以致用，旨在增强学生的世情、国情、党情、社情认知，提高其解决实际问题的能力。

二是坚持领导能力引领。中南民大选拔了一批政治可靠、能力较强、发展意愿强烈、在学生中有影响力的少数民族学生，开展了少数民族骨干训练营。通过成立少数民族学生成长训练营，为少数民族骨干训练营输送优秀学生骨干。训练营主要开展理论政策专题学习、专题读书讨论、形势政策辅导、志愿社会服务、时事专题调研、工作技能培训、领导力培训等活动。目前，中南民大已经开展了4期骨干训练营、2期成长训练营，共培养各民族学生骨干100多人，他们在维护学校稳定、促进民族团结等方面发挥了中流砥柱的作用。

三是坚持卓越精神引领。结合西部民族地区经济社会发展人才需求，中南民大创新人才培养模式，开办了"西部少数民族卓越法律人才实验班""西部少数民族卓越行政管理人才实验班"，在课程教学、思想教育、生活德育过程中渗透理想信念、人文素质、中华传统文化、民族工作使命、法治精神等教育。实验班通过单独制定培养方案，制定卓越课程模块，单独开班和跟班教学相结合，注重互动教学、案例教学、实践教学，重点培养学生分析问题、解决问题的能力，为西部民族地区培养了一批"政治可靠、业务适用、扎根西部"的卓越人才。

中南民族大学确保2018级家庭经济困难新生顺利入学

原载国家民委网站2018年9月17日

近日，中南民族大学迎来2018级本预科新生6672人。学校坚持"不让一名学生因家庭经济困难而失学，不让一名学生因学业困难而掉队"的理念，认真贯彻落实国家资助政策开展"精准资助"，确保家庭经济困难新生顺利入学。

一是做到学生资助政策宣传全覆盖。2018年暑假期间，组织10支教师团队分赴新疆、西藏、云南、海南、青海等地区，走访当地教育机构、困难学生家庭，宣传资助政策；随录取通知书邮寄《新生入学指南》和《高等学校学生资助政策简介》，开通暑期学生资助热线，在迎新网、学生资助网设立资助政策专题页面，利用学生资助管理中心、勤工助学指导中心、资讯民大等微信公众号发送资助推文十余篇，通过新长城中南民族大学自强社、阳光工作室、勤工助学指导中心等学生团队开展学生资助"三下乡"专题社会实践活动，全覆盖宣传国家、学校各类资助政策。

二是开通绿色通道确保家庭经济困难新生顺利入学。实施线上线下"双绿色通道"，为新生寄送绿色通道说明书。新生在家期间通过迎新系统完成迎新志愿者对接、绿色通道申请审批、费用缴纳等手续。学校通过网络平台相继录入生源地贷款回执4000余份，合计金额3000余万元。现场迎新期间为1292名本预科家庭经济困难新生现场办理绿色通道手续，累计办理缓交费用近900万元。

三是向家庭困难新生开展送温暖送爱心系列资助。学校为孤儿、烈士子女、残疾人家庭子女等家庭经济特别困难的本预科新生发放800元/人的新生资助金，为550名家庭经济困难本预科新生发放价值900余元/人的"爱心大礼包"，向部分家庭经济特殊困难本科新生免费发放军训服装、床上用品和路费补助等，累计投入专项资助经费110余万元。

中南民族大学在2016年度中央部属高校学生资助工作绩效考评中取得好成绩

原载国家民委网站2017年11月30日

近日，教育部全国学生资助管理中心通报了2016年中央部属高校资助工作绩效考评结果，中南民族大学在接受考评的125名中央高校中名列第13名，在国家民委所属高校中位列第一。

中南民族大学高度重视家庭经济困难学生资助工作，全面贯彻落实国家政策精神，建立并逐步完善"奖、贷、助、勤、减、免、补"七位一体的资助体系，构建经济资助、精神关爱、心理健康、学业援助、实践支持等的全功能发展型资助育人体系。配备专门师资指导阳光工作室等7个辅导员工作室，以及新长城中南民族大学自强社、校外勤工基地等学生团队，把经济资助和感恩教育、诚信教育、励志教育、社会责任教育、心理健康教育、职业规划教育等结合起来，促进受助学生全面、健康成长。

中南民族大学做好 2016 级家庭经济困难学生资助工作

原载国家民委网站 2016 年 9 月 13 日

新学期伊始，中南民族大学采取多种方式加强对家庭经济困难学生资助力度，确保家庭经济困难少数民族学生顺利入学。

学校在校园网开通"绿色通道"办理平台，在迎新现场设置"绿色通道"办理处。2016 级新生中，共有 1340 名同学通过"绿色通道"顺利入学，人均缓交相关费用近 7000 元。向经济上有特殊困难的学生每人发放资助金 500 元，累积发放 80 份。对于孤儿、烈士子女、残疾人家庭子女等家庭经济特别困难的学生，学校专门准备了"爱心大礼包"500 份，包含洗漱用品、文具、饭卡充值券等，每份价值 600 余元。另外，学校还对家庭情况极为困难的新生免费提供服装军训服 50 套，确保家庭经济困难学生顺利参加军训。

向内聚力 向外发光（上篇·向内凝聚着智与力）

——中南民族大学推进民族团结进步事业一瞥

肖静芳 原载《中国民族报》2018 年 10 月 14 日

大学，培养着人才，碰撞着思想，交流着文化。一所民族高校，就是一座各民族青年荟萃的训练营、各民族文化交汇的大熔炉，向内凝聚着智与力，向外散发着光和热。坐落在武汉南湖之滨的中南民族大学，秉承着"笃信、好学、自然、宽和"的理念，在近 70 年峥嵘岁月中，培养了一批又一批各民族英才，也在促进民族团结进步的道路上行稳致远。学校曾先后荣获"全国民族团结进步模范集体""全国民族团结进步创建活动示范高校""全国民族团结进步教育基地"等称号，成为湖北省乃至中南地区民族团结的一面旗帜。

"巴郎"，在维吾尔语中指小伙子。"好巴郎"工作室，顾名思义，是培养优秀年轻人的平台。这个由中南民族大学生命科学学院 2014 年创立的教育创新实践平台，名副其实地培养了一批"好巴郎""好古丽"（姑娘）。

维吾尔族姑娘阿依佐合热·图尔贡看上去十分娴静，但说起"好巴郎"工作室却滔滔不绝："我曾是'好巴郎'工作室的受益者，如今是'好巴郎'工作室的运营者。"

4 年前，阿依佐合热读大一，而彼时"好巴郎"工作室刚创建。这个来自新疆和田的姑娘，面对内地的大学生活茫然无措。"我有很多想法，但不敢说，因为我的普通话太差。"阿依佐合热说，"我也渴望去做各种各样的生物实验，但因为上大学前从没做过实验，我很害怕。"

彷徨之际，"好巴郎"工作室向她伸出了援手。工作室是中南民大毕业留校工作的维吾尔族学生玛丽亚创立的，她从学生到辅导员的经历就是一个鲜活的励志故事，直接激励着来自边疆的少数民族学生。

在"好巴郎"工作室老师一对一的耐心辅导和帮助下，阿依佐合热鼓起勇气，主动到公共场合与其他人交流，虽然刚开始普通话说不利落，但胆子渐渐大起来。她一次次走进实验室，在从头到尾做完一个实验的过程中，让自己焦虑的心安静下来。

"刚开始，我有各种恐慌情绪，但一年后，我慢慢适应了，越来越自信。"阿依佐合热说。刚上大一时，她的成绩在本专业 162 人中排倒数第十，大二时她的排名就进了前 80 名，大三时她拿到专业奖学金，大四时被保送研究生并留校任辅导员。今年暑假起，她接过了"好巴郎"工作室的接力棒。

曾经仰望别人，如今成了别人仰望的对象。"榜样的力量是无穷的，'好巴郎'工作室就是要发挥这种正向激励作用。"中南民大生命科学学院党委副书记金军说。

回族学生马军虎，大一时挂科 3 门，在"好巴郎"工作室听阿依佐合热讲了自己的故事后，他暗下决心："我也要像这个学姐一样！"现在，他的成绩从班上倒数第三跃升到前五名。

"'好巴郎'工作室以帮助边疆少数民族学生提升学业成绩为核心，通过促进各族学生共同进步来增进民族团结。"金军介绍，由于许多边疆少数民族学生普通话水平不高，加之学习理科难度较大，刚进校时有 40% 的边疆少数民族学生考试挂科超过一门。学业成绩不理想，打击了年轻人的自信心，直接影响他们成长成才。为此，"好巴郎"工作室通过一对一、一对多的课下学业辅导，帮助边疆少数民族学子补学业短板、奋起直追。

在加入"好巴郎"工作室的老师中，既有"楚天学者"、获得"全国五一巾帼标兵岗"称号的优秀教师，也有深受学生欢迎的青年教师。他们以强烈的爱心和责任感，呵护着各族学子。教师孟艳艳怀孕期间，在没有空调的小会议室给学生们补课，一站就是两个多小时，学生们听得认真，她讲得更起劲。

"'好巴郎'工作室拉近了老师和学生的距离，让老师能根据边疆少数民族学生各自的学习基础和心理特点展开有针对性的辅导，效果显著。""好巴郎"工作室指导老师文田说。

　　"靠近你，理解你，让我们在一起。"为了走进学生心里，近年来"好巴郎"工作室开展了"好巴郎走边疆"等活动，辅导员利用寒暑假走遍了甘青宁新藏等省区，走访了上百户学生家庭，了解到很多边疆学子不为人知的家庭困难和心理创伤，回校后着手帮他们解决了不少实际困难。

　　"师生之间建立信任是非常重要的，通过走访学生家庭，很多学生和家长更信赖学校了，向老师打开了心扉，这是良好教育的开端。"金军说。

　　通过 4 年的实践，"好巴郎"工作室摸索出一套师生互动、学生互学、家校互联的"三位一体"育人体系，帮助 600 多名边疆少数民族学生解决了学业、生活、心理、情感等方面的问题。许多刚踏入大学校园时成绩排名靠后、自卑内向的少数民族学生，成功实现了"逆袭"，有的考取了研究生，有的在大学生创新创业大赛等全国赛事中斩获大奖。

　　给他一份关爱，还你一个惊喜。当边疆少数民族学子顺利完成学业，越来越自信地拥抱自我、拥抱社会时，我们的民族团结进步事业也就多照进来一缕和煦的阳光。

　　在中南民大，提起最喜欢的学校活动，学生们都会不约而同地说："民大节！"每年的"民大节"不仅是学校 56 个民族学子的大联欢，有各民族歌舞、美食、游艺、体育等活动，还吸引了其他高校的大学生参与，成为武汉市大学生的盛会。

　　"民大节"的策划者，来自中南民大少数民族学生骨干训练营。从第一届美食文化交流节到第二届民族风情文化展，再到第三届"茶马古道民族缘"、第四届"丝路情缘"和第五届"五色华年"活动，在"民大节"日臻精彩、成为中南民大的品牌活动之时，骨干训练营的学子们也在一次次设计、组织、协调活动的过程中成长、成熟。

　　"少数民族学生骨干训练营建立的初衷，是发掘培养边疆少数民族学生和人口较少民族学生中的'民间领袖式'人才，希望他们担当重任，能号召和带动其他同学。"中南民大党办主任王怀岗说。2013 年，时任中南民大学工部部长的王怀岗牵头创建了骨干训练营，还亲自谱写了营歌："修德历练，见龙在田，胸怀天下，心系祖国和家园……"

　　王怀岗说，建立骨干训练营体现了"抓关键少数"的民族工作传统，实践证明是有效地。骨干训练营吸收少数民族学生中"民间领袖式"人物入营，在师长指导下制订成长规划，通过自我管理、典型带动等方式，逐步达到自我提升、人格完善的目的。

　　"我们经常聚在一起说说自己最近的表现，互相批评监督。闻过则喜，大家慢慢学会了自我管理。"骨干训练营成员白宇修说。

维吾尔族老师艾力亚尔·克里木是骨干训练营的指导老师，大家都亲切地称他"艾力亚"。"每次举办'民大节'的时候，艾老师都从头到尾参与，和我们一起作策划、定方案、打报告、申请场地。他就像我们的贴心大哥！"中南民大研究生支教团成员任鹏飞说，正是因为有了骨干训练营的经历，让他坚定了去西藏支教的决心。

从中南民大毕业后留校工作的艾力亚阳光、帅气，作为一名思想政治教育工作者，他对待顽皮的学生有自己的一套工作方法。学生艾力卡尔晚上爱喝酒，一学期要重修15门功课，艾力亚对他说："你每天早上7点半到我办公室报到！"就这样，在艾力亚的监督下，艾力卡尔不得不每天学习，还经常被老师带到家里去吃饭，不敢再喝酒了。今年，艾力卡尔不但顺利毕业，还考取了湖北省选调生。"那时候真是恨死他了，现在真是说不出的感激他。"艾力卡尔说。

"有些孩子是你越管他越服你，当然不仅是管他、监督他，还要关心他。"艾力亚说。为了及时了解边疆少数民族学生的学业表现，艾力亚又组织成立了少数民族学生成长训练营，为学业落后的学生制订帮扶计划，进行一对一辅导。

为了帮助边疆少数民族学生更好地融入内地生活，艾力亚每周末都带着训练营的学生，提着新疆特色干果，到武汉市的敬老院、孤儿院慰问老人和小孩，教他们跳民族舞蹈，给他们讲述发生在边疆的感人故事。

"艾老师，我有了一位汉族妈妈，我在武汉也有家了！"当维吾尔族学生艾力夏提兴奋地说起自己在敬老院与一位老人结为亲戚的过程时，艾力亚感动而欣慰。

"通过这些活动，边疆少数民族学生找到了自信心，找到了存在感，增强了责任感和担当意识。"艾力亚说，"我的目标是：不让一个学生学业掉队，不让一个学生价值观错位。"

如今，少数民族骨干训练营已培养骨干人才150多人，其中不少人成为优秀毕业生，买合巴、阿拉木斯江等从训练营里走出的学子，已经进入高校担任辅导员。

很多维吾尔族学生当初对留在内地工作顾虑重重，如今他们不再担心了："看看艾老师就放心了！"

艾力亚有一个幸福的家庭，他的女儿是出生落户在武汉的第一个维吾尔族孩子。从民族团结的受益者到民族团结的守护者，艾力亚正引领着越来越多的少数民族学子稳步前行。

参考文献

（一）著作类

［1］习近平谈治国理政［M］.北京：外文出版社，2014.

［2］国家民族事务委员会.中央民族工作会议精神学习辅导读本［M］.北京：民族出版社，2015.

［3］教育部思想政治工作司.走进美国高校学生事务管理［M］.北京：中国人民大学出版社，2009.

［4］国家中长期教育改革和发展规划纲要（2010–2020年）［M］.北京：人民出版社，2010.

［5］费孝通.中华民族的多元一体格局［M］.北京：中央民族大学出版社，1999.

［6］潘懋元.教育质量的理论与实践研究［M］.广州：广东高等教育出版社，2009.

［7］冯刚.大学生思想政治教育创新案例选编［M］.北京：高等教育出版社，2013.

［8］张耀灿，郑永廷等.现代思想政治教育学［M］.北京：人民出版社，2006.

［9］张耀灿等.思想政治教育学前沿［M］.北京：人民出版社，2006.

［10］郑永廷，张彦.德育发展研究——面向21世纪中国高校德育探索［M］.北京：人民出版社，2006.

［11］杨振斌，吴潜涛.思想政治教育新探索［M］.北京：中国社会科学出版社，2013.

［12］刘川生.大学生日常思想政治教育实效性研究［M］.北京：北京师范大学出版社，2009.

［13］王传中.创新与实践　武汉大学学生工作特色基地建设探索［M］.湖北：武汉大学出版社，2015.

［14］沈壮海，等.中国大学生思想政治教育发展报告2017［M］.北京：北京师范大学出版社，2018.

［15］沈壮海.思想政治教育的文化视野［M］.北京：人民出版社，2005.

［16］陈乐齐，李俊杰等.民族团结进步创建活动理论与实践创新研究［M］.北京：民族出版社，2015.

［17］徐柏才.少数民族大学生的民族认同研究［M］.北京：人民出版社，2012.

［18］徐柏才，等.民族思想政治教育学导论［M］.北京：民族出版社，2011.

［19］徐柏才，姚上海，等.少数民族大学生教育管理研究［M］.北京：民族出版社，2014.

［20］徐建军.少数民族大学生思想政治教育理论与方法［M］.北京：人民出版社，2011.

［21］赵铸，江远.民族院校大学生思想政治教育实效性与发展研究［M］.北京：民族出版社，2014.

［22］孙其昂，等.思想政治教育现代转型研究［M］.北京：学习出版社，2015.

［23］王林清，马彦周，张建和.高校学生事务管理规范与服务标准［M］.北京：中国文史出版社，2014.

［24］秦在东.思想政治教育管理论［M］.武汉：湖北人民出版社，2003.

［25］张文学.高校大学生思想政治教育制度化研究［M］.北京：中共党史出版社，2014.

［26］王济干，蒲晓东.大学生核心素质模式构建及提升路径研究［M］.北京：人民出版社，2015.

［27］李志强.走进生活的道德教育——杜威道德教育思想研究［M］.北京：中国社会科学出版社，2009.

［28］罗家英.网络影响下的高校德育模式变革与构建［M］.北京：华中科技大学出版社，2005.

［29］连玉明.大数据［M］.北京：团结出版社，2017.

［30］陈振明.政策科学［M］.北京：中国人民大学出版社，1998.

（二）论文类

[1]孙春兰.深入学习贯彻习近平总书记关于教育的重要论述　奋力开创新时代教育工作新局面[J].求是，2018（19）.

[2]王正伟.做好新时期民族工作的纲领性文献——深入学习贯彻习近平总书记在中央民族工作会议上的重要讲话[J].求是，2014（20）.

[3]陈宝生.认真学习贯彻全国教育大会精神　开启加快教育现代化、建设教育强国新征程[N].光明日报，2018-09-25.

[4]杨胜才，姚上海，冉春桃，赵继伟.构建"五全育人"工作体系　落实"立德树人"根本任务——中南民族大学大学生中华民族共同体意识培育工程出实招[J].求是网，2016-08-19.

[5]姚上海.推进新时代民族院校学生思想政治工作质量提升的若干思考[J].学校党建与思想教育，2018（6）.

[6]姚上海.中南民大民族团结进步创建育人的有益探索[N].中国民族报，2017-10-27.

[7]魏大江，姚上海，罗高峰.不忘民族院校初心　牢记立德树人使命——中南民族大学推进大学生思想政治工作"九大育人工程"纪实[N].中国教育报，2017-12-15.

[8]张孝永.高校学生社区网格化管理实践探索[J].浙江万里学院学报，2015（1）.

[9]陈军.高校学生工作信息化管理初探[J].中国青年政治学院学报，2013（6）.

[10]贺宇娇.论高校学生管理预警机制的思想政治教育功能[J].时代教育，2017（11）.

[11]陈然，杨成.量化自我：大数据时代教育领域研究新机遇——2014年地平线报告研究启示[J].现代教育技术，2014（11）.

[12]刘云.全人教育以人为本的理念及其对中国教育思想的启示[J].贵州社会科学，2017（3）.

[13]王国义，何春岐.人学理论视阈下大学生寝室文化的反思与重构[J].黑龙江高教研究，2012（8）.

[14]梁玉玺，张艳伟.中国梦引领下的高校寝室文化传承与创新[J].沈阳师范大学学报（社会科学版），2015（3）.

[15]甘霖.切实发挥寝室文化的育人功效[J].中国高等教育，2014（7）.

[16]杜杰，管祥兵.大学生良好寝室文化的教育功能及其构建[J].学

校党建与思想教育，2009（5）.

［17］隆娟，吴卉，张海蛟.以学生党建工作促进学生寝室文化建设刍议［J］.学校党建与思想教育，2016（6）.

［18］何思.大学生突发事件预警指标体系的构建[D].广州：华南理工大学，2010.

（三）政策类

［1］中共中央国务院.关于进一步加强和改进大学生思想政治教育的意见（中发〔2004〕16号）［Z］.2004-10-15.

［2］教育部.关于加强高等学校辅导员、班主任队伍建设的意见（教社政〔2005〕2号）［Z］.2005-01-13.

［3］中共中央组织部，中共中央宣传部，中共教育部党组.关于进一步加强高校学生党员发展和教育管理服务工作的若干意见（教党〔2013〕22号）［Z］.2013-07-02.

［4］中共中央办公厅，国务院办公厅.关于进一步加强和改进新形势下高校宣传思想工作的意见［Z］.人民日报，2015-01-20.

［5］财政部，教育部，中国人民银行，银监会.关于进一步落实高等教育学生资助政策的通知（财科教〔2017〕21号）［Z］.2017-03-28.

［6］国家卫生计生委，中宣部，中央综治办，国家发展改革委，教育部等.关于加强心理健康服务的指导意见（国卫疾控发〔2016〕77号）［Z］.2016-12-30.

［7］中共中央，国务院.关于加强和改进新形势下高校思想政治工作的意见［J］.人民日报，2017-02-28.

［8］中共教育部党组.关于印发《高校思想政治工作质量提升工程实施纲要》的通知（教党〔2017〕62号）［Z］.2017-12-04.

后　记

　　新时代民族院校大学生思想政治工作必须因事而化、因时而进、因势而新，始终坚守立德树人根本任务，深入践行内涵式发展理念，努力培育能担当时代大任的"三个特别"民族工作人才，这是民族院校的核心使命和永远不变的教育命题，也是新时代民族院校发展"奋进之笔"的题中之义。中南民族大学是一所直属于国家民委的综合性大学，现有56个民族学生27000多人，少数民族学生比例超过60%。办学60多年来，学校把握好民族院校在服务党和国家民族团结进步事业大局中的政治方位和教育本位，不断深化对民族院校大学生思想政治工作规律、人才培养规律、学生成长成才规律的认识，形成了富有特色的民族院校学生思想政治教育目标、内容和方式方法。

　　本书是中南民族大学学生工作战线2014年以来在深化"三全育人"的实践过程中，根据民族院校宗旨使命、办学特色和学生思想特点及成长规律，结合大学生日常思想政治工作要求，基于主题思想政治教育、事务管理、成长服务等具体育人场景，对民族院校学生思想政治教育开展的实践创新研究，是较系统地对民族院校大学生思想政治教育具体实践的提炼、延展和丰富。力求顺应时代之风，推动实践先试一步、先行一步，让理论和实践交融并进。本书的作者全部是来自中南民族大学一线从事大学生思想政治教育的同志们，他们面对生动鲜活的民族院校大学生思想政治教育实践，直面具体问题，探索实践规律，围绕新时代民族院校大学生思想政治教育的现实问题、重点难题和理论课题，展开了有意义的探索，为民族院校大学生思想政治教育实践这一活水源头注入了新的生机活力。

本书的编写是在姚上海的统筹规划和编写提纲基础上，由姚上海任主编，魏大江、罗高峰任副主编，由多位一线从事民族院校大学生思想政治工作的同志结合工作实践探索成果分章撰写，并结合专家、同行的指导意见进行了修改。第一篇"主题教育创新案例"由刘红娟、罗高峰、董浩烨、李明立、安树庭、洪盛志、李春雷、王媛媛、梁潇潇、田磊、艾力亚、金军、文田、方文杰、王春凤、阿依佐合热·图尔贡等撰写；第二篇"事务管理创新案例"由郑重、金星、严亮、田磊等撰写；第三篇"成长服务创新案例"由王力、李雄平、牛磊、邹先平、张鹏、向红等撰写，第四篇"校本特色研究"由姚上海、魏大江等撰写。最后由姚上海、魏大江、罗高峰统稿。

在本书的编写过程中，得到了中南民族大学党委的支持，徐柏才教授对本书选题和写作给予了精心指导。在本书的撰写过程中参阅了大量文献资料与同行专家的研究成果，在此谨致谢忱。本书的出版得到了湖北省重点人文社科基地——少数民族大学生思想教育研究中心、国家民委民族研究项目（MSY18006）的支持，得到了光明日报出版社的大力支持，在此一并表示衷心的感谢。由于我们水平有限，时间仓促，难免有疏漏和不足，恳请读者批评指正。